AF814693

"*Matrimonio, divorcio y nuevo matrimonio* de Jim Newheiser ofrece la claridad necesaria en medio de la confusión contemporánea respecto a esta base de la sociedad. Newheiser analiza con imparcialidad las ideas con las que está en desacuerdo, lo que convierte este libro en un verdadero tesoro. Además, responde preguntas espinosas con la Palabra de Dios, haciendo de este un recurso valioso para un pastor que aconseja o para un cónyuge que está atrapado en un matrimonio difícil. Esta es una lectura obligatoria para los que tienen preguntas acerca del matrimonio y es un recurso valioso en los estantes de libros de los pastores, gracias a la perspectiva pastoral de Newheiser, su análisis lúcido y enfoque bíblico".

— **Tedd Tripp,** autor de *Cómo pastorear el corazón de tu hijo*

"Pocas personas han dedicado tanto tiempo como lo ha hecho Jim Newheiser a buscar en la Biblia cómo ayudarles a las parejas que experimentan dificultades. Las respuestas que ofrece en esta guía tan útil surgen de años de experiencia y un amor profundo por Cristo y por Su iglesia. ¡Totalmente recomendado!".

— **Elyse Fitzpatrick,** autora de *Ídolos del Corazón* y *Porque Él me ama*

"Jim Newheiser sigue siendo una fuente abundante de sabiduría bíblica. Yo compro todos los libros que escribe porque sé que serán sabios, esclarecedores y bíblicos y que se refuerzan en las trincheras del ministerio real con personas reales. Como pastor y consejero por más de treinta años, siempre estoy en busca de recursos bíblicos como este. *Matrimonio, Divorcio y nuevo matrimonio* será muy útil para la iglesia, ya que los asuntos que enfrentan los líderes en la actualidad se han vuelto cada vez más complicados. Jim se abre paso entre la niebla con la luz de la Palabra de Dios y el corazón de un verdadero pastor que ha sido forjado junto a personas que tienen heridas y buscan respuestas. Este pequeño libro te puede llevar de la mano al atravesar la selva de curvas tortuosas, abriendo el camino en la maleza de los problemas actuales respecto al sexo, el matrimonio, el divorcio y el nuevo matrimonio. Consigue una copia para leer y releer y otra para algún líder o consejero de la iglesia que esté trabajando con personas hoy día".

— **Brad Bigney,** pastor de Grace Fellowship, Florence, Kentucky; autor de *Gospel Treason* [*Traición al evangelio*]

"Jim Newheiser ofrece consejos bíblicos sabios y aborda temas bastante difíciles (aunque tristemente comunes) de una forma que beneficiará a pastores, ancianos y a los que se están preparando para servir en la iglesia, quienes apreciarán enormemente este recurso. Desearía haber tenido una copia de *Matrimonio, divorcio y nuevo matrimonio: preguntas y respuestas cruciales* antes de comenzar a trabajar en el ministerio en la iglesia local, ya que habría estado mejor preparado para ayudar y para enfrentar los distintos problemas que me encontré. Por encima de todo, el Dr. Newheiser se esfuerza por ser fiel a la Escritura y nos invita a tener una fidelidad bondadosa, incluso si eso significa negarnos a nosotros mismos y tomar nuestra cruz (Lc 9:23). Aquí encontramos un llamado y un plan que apoya el gran diseño de Dios para el matrimonio a través del ministerio de consejería en la iglesia".

— **Ligon Duncan,** rector y CEO del Reformed Theological Seminary; catedrático de Teología Sistemática

"En *Matrimonio, divorcio y nuevo matrimonio*, Jim Newheiser aborda con humildad algunos de los temas difíciles que se asocian con frecuencia con el matrimonio. Él reconoce que las personas pueden tener opiniones diferentes y anima al lector a buscar en las Escrituras y no depender de la opinión humana. Sin embargo, Jim no termina ahí. También bendice al lector con el resultado de sus propias conclusiones de la Escritura y proporciona una guía sabia para aquellos que desean agradar al Señor en su visión de este tema".

— **Steve Viars,** pastor principal y fundador de Faith Biblical Counseling

"Jim Newheiser, quien es mi estimado colega en el Seminario Teológico Reformado, tiene décadas de experiencia en consejería, gran parte en el campo del matrimonio, el divorcio y el nuevo matrimonio. Su libro presenta el trato más minucioso y contundente de estos temas que yo haya visto. No se me ocurre ninguna pregunta de este tema que él no haya discutido con una sabiduría bíblica aplicada a las situaciones de la vida real. Espero que muchas parejas usen este libro en su consejería prematrimonial y que las iglesias lo usen al tratar con los problemas matrimoniales en sus congregaciones".

— **John M. Frame,** catedrático emérito de Teología Sistemática y Filosofía, Reformed Theological Seminary, Orlando, Florida

"Jim Newheiser combina un pensamiento bíblico meticuloso con décadas de experiencia en consejería matrimonial y una sensibilidad pastoral práctica para presentar su sabiduría meticulosa en una gran cantidad de temas y subtemas, incluyendo algunos dolorosos y espinosos. Aunque no todos los lectores estarán de acuerdo con todos los aspectos de todas las respuestas, el lector que esté ansioso por reflexionar cuidadosamente y de forma práctica en estos temas tendrá una gran recompensa con este recurso conciso pero detallado".

— **Robert D. Jones,** catedrático de Consejería Bíblica, Southern Baptist Theological Seminary; autor de *Pursuing Peace* [*En busca de la paz*]

"Cuando vi el índice de *Matrimonio, divorcio y nuevo matrimonio* estaba ansioso por leer las respuestas de Jim y después, cuando comencé a leer su valiosa perspectiva en cada una de estas cuarenta preguntas de vital importancia, tuve que detenerme —ir más despacio, considerar, reflexionar y aprender de la sabiduría de un pastor y consejero bíblico experimentado. *Matrimonio, divorcio y nuevo matrimonio* es un libro excelente para pastores y consejeros, no solo por sus respuestas detalladas y relevantes sino también —incluso más— por su ejemplo de cómo relacionar la Palabra de Dios con los temas difíciles de la vida cotidiana".

— **Bob Kellemen,** presidente del Departamento de Consejería Bíblica en Crossroads Bible College; autor de *Gospel-Centered Counseling* [*La consejería centrada en el evangelio*]

"El matrimonio afecta nuestra vida tarde o temprano y por eso, es una de las realidades más importantes y debatidas en el mundo. Este hecho hace que leer el libro de Jim Newheiser sea de carácter crucial para los cristianos. No conozco otro recurso sobre el matrimonio que sea tan completo y accesible como este libro. Hay personas que pueden discutir cada tema que se trata aquí, pero los argumentos prudentes y compasivos de Newheiser demandan la reflexión cuidadosa de todos. Con gusto se los recomiendo a todos los eruditos, pastores o laicos que desean entender la enseñanza bíblica sobre el matrimonio".

— **Heath Lambert,** catedrático asistente de Consejería Bíblica, Southern Baptist Theological Seminary; director ejecutivo de la Asociación de Consejeros Bíblicos Certificados (ACBC)

"Este libro es diferente a la mayoría de los otros libros sobre el matrimonio. La diferencia radica en que responde con base en la Biblia una gran variedad de preguntas actuales que no tienen respuestas en ningún otro libro sobre el matrimonio que yo haya leído. En este sentido, es único y lo recomiendo completamente. También es único en que las respuestas del Dr. Newheiser no son solo su opinión ni la opinión de ciertos expertos, sino que son tomadas de una exégesis de la Escritura. Jim busca cimentar todas sus respuestas en lo que Dios dice en Su Palabra, la Biblia. Como pastor y consejero matrimonial, me alegra tener un libro como este que puedo recomendarle a otras personas, en el cual encontrarán información valiosa sobre preguntas importantes que se plantean en este siglo veintiuno".

— **Wayne Mack,** director, catedrático y consejero del Strengthening Ministries Training Institute; director Asociación de Consejeros Bíblicos Certificados (ACBC), África

"Las preguntas básicas son preguntas cómodas. Jim Newheiser nos lleva más allá de lo básico y cómodo del matrimonio al lugar al que con frecuencia nos lleva el ministerio real —a los contornos inestables de este tema vital. ¿El abuso es motivo de divorcio? ¿Cuándo es una mala idea volverse a casar? ¿El perdón siempre implica reconciliación? Newheiser responde preguntas riesgosas como estas con delicadeza y convicción, proporcionando bases bíblicas para los contornos".

— **Jeremy Pierre,** catedrático asociado de Consejería Bíblica, Southern Baptist Theological Seminary; autor de *The Dynamic Heart in Daily Life* [*El corazón dinámico en la vida diaria*]

"Jim Newheiser ha escrito un libro excepcional sobre el matrimonio que fue organizado cuidadosamente, fue estudiado meticulosamente y está muy bien escrito. Este libro será el estándar de referencia para pastores, consejeros bíblicos y otros cristianos que desean glorificar a Dios en el tema del matrimonio. Lo recomiendo totalmente".

— **Martha Peace,** consejera bíblica, conferencista y autora de *La esposa excelente*

"Puede que no hayan preguntas más difíciles para los cristianos que las que surgen respecto del matrimonio, el divorcio y el nuevo matrimonio. Los temas complejos de estos importantes campos abundan, pero en el nuevo libro de Jim Newheiser, estas preguntas tienen respuestas justas, útiles y más importante, bíblicas. Me quito el sombrero ante el autor por abordar tantas preguntas y proveer una claridad tan necesaria en medio de la neblina de confusión que rodea temas tan fundamentales. La bondad y la habilidad con las que lo hace son una lección para todos nosotros en cuanto al manejo de las que parecen ser incertidumbres desconcertantes sobre, por ejemplo, con quién casarse, cómo permanecer casado y cuáles son las razones para no seguir en un matrimonio. Como pastor, siempre estoy buscando recursos que tengan una perspectiva útil sobre las preocupaciones fundamentales de los miembros de mi congregación, lo que con seguridad se encuentra en este volumen valioso y agradable para leer. Espero que sea ampliamente reconocido como un recurso confiable tanto para los solteros de la iglesia como para los casados".

— **Lance Quinn,** pastor principal en Bethany Church, Thousand Oaks, California

"Durante los últimos cuarenta años he aconsejado a cientos de parejas que estaban luchando con preguntas que este libro responde con claridad. Sin embargo, a diferencia de la mayoría de libros que cubren temas similares, este volumen de Jim Newheiser maneja las preguntas con precisión y gracia bíblica. Cuando ha habido amor apasionado en el matrimonio, también existe el potencial para el odio apasionado. Cuando esto ocurre, es difícil para los que están involucrados pensar de forma objetiva y aún más bíblicamente. Este libro proporcionará una clara guía mientras revela lo que la maravillosa Palabra de Dios dice respecto al matrimonio, el divorcio y el nuevo matrimonio. Alguien dijo sabiamente que, 'una buena boda cristiana siempre implica dos funerales'. Un esposo y una esposa deben aprender primero a morir a sí mismos y entonces están listos para hacer las cosas a la manera de Dios. Cualquiera que tenga preguntas acerca del matrimonio, el divorcio o el nuevo matrimonio desde una perspectiva completamente bíblica debe estudiar con atención este libro con la Biblia a la mano".

— **John D. Street,** catedrático en The Master's University and Seminary; presidente de la Asociación de Consejeros Bíblicos Certificados (ACBC)

"Con su sabiduría bíblica perspicaz y sus años de experiencia, Jim Newheiser nos ofrece una herramienta excepcional de preguntas y respuestas para crecer en nuestro conocimiento sobre el matrimonio y los temas relacionados con el mismo. Como tenemos en alta estima la relación del matrimonio (Heb 13:4), hacemos todo lo necesario para aumentar nuestro conocimiento del matrimonio bíblico, practicarlo y ayudar a otros a hacer lo mismo, haciendo que los matrimonios se refinen de una forma que proclama las excelencias de Dios. Lo hacemos bien cuando sabemos qué preguntas hacer y cómo responderlas bíblicamente. Este libro nos ayudará a hacer precisamente eso".

— **Andrew Rogers,** pastor de asistencia espiritual,
College Park Church, Indianápolis, Indiana

MATRIMONIO
DIVORCIO Y
NUEVO MATRIMONIO

MATRIMONIO DIVORCIO Y NUEVO MATRIMONIO

JIM NEWHEISER

PRÓLOGO POR EDWARD T. WELCH

POIEMA
LECTURA REDIMIDA

Mientras lees, comparte con otros en redes usando

#MatrimonioRespuestas

Matrimonio, divorcio y nuevo matrimonio
Preguntas comunes; respuestas bíblicas
Jim Newheiser

© 2019 por Poiema Publicaciones

Traducido del libro *Marriage, Divorce and Remarriage: Critical Questions and Answers* © 2017 por Jim Newheiser. Publicado por P&R Publishing Company, P. O. Box 817, Phillipsburg, New Jersey 08865–0817.

A menos que se indique lo contrario, las citas bíblicas han sido tomadas de *La Santa Biblia, Nueva Versión Internacional* © 1986, 1999, 2015 por Biblica, Inc. Usada con permiso. Las citas bíblicas marcadas con la sigla RVC han sido tomadas de *La Santa Biblia, Versión Reina-Valera Contemporánea* © 2009, 2011 por Sociedades Bíblicas Unidas; las citas marcadas con la sigla NBLH, de *La Nueva Biblia Latinoamericana de Hoy* © 2005 por The Lockman Foundation; las citas marcadas con la sigla RV60, de *La Santa Biblia, Versión Reina-Valera* © 1960 por Sociedades Bíblicas en América Latina © renovado 1988 por Sociedades Bíblicas Unidas; las citas marcadas con la sigla PDT, de *La Palabra de Dios para Todos* © 2005, 2008, 2012 por Centro Mundial de Traducción de La Biblia; las citas marcadas con la sigla NTV, de *La Nueva Traducción Viviente* © 2010 por Tyndale House Foundation.

Todos los derechos reservados. Ninguna parte de esta publicación puede ser reproducida, almacenada en un sistema de recuperación, o transmitida de ninguna forma ni por ningún medio, ya sea electrónico, mecánico, fotocopia, grabación, u otros, sin el previo permiso por escrito de la casa editorial.

Poiema Publicaciones
info@poiema.co
www.poiema.co

Impreso en Colombia
ISBN: 978-1-944586-98-0
SDG

Le agradezco a Dios, quien me dio a Caroline como esposa. Seguramente porque sabía lo débil que soy, me dio una compañera tan misericordiosa y paciente. Su amor me ayuda a comprender el amor misericordioso de Cristo hacia mí. Ella ha sido la ayuda que me ha hecho bien todos los días de mi vida y con la que he compartido una alegría indescriptible.

CONTENIDO

PRÓLOGO

Cuando entiendes algo, sabes qué preguntas hacer. Por ejemplo, si entiendes el libro de Abdías, puedes hacer muchas preguntas. Si no lo entiendes, te limitas a preguntar: "¿Es un libro de la Biblia?". Si puedes formular cuarenta preguntas importantes sobre un tema, entonces lo has entendido bien.

Luego viene una parte igualmente compleja. Cuando planteas las preguntas, esperas poder dar respuestas claras, contundentes y basadas en la Escritura con las que puedas respaldar tus argumentos, reconociendo que existen otras perspectivas que también respetas.

Esto es precisamente lo que hace el Dr. Newheiser. Plantea las preguntas importantes acerca del matrimonio, el divorcio y el nuevo matrimonio, respondiéndolas de una forma muy práctica y con un razonamiento bíblico. Uno pensaría que debe tener unos 110 años para acumular esa clase de sabiduría pero, de alguna manera, la ha acumulado en mucho menos tiempo al amar a Dios, pastorear una iglesia, amar a su familia, estar dispuesto a recibir consejos y críticas, vivir conforme a la Escritura y alimentarse de ella, escuchar antes de hablar y amar a otros.

Lo primero que pensé al leer el libro es que es perfecto para pastores, ancianos y líderes de iglesias, ya que Jim cubre de forma breve los temas que encontrarán a diario en sus ministerios. Es perfecto para ellos, pero hay más.

Aunque el formato es de pregunta-respuesta, luego de leer casi una docena de ellas, descubrí que el libro me estaba enseñando a usar la Escritura para reflexionar sobre preguntas que enfrentamos hoy en día. En otras palabras, Jim te prepara para plantear cuarenta preguntas más y considerar cuarenta respuestas sabias. Esto es lo que debería hacer un buen libro.

Y un beneficio más: leer el libro me llevó a participar más en conversaciones acerca del matrimonio, el divorcio y el nuevo matrimonio. Eso también es fruto de leer un buen libro.

Edward T. Welch
Consejero y miembro del profesorado
Christian Counseling & Educational Foundation

PREFACIO

Ha sido un privilegio para mí enseñar sobre el matrimonio y ser consejero matrimonial por más de treinta años, y un privilegio aún mayor el estar en un matrimonio muy bendecido por más de treinta y siete años. Ambas experiencias me han enseñado mucho.

Al enfrentar preguntas muy difíciles y retantes en la consejería matrimonial, siempre doy gracias al Señor por la inerrancia y la suficiencia de Su Palabra (2Ti 3:16-17), la cual contiene la verdad eterna que aplica a todas las edades y culturas. La Biblia tiene respuestas poderosas, confiables y útiles para todos los temas y las preguntas que surjan en nuestra propia vida o cuando aconsejemos a otros. Mi esperanza al escribir este libro es presentarles estas respuestas a aquellos que están ansiosos por conocer la sabiduría de Dios.

Espero que este libro se use de diferentes formas. Algunos lo leerán entero para obtener una perspectiva general de cómo la Escritura aborda distintos temas respecto al matrimonio, el divorcio y el nuevo matrimonio. El formato de pregunta-respuesta hará que este sea un libro útil para los que prefieran usarlo como referencia, lo cual les ayudará a lidiar con asuntos complejos a medida que vayan surgiendo. También espero que los consejeros puedan asignarles capítulos específicos a sus aconsejados cuando estos enfrenten situaciones particulares (por ejemplo, cómo un soltero puede saber si es la voluntad de Dios que se case, o cómo una pareja casada puede resolver conflictos y mejorar su comunicación).

La primera mitad del libro trata con asuntos que tienden a ser más pastorales y menos controversiales (al menos en los círculos evangélicos que creen lo que dice la Biblia) —la naturaleza del matrimonio, el inicio de un matrimonio, qué significa tener un matrimonio exitoso y los retos en el matrimonio.

La segunda mitad del libro trata con lo que la Biblia enseña acerca del divorcio y el nuevo matrimonio, que son temas con los que muchos cristianos en nuestra época están en total desacuerdo. Aunque puede que las personas que no concuerden conmigo no estén satisfechas con todas mis respuestas, espero que reconozcan que me he esforzado por entender su posición y la he tratado con respeto e imparcialidad. Adicionalmente, mi intención ha sido no eludir las preguntas difíciles y, en los temas en los que no estoy seguro, presento diferentes perspectivas al tiempo que admito mi incertidumbre.

AGRADECIMIENTOS

Estoy muy agradecido con Benjamin Merkle, quien me animó a escribir sobre estos temas. Ben es un esposo y padre piadoso, un académico excelente y un amigo querido. También le agradezco a Dios por John Hughes e Ian Thompson, de P&R Publishing, por su ayuda y ánimo al completar este proyecto. Estoy en deuda particularmente con Pat Kuhl, Ann Maree Goudzwaard y Christina Henson, quienes me ayudaron en la corrección y edición, lo que hizo de este un mejor libro (y uno más fácil de leer). Además, estoy agradecido con Dios por Don y Darlene Downs, quienes me ofrecieron un hermoso lugar de descanso desde el cual pude escribir. Oro que nuestro trabajo sea una bendición para la iglesia, la novia de Cristo, para Su gloria.

INTRODUCCIÓN

El matrimonio es importante. La Biblia comienza con un matrimonio —el de Adán y Eva (Gn 2:18-25)— y termina con un matrimonio —el del Cordero y Su novia, la iglesia (Ap 19:7-9). El matrimonio fue diseñado por Dios como una imagen de Su relación amorosa de pacto con nosotros. El matrimonio es la más íntima de todas las relaciones humanas, en la que un hombre y una mujer tienen la oportunidad de amarse el uno al otro como Dios los ha amado. Por medio del matrimonio, aprendemos más acerca del amor de Dios por nosotros. A medida que nos esforzamos por comprender las dimensiones de ese amor, aprendemos cómo amar a nuestros cónyuges.

Debido a que Dios es el Creador de la raza humana y del matrimonio, Su Palabra es la fuente autorizada donde encontramos lo que debemos creer y cómo debemos vivir. Como escribe Ray Ortlund: "El matrimonio no surgió gracias a ciertas fuerzas históricas, sino que vino por gracia celestial como un bien permanente para la humanidad. Es a Dios a quien le correspondía definirlo. Y Él lo definió en Génesis 2:24 como una vida mortal compartida plenamente entre un hombre y una mujer".[1]

Nuestra cultura ha convertido el matrimonio en un desastre. Se violan los votos matrimoniales por medio del adulterio y del divorcio. Existe un rechazo hacia la santidad del matrimonio, pues muchos quieren disfrutar de sus privilegios sexuales sin asumir el compromiso que debe representar esa unión física. En tiempos más recientes, la sociedad ha tratado de redefinir la institución de Dios exigiendo la validez del matrimonio homosexual.

---

[1] Ray Ortlund, *Marriage and the Mystery of the Gospel* [*El matrimonio y el misterio del evangelio*] (Wheaton, IL: Crossway, 2016), 31.

La corrupción humana de este regalo de Dios no es algo que solo haya ocurrido en nuestra época. La historia bíblica nos muestra pecados sexuales de toda clase e incluso el intento de redefinir el diseño de Dios del matrimonio entre un hombre y una mujer por medio de la poligamia.

Este libro analizará el diseño de Dios para el matrimonio y las dificultades que han surgido debido al pecado del ser humano. Gran parte de lo que trata este libro sería innecesario si no hubiera ocurrido la Caída, reflejada en temas como la poligamia, la homosexualidad, el adulterio, el conflicto, el divorcio y el nuevo matrimonio.

Dios ofrece esperanza a hombres y mujeres caídos y a la institución del matrimonio. Nuestro gran Novio, Jesús, ha venido a redimir y a limpiar a Su novia, la iglesia. Al transformarnos interiormente por medio de Su amor, somos capaces de reflejar ese amor en nuestro matrimonio. Por lo tanto, no solo somos redimidos como individuos, sino que Dios también redime nuestros matrimonios, para que en ellos podamos comenzar a alcanzar la belleza y el gozo de Su diseño original. Según Ray Ortlund: "Nada es más natural en nuestro mundo caído actual que tratar de construir un matrimonio evitando a Dios. Eso simplemente no funciona. Si no tenemos paz con Dios es inevitable que destruyamos la paz que deseamos tener los unos con los otros".[2] Y continúa diciendo: "Solo el evangelio de Jesús nos puede librar de esta interminable lucha de poder y restaurar el romance, la belleza, el gozo y la armonía que forman parte del diseño de Dios".[3]

---

[2] Ibíd., 42.

[3] Ibíd., 49.

PARTE 1

EL MATRIMONIO

A

LOS FUNDAMENTOS DEL MATRIMONIO

1

¿QUÉ ES EL MATRIMONIO?

Debemos comenzar nuestra discusión con la pregunta más crucial de todas ya que, sin una definición correcta del matrimonio, nuestra trayectoria tendrá imperfecciones y todas las respuestas subsecuentes estarán sesgadas. Entender correctamente la naturaleza del matrimonio es importante y sobre todo hoy día, cuando la cultura occidental insiste en la redefinición radical del matrimonio. Este cambio social surge de la premisa de que el matrimonio es un contrato establecido por la raza humana, el cual evoluciona para suplir las necesidades de una sociedad cambiante. Los sociólogos afirman que el matrimonio se originó por razones pragmáticas y económicas (por ejemplo, en una sociedad agraria, el hombre quería estar seguro de que era el padre de los hijos a quienes les proveía). Como el matrimonio se considera simplemente una invención social, las personas son libres de redefinir el contrato matrimonial de tal manera que supla sus necesidades cambiantes (por ejemplo, con la disponibilidad de los anticonceptivos, la capacidad de muchas mujeres de proveer para sí mismas y la aceptación social de la homosexualidad). Tim Keller señala que otro cambio significativo comenzó hace aproximadamente un siglo, cuando las personas comenzaron a ver el matrimonio desde el punto de vista de la satisfacción personal, con poco interés por el deber o por los beneficios de un matrimonio estable para la comunidad.[1] Esta perspectiva del matrimonio ha llevado a la creación de leyes de divorcio sin asignación de culpa y a tasas disparadas de divorcio.

Cuando se elimina la autoridad divina de las relaciones humanas, todo es permitido (Jue 21:25). Los roles bíblicos para cada género dentro del

---

[1] Timothy Keller and Kathy Keller, *The Meaning of Marriage* [*El significado del matrimonio*] (Nueva York: Penguin, 2011), 28.

matrimonio han sido rechazados por ser considerados arcaicos y patriarcales. Algunas personas incluso están a favor de eliminar por completo la institución del matrimonio. Muchas parejas heterosexuales viven juntas sin intención de casarse. El "matrimonio" entre personas del mismo sexo, algo impensable solo una generación atrás, hoy es protegido por la ley y es ampliamente celebrado. Sin embargo, Jesús nos recuerda que "no fue así desde el principio" (Mt 19:8).

DIOS DEFINE EL MATRIMONIO EN LA CREACIÓN

El matrimonio es una ordenanza que se dio en la Creación, establecida y explicada el sexto día cuando "Dios el Señor dijo: 'No es bueno que el hombre esté solo. Voy a hacerle una ayuda adecuada'" (Gn 2:18).

> De la costilla que le había quitado al hombre, Dios el Señor hizo una mujer y se la presentó al hombre, el cual exclamó: "Esta sí es hueso de mis huesos y carne de mi carne. Se llamará 'mujer' porque del hombre fue sacada" (2:22-23).

Desde que Dios une al hombre con la mujer, explica los elementos básicos del matrimonio. "Por eso el hombre deja a su padre y a su madre, y se une a su mujer, y los dos se funden en un solo ser" (2:24). Todo lo demás que enseña la Biblia acerca del matrimonio surge de estos pasajes fundacionales. Dios, como Creador y Señor, es soberano sobre la humanidad, y eso incluye nuestras relaciones. En Su Palabra infalible y eterna Él nos ha revelado la naturaleza del matrimonio, las obligaciones del matrimonio, quién se puede casar y cuándo están permitidos el divorcio y el nuevo matrimonio. Nadie tiene derecho a modificar lo que Dios ha establecido.

UNA BREVE DEFINICIÓN DEL MATRIMONIO

El matrimonio es un pacto de compañerismo de por vida entre un hombre y una mujer que se establece ante Dios y la comunidad.[2]

---

[2] Köstenberger define el matrimonio como "un vínculo sagrado entre un hombre y una mujer que es instituido por Dios, al cual se entra públicamente ante Él (sea que la pareja casada lo reconozca o no) y el cual se consuma normalmente a través del acto sexual". Andreas J. Köstenberger con David Jones,

El matrimonio es un pacto

El matrimonio es una relación de pacto, lo cual está implícito en Génesis 2 y es explícito en todo el resto de la Escritura. Proverbios 2:17 advierte que la mujer ajena (la adúltera) se olvida "de su pacto con Dios". Malaquías 2:14 reprende al hombre que abandona a su esposa: "El Señor actúa como testigo entre tú y la esposa de tu juventud, a la que traicionaste aunque es tu compañera, la esposa de tu pacto".

Las implicaciones del matrimonio como pacto son múltiples. Un pacto bíblico supone obligaciones mutuas, promesas de bendición para quienes permanezcan en él, y consecuencias para quienes lo quebranten. Las obligaciones del matrimonio, incluyendo la fidelidad de por vida y los roles de cada género establecidos por Dios, se revelan en la Escritura y se explicarán con más detalle a lo largo de este libro. Las bendiciones que Dios ofrece con el pacto matrimonial son significativas e incluyen el compañerismo amoroso, la unión sexual[3] y los hijos. Las consecuencias de violar la promesa de un pacto son graves. Por lo general, los pactos se establecían junto con un sacrificio animal, como en Génesis 15:9-21 cuando Dios hizo Su pacto con Abraham. Básicamente, los que hacen el pacto dicen: "Que lo que le ocurre a estos animales del sacrificio me ocurra a mí si no cumplo con mis obligaciones según este pacto". Si uno entiende correctamente la seriedad de los votos matrimoniales, no los hará a la ligera.

El matrimonio es delante de Dios

Otro aspecto crucial para entender correctamente el matrimonio es reconocer que la unión matrimonial no es solo un contrato entre dos personas, sino que hay una tercera parte involucrada: Dios mismo. Muchas personas ven solamente la dimensión horizontal del matrimonio, pero no ven la dimensión vertical. Dios une a todas las parejas casadas; por consiguiente, ambos cónyuges tienen obligaciones de pacto para con Él (Pro 2:17; Mal 2:14), aun cuando no reconozcan Su lugar en la relación. Una ceremonia

---

God, Marriage, and Family: Rebuilding the Biblical Foundation [*Dios, matrimonio y familia: Reconstruyendo el fundamento bíblico*], 2ª ed. (Wheaton, IL: Crossway, 2010), 270.

3 El simple hecho de que un hombre y una mujer tengan relaciones sexuales no los convierte en una pareja casada. El matrimonio es un pacto que generalmente se expresa en la unión sexual. La unión sexual antes de hacer el pacto es una distorsión pecaminosa del diseño de Dios.

matrimonial realizada apropiadamente enfatiza la realidad de que el hombre y la mujer están haciendo sus votos delante de Dios, a quien le rendirán cuentas. Jesús también advierte que cualquier persona que participe en la ruptura de un matrimonio o la promueva tendrá que dar cuentas a Dios, quien es el defensor del pacto matrimonial, habiendo declarado: "Por tanto, lo que Dios ha unido, que no lo separe el hombre" (Mt 19:6).

El matrimonio es para tener compañerismo

Dios diseñó el matrimonio para darnos el buen regalo del compañerismo. Cuando la Escritura declara inicialmente la necesidad del matrimonio, el enfoque no se encuentra en la gratificación sexual ni en la necesidad de producir hijos. En cambio, se nos dice que el hombre necesita una compañera con quien compartir la vida para no estar solo: "No es bueno que el hombre esté solo" (Gn 2:18). En contexto, la declaración "no es bueno" llama la atención de una forma especial, dado que esto sucedió antes de la Caída y, hasta ese momento, todo lo que Dios había creado fue declarado bueno (1:4, 10, 12, 18, 25). Sin embargo, el hombre estaba incompleto porque estaba solo. Así como la mayoría de nosotros consideraría que las palomitas de maíz están incompletas si no tienen sal, al hombre le faltaba un elemento esencial para su humanidad.

Además, llama la atención que antes de crear a la mujer, el Señor Dios creó al hombre y a todas las demás criaturas, pero entre ellas no se encontró una ayuda idónea para él (Gn 2:19-20).[4] Solo una mujer, que fuera su igual, lo podía completar. Fue entonces que el Señor le trajo a Eva, y él sintió que era algo bueno. "Esta sí es hueso de mis huesos y carne de mi carne. Se llamará 'mujer' porque del hombre fue sacada" (2:23). Esta relación de matrimonio única e íntima se encapsula en la declaración resumida en Génesis 2:24, en la que un hombre deja a sus padres para unirse a su esposa como su principal compañera de vida. El diseño de Dios es que el esposo y la esposa caminen juntos como mejores amigos para toda la vida.

---

4 Ray Ortlund lo dice de esta manera: "Dios se inclina, toca al hombre y le dice: 'Hijo, ya puedes despertar. Tengo una criatura más a la que debes nombrar y quiero saber qué dirás de ella'". *Marriage and the Mystery of the Gospel* [*El matrimonio y el misterio del evangelio*] (Wheaton, IL: Crossway, 2016), 26–27.

El matrimonio legitima la intimidad sexual

Además del compañerismo, el Señor proveyó el matrimonio para la intimidad sexual. Desde la Creación, la Escritura aclara que Dios diseñó la intimidad sexual para que se diera exclusivamente entre un hombre y una mujer que tuvieran un pacto matrimonial. Los dos "se funden en un solo ser" (Gn 2:24c). En nuestra cultura, el anillo de bodas es el símbolo externo del compromiso de pacto. Esta unión en un solo ser implica mucho más que sexo. La unión física está diseñada para ser una imagen de la unidad de vida e intimidad relacional que disfrutan un hombre y una mujer que se han comprometido el uno con el otro de por vida. Toda expresión sexual que sea diferente va en contra de la voluntad de Dios y es una perversión de Su maravilloso diseño.

El matrimonio es para toda la vida

Dios odia el divorcio porque es el incumplimiento del pacto matrimonial (Mal 2:14-16; Mt 19:3-9). Él es quien une al hombre con la mujer para que sean un solo ser en este vínculo de pacto, y lo diseñó para que perdure hasta que la muerte los separe. Jesús lo enseña de forma explícita advirtiendo "que ya no son dos, sino uno solo. Por tanto, lo que Dios ha unido, que no lo separe el hombre" (Mr 10:8b-9). La Escritura también enseña que "la casada está ligada por ley a su esposo solo mientras este vive; pero, si su esposo muere, ella queda libre de la ley que la unía a su esposo" (Ro 7:2; ver también 1Co 7:39). En este pasaje vemos que el matrimonio termina con la muerte de uno de los cónyuges. Jesús también enseña que no habrá matrimonio en el cielo: "En la resurrección, las personas no se casarán ni serán dadas en casamiento, sino que serán como los ángeles que están en el cielo" (Mt 22:30).

GENERALMENTE EL PACTO MATRIMONIAL SE HACE EN PÚBLICO

El matrimonio no es simplemente un acuerdo privado hecho en secreto por un hombre y una mujer. El matrimonio involucra a la comunidad. Los pactos matrimoniales bíblicos se hacían delante de la comunidad y la familia. Por ejemplo, Booz fue a la puerta de la ciudad a realizar la operación necesaria para adquirir a Rut como su esposa (Rut 4:1-10): "Los ancianos y todos los que estaban en la puerta respondieron: Somos testigos" (4:11). Otras bodas en la Biblia se celebran con una fiesta pública (Gn 29:22; Mt 22:2; Jn 2:1; Ap 19:7). Las bodas también son eventos públicos en nuestra cultura. Los que se reúnen no son simplemente espectadores. La familia y los amigos son testigos de las promesas de pacto que hacen el hombre y la mujer. Si una o ambas partes del pacto son tentadas a abandonar su matrimonio o si no cumplen con sus obligaciones de pacto, los testigos les pedirán cuentas.

Los matrimonios son asuntos públicos porque los matrimonios saludables son necesarios para el bienestar de la familia extendida y para la prosperidad de la sociedad como un todo. Cuando los matrimonios son fuertes, la cultura progresa, pero cuando el matrimonio como institución se debilita, la comunidad en general está en problemas.

LOS VOTOS MATRIMONIALES TRADICIONALES RESUMEN LAS OBLIGACIONES DE PACTO DEL MATRIMONIO

A medida que algunas parejas se acercan al día de la boda, da la impresión de que apenas están pensando en sus votos matrimoniales. En lugar de ello, están más preocupados por la comida, las flores y los vestidos de las damas de honor. Sin embargo, los votos son lo que quedará mucho después de que se haya terminado el pastel, de que se hayan marchitado las flores y de que los vestidos estén guardados con bolas de naftalina. Muchas parejas repiten los votos tradicionales sin pensar, casi de la misma forma en que ciegamente dan clic al aceptar los términos y condiciones para usar un software. Una pareja debería escoger con cuidado y estudiar sus votos matrimoniales, ya que son algunas de las palabras más importantes que dirán en su vida. También deberían reconocer que siempre necesitarán la gracia de Dios y la de su cónyuge cuando no alcancen el estándar perfecto de Dios. La única forma en que podremos comenzar a cumplir con el diseño de Dios para el matrimonio es por medio de nuestra unión con Cristo, quien nos envía Su Espíritu para ayudarnos (Jn 15:5; Fil 4:13).

> Yo, *N*, te tomo a ti, *N*,
> como mi esposa/esposo,
> para que los dos seamos una carne
> desde este día en adelante;

para bien o para mal,
En riqueza o pobreza,
En salud o enfermedad,
Para amarte y cuidarte,
Hasta que la muerte nos separe;
según la santa ley de Dios.
Hago estos votos delante de Dios.[5]

RESUMEN

El matrimonio no es una invención humana ni una comodidad que puede evolucionar o desecharse conforme cambia la sociedad. En la Creación, Dios estableció el matrimonio como un pacto de compañerismo de por vida entre un hombre y una mujer. Tener una perspectiva apropiada del matrimonio es esencial para el bien de cada cónyuge, para la estructura correcta de la familia, para la educación de los hijos y para el beneficio de la sociedad como un todo.

PREGUNTAS PARA REFLEXIONAR

1. ¿De qué forma nuestra perspectiva sobre la Creación versus la evolución puede afectar nuestra visión del matrimonio?
2. ¿Qué implicaría creer que la institución del matrimonio está evolucionando y puede ser redefinida conforme cambia la cultura?
3. ¿Cuáles son los elementos básicos del pacto matrimonial que Dios estableció desde la Creación?
4. ¿De qué manera la comprensión adecuada de la naturaleza del matrimonio ayudaría a una pareja a tener un matrimonio más exitoso?
5. ¿Cuál es el propósito principal del matrimonio?

---

[5] http://www.churchofengland.org/prayer-worship/worship/texts/pastoral/marriage/marriage.aspx.

2

¿POR QUÉ CREÓ DIOS LA INSTITUCIÓN DEL MATRIMONIO?

Las personas tienden a ver el matrimonio pensando en cómo les puede beneficiar. Se casan porque esperan que el matrimonio los haga felices. Aunque es cierto que Dios creó el matrimonio para el beneficio de la humanidad, el propósito supremo en todo lo que hacemos es amar y glorificar a Dios (Dt 6:4-5). Dios diseñó el mundo de tal manera que encontremos nuestro mayor gozo y nuestra mayor satisfacción en nuestro amor y servicio a Él.

DIOS ESTABLECIÓ EL MATRIMONIO PARA SU GLORIA

A través del matrimonio cumplimos el mandato de Dios de llenar la tierra y ejercer dominio sobre ella.

Todo lo que Dios hace es bueno y es para Su gloria, que es el bien más sublime. Él creó el mundo, moldeando a la raza humana —tanto al hombre como a la mujer— a Su imagen y para Su gloria. Entonces los bendijo y les encargó: "Sean fructíferos y multiplíquense; llenen la tierra y sométanla; dominen a los peces del mar y a las aves del cielo, y a todos los reptiles que se arrastran por el suelo" (Gn 1:28). Para el cristiano, el matrimonio no se trata simplemente de buscar la autosatisfacción y la felicidad personal, sino que es una oportunidad para glorificar a Dios a medida que seguimos llevando a cabo la labor que Dios le encargó a la humanidad durante la Creación. Cumplimos el mandato de la Creación al tener hijos y construir nuestras familias bajo el señorío de Dios.

El matrimonio es una representación de la relación entre Dios y Su pueblo

A lo largo de la Escritura, la relación de pacto de Dios con Su pueblo se representa como un matrimonio. El Antiguo Testamento muestra a Israel como la novia del Señor, y condena su búsqueda de ídolos llamándola adulterio (Jer 3:6-10, 20; Ez 23). El libro de Oseas expone gráficamente el carácter de la infidelidad de Israel, al tiempo que expresa la disposición de Dios a restaurar a Su pueblo (Os 1 – 2). De esta relación aprendemos que Dios es un esposo misericordioso que está dispuesto a redimir a Su pueblo adúltero: "Porque el que te hizo es tu esposo; Su nombre es el Señor Todopoderoso. Tu Redentor es el Santo de Israel; ¡Dios de toda la tierra es Su nombre! El Señor te llamará como a esposa abandonada; como a mujer angustiada de espíritu, como a esposa que se casó joven tan solo para ser rechazada —dice tu Dios—. Te abandoné por un instante, pero con profunda compasión volveré a unirme contigo. Por un momento, en un arrebato de enojo, escondí Mi rostro de ti; pero con amor eterno te tendré compasión —dice el Señor, tu Redentor—" (Is 54:5-8).

En el Nuevo Testamento, Jesús habla de Sí mismo como el Novio (Lc 5:34). Los ecos de la relación entre Dios e Israel en el Antiguo Testamento alcanzan la plenitud en la relación de Cristo con la iglesia. Él es el Novio y la iglesia es Su amada novia. Pablo da más detalles de esta imagen cuando declara: "Esposos, amen a sus esposas, así como Cristo amó a la iglesia y se entregó por ella para hacerla santa. Él la purificó, lavándola con agua mediante la Palabra, para presentársela a Sí mismo como una iglesia radiante, sin mancha ni arruga ni ninguna otra imperfección, sino santa e intachable" (Ef 5:25-27). Por último, la consumación al final de los tiempos se presenta como una alegre fiesta de matrimonio del Cordero con Su esposa, la iglesia (Ap 19:7-9).

El propósito de Dios es que al entender más nuestra relación con Él y nuestra relación de matrimonio, cada una de estas hará que la otra mejore. Según Pablo, esta conexión entre el matrimonio y nuestra unión con el Señor es un misterio maravilloso (Ef 5:32). Experimentar un matrimonio amoroso ayuda a que los creyentes comprendamos mejor el amor de Dios por nosotros. De forma similar, experimentar continuamente el amor de Dios por nosotros en Cristo nos proporciona un modelo que podemos imitar en nuestro matrimonio.

Dios recibe la gloria cuando Su pueblo le honra en el matrimonio

La mejor meta que puede tener un matrimonio es que cada cónyuge experimente amor y gracia en su relación y diga: "Esto debe ser una muestra del amor de Dios por mí". Sin duda, Dios recibe la gloria cuando las parejas cristianas crecen juntas en su capacidad de servirse el uno al otro y de mostrar el fruto del Espíritu Santo. Este tipo de relaciones son un testimonio de la gracia de Dios para sus familias extendidas, sus iglesias e incluso el mundo perdido.

Dios también recibe la gloria cuando los cristianos honran sus votos matrimoniales bajo circunstancias difíciles. Nosotros solíamos asistir periódicamente a una conferencia a la que un caballero llevaba a su esposa discapacitada. Él empujaba su silla de ruedas para llevarla a las reuniones, le traía comida cuando era tiempo de comer (y la alimentaba) e incluso la ayudaba en el baño, siempre con una sonrisa en su rostro y tratándola como una reina. Él no disfrutaba de todos los beneficios y la satisfacción que muchos esperan en el matrimonio, pero experimentaba gozo siendo fiel a los votos que había hecho ante Dios muchos años atrás. Otras personas se encuentran en matrimonios llenos de conflicto y pecado. Las personas cuya meta principal en la vida es su propia felicidad y las que no tienen un entendimiento bíblico de sus votos matrimoniales suelen abandonar tales matrimonios. En cambio, cuando un creyente —en obediencia a la Palabra de Dios y por fe— pone todo su empeño en mostrarle gracia a un cónyuge desobediente o no creyente, le da mucha gloria a Dios (1P 3:1-2).

EL MATRIMONIO ES DADO POR EL BIEN DE LA HUMANIDAD

El matrimonio fomenta la felicidad de ambos cónyuges

Dios nos creó como criaturas sociales, así que para la mayoría de nosotros "no es bueno" estar solos (Gn 2:18). En Su bondad, Dios nos da una persona apropiada con la que podemos caminar a lo largo de varias etapas de la vida adulta. Como escribe Salomón: "Más valen dos que uno, porque obtienen más fruto de su esfuerzo. Si caen, el uno levanta al otro. ¡Ay del que cae y no tiene quien lo levante! Si dos se acuestan juntos, entrarán en calor; uno solo ¿cómo va a calentarse? Uno solo puede ser vencido, pero dos pueden resistir" (Ec 4:9-12). Además de los placeres del compañerismo y la bendición de la ayuda mutua, Dios ha provisto la unión sexual como un privilegio del matrimonio para que la disfruten tanto el esposo como la esposa (Dt 24:5; Pro 5:18-19; Cantar de los cantares; 1Co 7:3-5). Además, los hijos que Dios les da durante su unión son una gran bendición de Su parte (Sal 127).

El matrimonio fomenta la santidad de ambos cónyuges

Además de estas diversas bendiciones que nos traen alegría, el Señor trabaja por medio de nuestros matrimonios para que seamos más como Cristo, algo que suele suceder por medio de las pruebas. Vivir tan cerca de otra persona expone nuestras faltas y debilidades. Seguro habrás escuchado a un cristiano recién casado diciendo: "Nunca supe que era tan pecador hasta que me casé". El matrimonio nos enseña a ser prontos a confesar nuestros pecados a Dios y a los que hemos herido. Por medio del matrimonio aprendemos a reflexionar en la gracia y la misericordia que hemos recibido de Dios al mostrarle gracia y perdón a otro pecador (Ef 4:31-32). El matrimonio también nos enseña a pasar por alto con paciencia las debilidades de nuestro cónyuge y a agradar a otros en vez de a nosotros mismos (Ro 15:1-2). El matrimonio nos da la mejor oportunidad que existe de poner en práctica a diario los versículos de la Biblia sobre "los unos a los otros".

La institución del matrimonio beneficia a la comunidad

Las familias son los pilares principales de la sociedad, ya que constituyen la base de las otras instituciones sociales de la iglesia y el Estado. La estructura familiar que se estipula en la Escritura, en la que los niños son criados por un padre y una madre que están totalmente comprometidos el uno con el otro en su matrimonio, es una bendición para los hijos y para la sociedad en general. Los niños están mejor cuando, según el diseño de Dios, son criados por dos padres en un ambiente familiar estable. Cuando los matrimonios se derrumban y las estructuras familiares se fragmentan, los hijos son los que más sufren. Esto hace que la comunidad lleve una carga que tiene un precio tanto financiero (porque el gobierno interviene para cuidar a los niños) como social (porque es común que los niños que crecen en hogares divididos tengan un mal desempeño en el ámbito educativo y vocacional).

RESUMEN

El diseño de Dios para el matrimonio refleja Su sabiduría y Su amorosa bondad. A través del matrimonio aprendemos más sobre nuestra relación con Él, lo que a su vez nos ayuda a entender mejor el matrimonio. Cuando por Su gracia nuestro matrimonio refleja Su amor por nosotros, Él se glorifica. Además, Dios diseñó el matrimonio para que fuera una bendición para la humanidad, porque podemos disfrutarlo y porque los matrimonios fuertes son una bendición para la comunidad en general.

PREGUNTAS PARA REFLEXIONAR

1. ¿Cómo difieren los cristianos de los no creyentes en su forma de pensar respecto a los propósitos del matrimonio?
2. ¿De qué maneras se glorifica Dios a través del matrimonio humano?
3. ¿De qué maneras nos ayuda el matrimonio a entender nuestra relación con Dios?
4. ¿Cómo es que el matrimonio fomenta nuestro bienestar?
5. ¿Cómo pueden las familias fuertes ser de beneficio para la comunidad en general?

3

¿QUÉ HACE QUE UN MATRIMONIO SEA LEGÍTIMO?

LA SEPARACIÓN ENTRE LA IGLESIA Y EL ESTADO

A lo largo de la historia, ha existido cierta competencia entre la iglesia institucional y el Estado cuando se trata de la regulación del matrimonio. La iglesia católica romana se atribuye la autoridad sobre el matrimonio como un sacramento de la iglesia. Consideran que los que no se casan en la iglesia católica romana no están casados legítimamente.[1] Esta iglesia también ha buscado regular el matrimonio según sus propias tradiciones y su interpretación de la Escritura. Por ejemplo, prohíbe el divorcio, pero puede conceder la anulación del matrimonio en ciertas circunstancias. En países como Filipinas, en donde el catolicismo romano es dominante, las leyes civiles reflejan las enseñanzas de esta iglesia. Otras denominaciones, especialmente las que han funcionado como iglesias estatales, también han considerado que tienen autoridad sobre el matrimonio. En el pasado, los matrimonios se registraban con la iglesia y no necesariamente con el Estado.

En nuestra época, el gobierno es la institución principal que regula el matrimonio. El Estado establece quiénes se pueden casar (los requisitos de edad, la prohibición del matrimonio entre parientes cercanos, la ilegalidad de la bigamia, etc.), otorga las licencias de matrimonio y decide en cuanto a los divorcios. Por lo general, los gobiernos permiten que las instituciones religiosas celebren matrimonios según sus propias tradiciones, pero con la

[1] http://www.catholiceducation.org/en/culture/catholic-contributions/must-catholics-marry-in-a-church.html.

vigilancia del Estado. Esto es claro en el momento en que concluye la ceremonia matrimonial, cuando los clérigos dicen algo así: "Ahora, por la autoridad que se me ha concedido como ministro del evangelio en el estado de California, los declaro marido y mujer".

La Biblia nunca le da autoridad de forma explícita a la iglesia o al Estado secular sobre el matrimonio. Aunque la ley de Dios regulaba el matrimonio, el divorcio y el nuevo matrimonio bajo la teocracia del antiguo pacto, no hay nada en el Nuevo Testamento que defina el papel del Estado secular como autoridad sobre el matrimonio. Tampoco vemos ningún ejemplo de bodas dirigidas por oficiales de la iglesia ni de bodas llevadas a cabo en el edificio de una iglesia. Aunque una pareja puede formalizar su pacto matrimonial en una ceremonia tradicional[2] conducida por un clérigo en el local de una iglesia, esta no es la única forma válida de establecer este pacto. El papel del clérigo es simplemente facilitar el establecimiento del pacto entre la novia y el novio. No hay un mandato en la Biblia que diga que un ministro debe hacerlo. La Biblia tampoco enseña que el pacto se deba hacer en una ceremonia específica.[3]

ALGUNOS GOBIERNOS PERMITEN LOS MATRIMONIOS ILEGÍTIMOS Y PROHÍBEN LOS MATRIMONIOS LEGÍTIMOS

Algunas naciones islámicas permiten la poligamia (ver la próxima pregunta). Otros gobiernos han permitido los matrimonios entre familiares cercanos. No hay muchos gobiernos que permitan el matrimonio homosexual, el cual, al estar prohibido por la Escritura, no es legítimo ante los ojos de Dios.

Por otra parte, algunos gobiernos han prohibido erróneamente los matrimonios entre personas que tienen todo el derecho a estar casados —por

[2] Hay varios elementos de la ceremonia tradicional que reflejan principios bíblicos. Que la novia camine por el pasillo hacia el altar es una imagen del encuentro de la iglesia con Cristo, nuestro Novio, cuando venga por nosotros. El vestido blanco de la novia expresa la pureza que tiene la iglesia gracias a la obra de Cristo (Ap 19:8).

[3] Hace poco, al celebrar una boda, vi que el novio estaba bastante mareado y a punto de desmayarse. Mientras pensaba en lo cuidadosa que fue la planeación de la ceremonia, me di cuenta de que solo había un aspecto absolutamente necesario: los votos. Podríamos pasar por alto la lectura bíblica, el sermón, las canciones, el símbolo de la unión de las velas y el himno (aunque estos no son incorrectos). Sin embargo, el matrimonio no sería matrimonio a menos que la pareja haga sus votos. Así que ayudamos al novio a sentarse y le dimos agua. Mientras se recuperaba, compartí una meditación corta sobre el matrimonio y pasamos directamente a los votos.

ejemplo, entre una novia y un novio que no son de la misma raza. Una nación islámica prohíbe que una mujer nacida en una familia musulmana se case con un hombre cristiano. Los gobiernos influenciados por la iglesia católica romana han promovido leyes que no permiten que un cónyuge que fue abandonado se divorcie y se vuelva a casar, lo cual está permitido bíblicamente. En casos como estos, ¿un cristiano es libre de casarse en contra de la voluntad del Estado? Aunque un paso como ese se debe tomar con gran precaución, el gobierno no puede prohibir lo que permite la Palabra de Dios. Esto no significa que los creyentes deban hacerle frente al gobierno cuando excedan su autoridad de esta manera. Sin embargo, pueden hacerlo, y en tal caso deben estar preparados para enfrentar las consecuencias.

¿ES NECESARIO QUE HAYA UN PAPEL?

Un matrimonio es legítimo cuando el hombre y la mujer hacen un pacto de compañerismo y se presentan delante de la comunidad como una pareja casada. La Biblia no exige que la pareja obtenga una licencia del Estado ni que obtenga la autorización de una iglesia. Jay Adams señala: "En los tiempos bíblicos, un matrimonio no requería la aprobación ni la licencia del Estado... Los contratos los elaboraban y ejecutaban las partes en cuestión con testigos".[4]

EJEMPLOS BÍBLICOS

Los matrimonios que se registran en la Escritura se formalizaban sin que se involucraran directamente la iglesia o el Estado. En Génesis 24, Abraham envía a su siervo para que encuentre una esposa para su hijo Isaac, y Rebeca regresa con el siervo de forma voluntaria. Los miembros de su familia reconocen el futuro matrimonio al bendecirla (Gn 24:60). El matrimonio se da cuando Isaac, a la vista de su familia/comunidad, toma a Rebeca como su esposa: "Luego Isaac llevó a Rebeca a la carpa de Sara, su madre, y la tomó por esposa. Isaac amó a Rebeca, y así se consoló de la muerte de su madre" (24:67). De forma similar, Jacob toma a Lea (y luego a Raquel) como su esposa en el contexto de la familia y la comunidad, celebrando ese matrimonio

---

4 Jay Adams, *Marriage, Divorce, and Remarriage in the Bible* [*Matrimonio, divorcio y nuevo matrimonio en la Biblia*] (Grand Rapids: Zondervan, 1980), 18.

con una fiesta (29:21-22). El matrimonio de Rut y Booz es el más inusual para nosotros, ya que la novia ni siquiera se encontraba allí cuando se estableció el pacto formalmente en la puerta de la ciudad (Rut 4:1-10). En ese caso, la comunidad en Belén es testigo del pacto matrimonial y le pide a Dios que bendiga la unión matrimonial (4:11-12).

¿UNA PAREJA PUEDE ESTAR CASADA VERDADERAMENTE AUNQUE NO TENGA LA LICENCIA DEL GOBIERNO?

Aunque puede ser sabio y recomendable obtener una licencia del gobierno por razones prácticas, como las ventajas fiscales o ciertos derechos legales conyugales, una pareja puede estar casada verdaderamente ante los ojos de Dios sin que se involucre el Estado. La Biblia no autoriza al gobierno explícitamente para que defina y regule el pacto matrimonial. Ya que los gobiernos humanos siguen pervirtiendo su definición del matrimonio, algunos cristianos pueden decidir hacer su pacto matrimonial ante Dios y su comunidad (la familia, los amigos y la iglesia) sin involucrar al gobierno. Se podría argumentar que como cristianos debemos obedecer al gobierno (Ro 13:1-7) y que, por tanto, deberíamos casarnos bajo la autoridad del Estado. Una respuesta a este argumento es que en la mayoría de jurisdicciones, no es ilegal que una pareja viva sin una licencia del gobierno.

MATRIMONIO CONSENSUAL

Algunos gobiernos reconocen el "matrimonio consensual", es decir, un hombre y una mujer que se presentan como casados simplemente porque han estado conviviendo por cierto periodo de tiempo.[5] Para todo fin legal, a estas parejas se les trata como si estuvieran casadas. Otros acuerdos, incluyendo las alianzas domésticas informales y las uniones civiles, complican aún más la situación en la actualidad.

CASOS EXCEPCIONALES

En casos poco comunes, algunas circunstancias especiales pueden afectar lo que constituye un matrimonio legítimo. Jay Adams menciona estas clases de

---

[5] Hasta este momento, solo nueve estados y el Distrito de Columbia siguen reconociendo los matrimonios consensuales (http://en.wikipedia.org/wiki/Common-law_marriage).

matrimonios "irregulares" que pudieran darse.[6] Por ejemplo, si un hombre y una mujer se quedaran abandonados en una isla desierta, pueden tomar la decisión de hacer un pacto matrimonial aunque ningún gobierno reconozca su matrimonio ni ninguna comunidad fuera testigo de sus votos. Si los rescataran, tendrían que dar a conocer su matrimonio a la comunidad de una forma apropiada.

Cuando era pastor de una iglesia en un país del Medio Oriente, Azeb y Mo me pidieron que celebrara su matrimonio, aunque su situación era compleja. Azeb y Mo eran refugiados pobres de una nación africana. En el momento estaban ilegales en el país donde vivían, y tampoco tenían los medios ni la capacidad para salir del mismo. Esto significaba que no era posible que se casaran legalmente. Después de mucha oración y estudio bíblico, concluimos que Azeb y Mo podían hacer su pacto matrimonial en el contexto de nuestra comunidad cristiana, y que ese matrimonio sería legítimo ante los ojos de Dios.

¿ESTÁ LA ABUELA VIVIENDO EN PECADO?

Una tendencia en años recientes ha sido que las viudas y los viudos ancianos tengan relaciones estables similares al matrimonio, viviendo juntos como marido y mujer sin casarse legalmente. Por lo general, lo hacen por motivos financieros, ya que les preocupan los efectos del matrimonio en sus ingresos de jubilación (del cónyuge sobreviviente) o las complicaciones significativas que pueden surgir respecto a la herencia que dejarán a los hijos. En el pasado, las personas en esta situación se casaban probablemente por el estigma social relacionado con la cohabitación. Una opción para ellos puede ser hacer un pacto matrimonial con ayuda de la iglesia, pero sin obtener una licencia del gobierno.[7] También puede haber situaciones en las que personas jóvenes puedan verse motivadas a casarse sin una licencia del Estado, por razones prácticas o financieras. Estas decisiones deben tomarse con cuidado teniendo en cuenta las complicaciones que pueden surgir (en términos de los derechos legales conyugales) y las motivaciones (la codicia).

---

6 Adams, *Marriage, Divorce, and Remarriage in the Bible*, 18.

7 En los Estados Unidos, el Servicio de Impuestos Internos trata a una pareja como esposos solo si los consideran legalmente casados en el estado en el que viven (http://www.irs.gov/publications/p17/ch02.html).

¿ESTÁ UNA PAREJA VERDADERAMENTE CASADA SI EL MATRIMONIO NO SE HA CONSUMADO?

Aunque por lo general la unión sexual es parte del matrimonio, una pareja puede estar verdaderamente casada sin haber consumado el matrimonio. De igual forma, tener hijos también es parte del matrimonio, pero no siempre es posible. La esencia del matrimonio es el juramento público hecho entre un hombre y una mujer. Una viuda y un viudo ancianos que ya no son capaces de unirse sexualmente pueden tomar la decisión de casarse por un deseo mutuo del compañerismo que Dios ofrece en el matrimonio. Puede que un cónyuge no tenga la capacidad de desempeñarse sexualmente debido a una herida o un impedimento físico (un problema que la pareja debe discutir abiertamente antes del matrimonio). En tales situaciones, un hombre y una mujer pueden disfrutar un nivel único de intimidad personal junto con algún nivel especial de intimidad física, aun cuando la consumación sexual no sea plena. Si un matrimonio no se ha consumado porque uno o ambos cónyuges no están dispuestos a hacerlo, hay problemas serios que se deben tratar con la Palabra de Dios, muchas veces por medio de la consejería bíblica (ver 1Co 7:3-5 y más adelante las preguntas acerca de los motivos para divorciarse).

RESUMEN

A fin de cuentas, el matrimonio es una institución divina y es el Señor quien define cuáles son los matrimonios legítimos a través de la Escritura. Ni la iglesia ni el Estado tienen autoridad para modificar lo que Dios ha establecido. Sin embargo, la iglesia podría involucrarse más en los matrimonios disciplinando a los que quebrantan su pacto matrimonial, y el Estado podría ser llamado a decidir sobre los temas legales que tienen que ver con la separación y el divorcio. Las complicaciones surgen cuando la iglesia y el Estado se apartan de los principios bíblicos, y los cristianos tendrán que enfrentar decisiones difíciles sobre si atenerse o si actuar según la libertad que Dios les da.

PREGUNTAS PARA REFLEXIONAR

1. ¿Hasta qué punto debe el gobierno involucrarse en la regulación del matrimonio? ¿Hasta qué punto deben las iglesias involucrarse en la regulación del matrimonio?
2. ¿Qué le dirías a una pareja que quiere casarse pero no planea obtener una licencia del gobierno?
3. ¿Está mal hacer esto por razones financieras?
4. ¿Cómo debemos considerar a las personas que actúan como si estuvieran casadas pero que no han formalizado su relación?
5. ¿Un "matrimonio por conveniencia" (por ejemplo, para ayudar a alguien a obtener una ciudadanía) es legítimo?

4

¿PROHIBE DIOS LA POLIGAMIA EN LA ESCRITURA?

Aunque la poligamia no es un problema serio en la mayoría de las iglesias occidentales, todavía hay muchos países en el mundo donde existe la práctica de tener varios cónyuges. Por otro lado, ¿cómo explicamos que tantos hombres de Dios hayan tenido varias esposas en el antiguo pacto?

LA POLIGAMIA ES UNA VIOLACIÓN DEL DISEÑO ORIGINAL DE DIOS PARA EL MATRIMONIO

En el jardín, el Señor pudo haber creado a muchas mujeres para Adán, lo cual le habría hecho más eficiente en el cumplimiento de Su mandato a la humanidad de ser fructíferos y multiplicarse. Sin embargo, el Señor creó una mujer para el hombre, y lo estableció como Su diseño para el matrimonio. La poligamia es una violación de este diseño original, y afecta la exclusividad y la intimidad del compañerismo que Dios desea para un esposo y su esposa en el pacto matrimonial.

La poligamia también está mal vista en la ley de Moisés: "No te casarás con la hermana de tu esposa, ni tendrás relaciones sexuales con ella mientras tu esposa viva, para no crear rivalidades entre ellas" (Lv 18:18). A los reyes también se les advierte: "El rey no tomará para sí muchas mujeres, no sea que se extravíe su corazón" (Dt 17:17).

Es más, la Escritura nunca habla de la poligamia de una forma positiva, y casi siempre la presenta como algo perjudicial. El primer registro de poligamia lo encontramos en la descendencia malvada de Caín, cuando Lamec —un hombre malo y vengativo— se casa con dos mujeres (Gn 4:19). Más adelante, Sara anima a su esposo Abraham a tener relaciones sexuales con Agar y nace Ismael, momento en el cual se abre la puerta al rencor en su propia familia (16:4-5; 21:8-21), resultando en grandes dificultades para muchas generaciones de su descendencia por medio de Isaac (16:12). De forma similar, cuando Jacob se casa con Raquel y Lea, surge conflicto y envidia en su hogar (30:1-24). "Y Raquel dijo: 'He tenido una lucha muy grande con mi hermana, pero he vencido'" (30:8). Y también: "Lea le contestó: '¿Te parece poco el haberme quitado a mi marido, que ahora quieres también quitarme las mandrágoras de mi hijo?'. 'Bueno', contestó Raquel, 'te propongo que, a cambio de las mandrágoras de tu hijo, Jacob duerma contigo esta noche'" (30:15). El libro de 1 Samuel comienza con el sufrimiento de Ana, una mujer estéril, por causa de la segunda esposa de su esposo, Elcaná: "Penina, su rival, solía atormentarla para que se enojara, ya que el Señor la había hecho estéril" (1S 1:6).

Aunque David y los demás reyes tuvieron varias esposas, incumpliendo Deuteronomio 17:17, el rey Salomón fue el ejemplo más trágico de los efectos perjudiciales de la poligamia. Cuando era joven, Salomón había orado a Dios por sabiduría (2Cr 1:8-13) y se encontraba entre los hombres más sabios que existieron (1R 4:29-34). Durante su reinado construyó el templo, e Israel se convirtió en una gran potencia mundial. Sin embargo, sus muchas esposas alejaron su corazón del Señor y así comenzó a participar en la idolatría de ellas (1R 11:1-8). Como resultado —en la siguiente generación— el reino se dividió en dos partes e Israel nunca volvió a alcanzar lo que había logrado bajo el reinado de Salomón.

LA POLIGAMIA VA EN CONTRA DE LA VOLUNTAD DE DIOS PARA EL MATRIMONIO

El Nuevo Testamento aclara que la poligamia va en contra de la voluntad de Dios para el matrimonio. El pasaje fundacional sobre el matrimonio en Génesis 2:24 dice que "*serán* un solo ser". Aunque en algunas versiones no se establece cuántos se unen en matrimonio, se implica que solo son dos. Cuando Jesús cita este texto, describe explícitamente que "los *dos* llegarán a ser un solo cuerpo. Así que ya no son *dos*, sino uno solo" (Mt 19:5b-6a).

Las cualidades de un líder de la iglesia dicen expresamente que debe ser "esposo de una sola mujer" (1Ti 3:2, 12), lo que significa literalmente "un hombre de una sola mujer". Esto implica que aunque podía haber hombres con más de una esposa en la iglesia primitiva, ellos no eran aptos para el liderazgo de la iglesia. La poligamia no es una práctica correcta.[1]

¿POR QUÉ PERMITIÓ DIOS LA POLIGAMIA?

La respuesta a esta pregunta nos recuerda la respuesta que da Jesús cuando se le pregunta por qué la ley de Moisés regulaba el divorcio. "Le replicaron: '¿Por qué, entonces, mandó Moisés que un hombre le diera a su esposa un certificado de divorcio y la despidiera?'. 'Moisés les permitió a ustedes divorciarse de sus esposas por lo obstinados que son', respondió Jesús. 'Pero no fue así desde el principio'" (Mt 19:7-8). Debido al pecado humano, las personas abandonan el pacto matrimonial; por tanto, había que regular el divorcio. Las regulaciones legales para el divorcio (Dt 24:1-4) se daban para proteger a la mujer vulnerable que era despedida, y para mantener el orden en la comunidad. De la misma forma, las leyes que conciernen la regulación de la poligamia servían para proteger los derechos de todas las esposas, especialmente de la primera esposa cuando otra (posiblemente más joven y más fértil) llegaba a la familia: "Si toma como esposa a otra mujer, no podrá privar a su primera esposa de sus derechos conyugales, ni de alimentación y vestido" (Éx 21:10). Al igual que el divorcio, la poligamia nunca fue parte del diseño de Dios para el matrimonio. El Señor decidió tolerarla por un tiempo, pero nunca la aprobó.[2]

¿LOS MATRIMONIOS POLÍGAMOS SON LEGÍTIMOS EN LA ACTUALIDAD?

En la mayor parte del mundo, es ilegal que un hombre o una mujer tenga varios cónyuges.[3] Sin embargo, la poligamia todavía existe en muchos lugares, y sigue siendo legal en muchos países islámicos en el Medio Oriente, el norte de África y Asia. Además, la poligamia se sigue practicando en ciertas

---

[1] Algunas personas podrían usar Romanos 7:3 ("Si ella se une a otro hombre mientras su marido vive, comete adulterio", RVC) para demostrar que está prohibido que una esposa se case por segunda vez. (La traducción de la NVI dice que si se "casa" con otro hombre, pero esta no es la traducción obligatoria del verbo *ginomai.*) Por otra parte, la palabra "une" se podría referir a unirse por medio del adulterio o después de un divorcio ilícito.

[2] La esclavitud puede ser otro ejemplo de una práctica equivocada que Dios tolera y que la Escritura regula (en este caso, tanto en el Antiguo como el Nuevo Testamento; ver Ef 6:5-9).

[3] El abandono de las normas bíblicas al definir el matrimonio abre la puerta para que se reconozcan toda clase de disposiciones en algunas jurisdicciones, incluyendo la poligamia, la poliandria y los matrimonios grupales.

tribus y dentro de algunos cultos religiosos (por ejemplo, los derivados del mormonismo).[4]

Aunque es posible que ninguna iglesia bíblica apruebe un matrimonio polígamo y que un verdadero cristiano no busque tener un segundo cónyuge, surgen preguntas complejas cuando un polígamo (o toda su familia) se convierte al cristianismo. ¿El nuevo creyente debe divorciarse de todas sus esposas excepto de la primera? ¿Qué responsabilidad tiene de cuidarlas a ellas y a sus hijos? En estos casos poco comunes, el nuevo creyente debe buscar la pericia de líderes sabios de la iglesia.

Aunque la respuesta con la que podemos estar más cómodos sería decir que solo el primer matrimonio es legítimo, no existe un argumento bíblico decisivo para esta conclusión. Aunque la Escritura es clara en cuanto al diseño de Dios para el matrimonio, que es que un hombre se una en un pacto de compañerismo con una mujer, no se nos dice explícitamente que los matrimonios polígamos siempre son ilegítimos. Así como una pareja que se divorcia sin tener razones bíblicas en efecto está divorciada,[5] puede haber casos poco comunes en los que un hombre que se casa por segunda vez de manera ilícita en realidad está casado con ambas mujeres. Cuando Pablo excluye a los polígamos del liderazgo de la iglesia (1Ti 3), no dice nada acerca de que este hombre sea forzado a deshacerse de todas sus esposas con la excepción de la primera. Tampoco dice que este hombre no pueda ser cristiano ni miembro de una iglesia local. Él se puede encontrar a sí mismo en una posición difícil —similar a la que enfrentaron Jacob y algunos de los otros patriarcas del Antiguo Testamento.

RESUMEN

El diseño de Dios para el matrimonio es claramente que los dos, un hombre y una mujer, se vuelvan uno. La poligamia, al igual que el divorcio, va en contra del ideal de Dios. Él toleró y reguló la poligamia bajo el antiguo pacto, pero la Escritura nunca presenta la poligamia de forma favorable, y los que la practicaron sufrieron las consecuencias. Ya que el Nuevo Testamento es todavía más claro que el Antiguo Testamento respecto a este tema, los cristianos no deben practicar la poligamia.

[4] Comúnmente, tales grupos no buscan que el gobierno reconozca sus matrimonios.

[5] Este tema se explicará con más detalle en el capítulo 31.

PREGUNTAS PARA REFLEXIONAR

1. ¿Qué prueba existe en la Escritura para afirmar que la poligamia va en contra del diseño de Dios para el matrimonio?
2. ¿Por qué Dios toleró la poligamia entre los líderes de Su pueblo en la época del Antiguo Testamento?
3. ¿Cómo clarifica el Nuevo testamento el tema de la poligamia?
4. ¿Qué rol, si existe alguno, tienen la iglesia y el gobierno en determinar si un matrimonio polígamo es legítimo?
5. ¿Qué le aconsejarías a un hombre musulmán polígamo que se ha convertido al cristianismo?

5

¿DEBE EL MATRIMONIO SER ENTRE UN HOMBRE Y UNA MUJER?

Esta es una pregunta que probablemente no habría surgido con frecuencia en generaciones pasadas, pero ahora el tema del matrimonio homosexual es uno de los más importantes de nuestra época. Los que promueven el matrimonio homosexual afirman que la situación de los homosexuales en la actualidad es equivalente a la de las demás minorías que sufrieron discriminación en el pasado. A menudo, los que defienden el matrimonio exclusivamente entre un hombre y una mujer son vistos como personas que odian y que no son mejores que los racistas que se oponían a la igualdad de derechos civiles en generaciones pasadas.

¿PODEMOS ARGUMENTAR EXITOSAMENTE A PARTIR DE LA LEY NATURAL?

Muchos de los que se oponen al matrimonio homosexual se basan en argumentos de la naturaleza, no en la revelación de Dios en la Escritura. Ellos afirman que tales argumentos son más eficaces porque la ley natural es un terreno en el que los creyentes y los no creyentes tienen puntos en común. Esta clase de argumentos incluye el hecho de que los actos homosexuales son innaturales y contrarios a la forma en que fueron diseñados los cuerpos masculinos y femeninos. De hecho, Pablo hace una afirmación al respecto: "Por tanto, Dios los entregó a pasiones vergonzosas. En efecto, las mujeres cambiaron las relaciones naturales por las que van contra la naturaleza. Así mismo los hombres dejaron las relaciones naturales con la mujer y se encendieron en pasiones lujuriosas los unos con los otros. Hombres con hombres cometieron actos indecentes, y en sí mismos recibieron el castigo que merecía su perversión" (Ro 1:26-27). También afirman que es mejor para los hijos y para la sociedad que los niños sean criados por su padre y su madre biológicos, y apuntan a costumbres y tradiciones sociales antiguas.

Aunque estos argumentos tienen peso, no creo que debamos argumentar exclusivamente desde el punto de vista de la ley natural. Los defensores del matrimonio homosexual afirman que este comportamiento es parte de la naturaleza al nacer, y que así como las personas nacen zurdas o en cierto grupo racial, los homosexuales nacen sintiendo atracción hacia personas de su mismo sexo. Aunque la Escritura dice que en cierto sentido ellos saben que son culpables de hacer el mal (Ro 1:32a), pocos lo admitirán porque el pecado corrompe sus pensamientos y sus deseos (Ro 8:5-8; 1Co 2:14). Le llaman a lo malo bueno y a lo bueno malo (Is 5:20), y le dan su aprobación a los que practican tales cosas (Ro 1:32b). En referencia a los argumentos acerca de lo que es bueno para los hijos y la sociedad en general, la comunidad académica ha publicado estudios afirmando que demuestran que los padres homosexuales son tan buenos o incluso mejores que las parejas heterosexuales.[1] Y respecto al argumento de la estructura tradicional del matrimonio, responderán que las tradiciones son hechas por los hombres y están sujetas a cambios, y que la estructura de la familia ha evolucionado con el tiempo para suplir las necesidades sociales.

LA BIBLIA TIENE LAS RESPUESTAS

Debemos basar nuestros argumentos en contra del matrimonio homosexual en la Escritura. El matrimonio es lo que es porque Dios lo ha revelado de esa manera en Su Palabra. El matrimonio homosexual es incorrecto porque Dios lo dice y por las razones que Dios da. Una vez que se elimina la autoridad de Dios, casi todo es posible. Las leyes humanas y los decretos de los jueces sustituyen la revelación divina. Las personas pueden hacer lo que consideren correcto (Jue 21:25) —es decir, lo que se sienta bien y los haga felices. ¿Por qué el matrimonio tiene que ser exclusivamente entre dos personas? ¿Por qué no más? ¿Por qué el matrimonio se limita a seres humanos y no incluye también a mascotas? ¿Puede uno casarse con uno mismo? Si alguien afirma que nació homosexual y cree que esto justifica su comportamiento, ¿por qué

[1] http://www.bu.edu/today/2013/gay-parents-as-good-as-straight-ones/.

no puede afirmar alguien más que nació pedófilo, polígamo, adúltero o que nació para la bestialidad? El mundo dice que uno puede crear su propia identidad de género y que la sociedad es libre para redefinir el matrimonio. La Escritura enseña que Dios te asignó tu género como hombre o mujer, y que es Él quien define el matrimonio.

Los defensores del matrimonio homosexual hacen un gran esfuerzo por tratar de reinterpretar los textos bíblicos al intentar probar que las relaciones homosexuales estables entre adultos que consienten no están prohibidas en la Escritura.[2] Todos sus argumentos dejan de ser legítimos cuando consideramos cuidadosamente lo que Dios ha revelado sobre el matrimonio y el sexo. Dios creó a los humanos como hombres y mujeres (Gn 1:27). Él ordenó que el matrimonio fuera un pacto de compañerismo de por vida entre un hombre y una mujer, y estableció roles diferentes para cada uno (Gn 2:18; 1Co 11:8-9). La cuestión de que Dios les asignó roles diferentes es crucial en el debate sobre el matrimonio homosexual. El movimiento feminista, que buscaba eliminar las diferencias entre los roles de los hombres y los de las mujeres en el matrimonio y en la sociedad, sostiene que todos somos iguales.[3] Esto ha llevado al argumento de que ya que todos somos iguales, cualquier pareja (humana) se puede casar. Dios creó al hombre y a la mujer para ser diferentes no solo físicamente, sino también en el papel que desempeñan en el matrimonio. Un verdadero matrimonio requiere uno de cada género.

Además, Dios dice que la actividad sexual solo es permitida dentro de la relación matrimonial (Gn 2:24). No hay otra relación que en verdad sea un matrimonio, independientemente de lo que digan los funcionarios del gobierno, las encuestas y los tribunales de derecho. Cualquier expresión sexual por fuera del pacto matrimonial está prohibida, es pecado y perjudica a las personas —ya sea el adulterio, la fornicación (el sexo entre personas que no están casadas), la homosexualidad, la bestialidad o la lujuria en privado (Mt 5:28; Heb 13:4). Además, la Escritura prohíbe explícita y repetidamente los actos sexuales entre personas del mismo sexo: "Si alguien se acuesta

[2] Por ejemplo, algunos afirman que el pecado de Sodoma fue la falta de hospitalidad o tal vez el intento de violación (Gn 19), no la práctica homosexual.

[3] Tristemente, muchos evangélicos han seguido la corriente cultural al aceptar el igualitarismo, el cual niega la enseñanza bíblica respecto a los roles complementarios del hombre y la mujer en el hogar y en la iglesia.

con otro hombre como quien se acuesta con una mujer, comete un acto abominable y los dos serán condenados a muerte, de la cual ellos mismos serán responsables" (Lv 20:13; ver también Lv 18:22; Ro 1:26-27; 1Co 6:9; 1Ti 1:9-10).[4] Al analizar honestamente estos textos, un lector que afirme la inerrancia de la Biblia no deja espacio para el debate sobre este tema.

¿QUÉ HAY DE LOS QUE EXPERIMENTAN ATRACCIÓN HACIA PERSONAS DEL MISMO SEXO?

Entonces, ¿cómo debemos entender el tema de la atracción hacia el mismo sexo? 1 Corintios 10:13 declara: "Ustedes no han sufrido ninguna tentación que no sea común al género humano", lo que significa que todos experimentamos varias tentaciones de manera similar. Una persona que nunca se ha sentido tentada por la homosexualidad puede ser tentada por la lujuria o el adulterio heterosexual. Otra persona puede ser tentada por la ira o por la preocupación y el temor pecaminosos. Otra persona puede ser tentada por el abuso de sustancias o la glotonería. Aunque la fuente de la tentación a pecar sea diferente según la persona, la experiencia es común para todos. La tentación ocurre cuando las personas se dejan llevar y son arrastradas por sus propios deseos pecaminosos (Stg 1:14). Un error de nuestra cultura es suponer que nuestros deseos (incluyendo los deseos homosexuales) son legítimos. Algunos deseos son contrarios a la voluntad de Dios y son perjudiciales.

Dios les ofrece esperanza a todos los que son tentados por el pecado, incluyendo a los que han sido esclavizados por el pecado de la homosexualidad. La gran necesidad de un pecador homosexual no es convertirse en un pecador heterosexual, ni convertirse en alguien más moral en apariencia. Rosaria Butterfield, una mujer que solía ser lesbiana, escribe: "Mi nuevo amor no fue la heterosexualidad, sino Jesús… no me convertí de la homosexualidad, sino de la incredulidad".[5] Los pecadores necesitan un Salvador que

---

[4] La ley del Antiguo Testamento habla sobre muchos de los temas que conciernen el matrimonio, el divorcio y el nuevo matrimonio que tratamos en este libro. Los cristianos tienen diversas opiniones acerca de la forma en que estas regulaciones, que eran originalmente para la nación teocrática de Israel, se deben aplicar en la época del nuevo pacto, en la que no hay más teocracia. La posición que yo adopto es que los principios morales establecidos en mandatos como Levítico 20:13 no tienen límite de época y todavía pueden aplicar en la actualidad, aunque los castigos (en este caso, la muerte) no aplican, porque ya no hay un estado teocrático en el que se puedan llevar a cabo. El adulterio y maldecir a los padres también eran crímenes capitales bajo la ley de Moisés (Lv 20:9-10).

[5] Rosaria Butterfield, *Openness Unhindered: Further Thoughts of an Unlikely Convert on Sexual Identity*

los perdone y los transforme. El primer paso es estar de acuerdo con Dios en que tus deseos y acciones son contrarios a Su voluntad, y después pedirle que te perdone por medio de Jesús. Juan explica que: "Si afirmamos que no tenemos pecado, nos engañamos a nosotros mismos y no tenemos la verdad. Si confesamos nuestros pecados, Dios, que es fiel y justo, nos los perdonará y nos limpiará de toda maldad" (1Jn 1:8-9). Por medio de la muerte expiatoria de Jesucristo, cualquier pecado puede ser perdonado. El Nuevo Testamento nos dice que algunos cristianos primitivos habían sido homosexuales antes de su conversión: "¿O no saben que los injustos no heredarán el Reino de Dios? No se dejen engañar: ni los inmorales, ni los idólatras, ni los adúlteros, ni los afeminados, ni los homosexuales, ni los ladrones, ni los avaros, ni los borrachos, ni los difamadores, ni los estafadores heredarán el Reino de Dios. Y esto eran algunos de ustedes; pero fueron lavados, pero fueron santificados, pero fueron justificados en el nombre del Señor Jesucristo y en el Espíritu de nuestro Dios" (1Co 6:9-11, NBLH). Jesús no nos da solamente Su perdón, sino que también nos transforma. Él nos da una nueva naturaleza interior (2Co 5:17) y nos llena con Su Espíritu, quien obra en nosotros para hacernos más como Cristo.

Esto no significa que siempre será fácil para una persona homosexual abandonar su antiguo estilo de vida, aun después de haberse convertido al cristianismo. Sin embargo, se podría decir lo mismo de cualquier otra persona que haya pasado gran parte de su vida en un patrón particular de pecado, tal como el de un mentiroso, un ladrón, un adicto a ciertas sustancias o un adúltero. Un hombre casado que admitió haber sentido atracción hacia otros hombres dice: "Todos tenemos el poder para decidir respecto a nuestros deseos, y podemos decidir si vamos a actuar conforme a ellos o no".[6] Él y su esposa están de acuerdo en que "la personas en cualquier matrimonio deben trabajar para resistir las atracciones externas a su relación, ya sean hacia personas del mismo sexo o del sexo opuesto".[7] Todo el que ha sido salvado por

and Union with Christ [*Franqueza total: Más pensamientos de una convertida improbable sobre la identidad sexual y la unión con Cristo*] (Pittsburgh, PA: Crown and Covenant, 2015), 50.

6 http://www.npr.org/2015/01/04/374857829/a-pastor-moves-past-his-attraction-to-men-and-so-does-his- wife.

7 Ibíd.

Jesucristo tiene una nueva identidad. Por medio de su unión con Cristo, su vida está siendo transformada.[8]

Los que no hemos enfrentado esta tentación en particular debemos ser compasivos con aquellos que luchan con el pecado de la homosexualidad, pues nosotros también éramos esclavos del pecado. Al haber sido liberados por el poder del evangelio, podemos ofrecerles la libertad que solo Jesucristo puede dar.

RESUMEN

El mejor argumento para el hecho de que el matrimonio es exclusivamente entre un hombre y una mujer no viene de la ley natural ni de la tradición humana, sino de la revelación de Dios en la Escritura. Dios unió en matrimonio al primer hombre con la primera mujer, y ha establecido claramente en Su Palabra lo que es el matrimonio y cómo se debe practicar. Ninguna institución humana tiene derecho a cambiar lo que Él ha establecido. Los que luchan con la atracción al mismo sexo pueden acudir a Cristo buscando el perdón de sus pecados y fortaleza para caminar en novedad de vida.

PREGUNTAS PARA REFLEXIONAR

1. ¿Qué tan eficaz es el uso de la ley natural para argumentar en contra del matrimonio homosexual?
2. ¿Por qué es necesario usar la Escritura para definir correctamente el matrimonio y enumerar las razones por las que toda actividad sexual fuera del matrimonio es pecado?
3. ¿Qué daño sufre la sociedad cuando el matrimonio homosexual se permite o se promueve?
4. ¿Puede un cristiano asistir a la ceremonia de un matrimonio homosexual?
5. ¿Cómo debe un cristiano tratar a sus amigos o familiares homosexuales? ¿Puede invitarlos a la cena de Navidad?

[8] La meta para los que han luchado con la homosexualidad no es simplemente hacer que practiquen la heterosexualidad, y mucho menos animarles a ser lujuriosos con personas del sexo opuesto. El enfoque de su santificación es el crecimiento en el evangelio para ser cada vez más semejantes a Jesucristo. Aunque no exista el deseo de casarse con alguien del sexo opuesto, debe existir la consciencia de que el diseño de Dios es la forma correcta, y deben resistirse y no alimentar deseos sexuales inapropiados de toda clase.

B

COMENZAR UN MATRIMONIO

6

¿SE PERMITE LA COHABITACIÓN FUERA DEL MATRIMONIO?

Tal vez el cambio cultural más drástico respecto a la generación pasada es la práctica generalizada de la cohabitación, en la que un hombre y una mujer que no están casados viven juntos y sostienen relaciones sexuales. La cohabitación en los Estados Unidos se incrementó en más de mil quinientos por ciento en la última mitad del siglo pasado.[1] "Dos tercios de las parejas que se casaron en el 2012 vivieron juntas por más de dos años antes de caminar hacia el altar".[2] En la mayoría de los casos, estas personas están considerando el matrimonio, y su tiempo inicial de cohabitación se ve como un periodo de prueba para determinar si la relación funciona.[3] Después de todo, uno no compraría un auto sin hacer una prueba de conducción. Algunas personas cohabitan sin tener planes de casarse, otras esperan una secuencia de relaciones como estas durante toda la vida, y otras esperan que su relación perdure, pero se resisten a casarse por una u otra razón. Suelen darle otros nombres a estas relaciones estables a largo plazo, como *alianza*.

Otra transformación social importante es la aceptación generalizada de esta práctica, la cual solía llamarse "vivir en pecado". Entre los estadounidenses, los que desaprueban que las parejas vivan juntas son una minoría que es

---

1 http://www.nytimes.com/2012/04/15/opinion/sunday/the-downside-of-cohabiting-before-marriage.html.

2 http://www.theatlantic.com/health/archive/2014/03/the-science-of-cohabitation-a-step-toward-marriage-not-a-rebellion/284512/.

3 "De los estadounidenses que nunca han vivido con su pareja antes de casarse, cerca de dos tercios (el 64%) dicen que consideraron hacerlo como un paso hacia el matrimonio" (http://www.pewresearch.org/daily-number/cohabitation-a-step-toward-marriage/).

cada vez más pequeña.[4] La cohabitación también se ha incrementado entre los que profesan ser cristianos. He aconsejado a jóvenes que dicen ser creyentes cristianos, pero afirman que nunca se les había dicho que la actividad sexual antes del matrimonio es pecado.

Este cambio drástico hacia la práctica y aceptación de la cohabitación ha impactado la sociedad y la familia de muchas maneras. Por ejemplo, la edad en la que los jóvenes se están casando por primera vez ha incrementado significativamente —no porque estén comenzando su vida sexual más tarde, sino porque están viviendo juntos, a menudo con una serie de parejas, antes del matrimonio. Además, hay muchos más niños que están naciendo fuera del matrimonio y, debido a que los padres que viven juntos tienen mayor probabilidad de separse que los que están casados,[5] el resultado perjudicial es que menos niños están siendo criados por ambos padres.

ENTONCES, ¿CUÁL ES LA DIFERENCIA?

La mayoría de parejas que cohabitan parecen parejas casadas. Mantienen un hogar juntos y tienen que lidiar con asuntos como las finanzas compartidas, las responsabilidades del hogar y el sexo. Socializan juntos como pareja y se involucran con la familia del otro. Tienen expectativas del otro en términos de compromisos de tiempo y fidelidad sexual; esperan que sus amigos y familiares acepten su relación; afirman que un anillo y un papel no tienen un impacto real en la fortaleza de su relación.[6] Algunos incluso afirman que están "casados ante los ojos de Dios".

La diferencia principal entre la cohabitación y el matrimonio radica en el nivel de compromiso. La persona que se casa dice: "Estoy comprometido contigo en todos los cambios que puedas tener —física, emocional, intelectual y espiritualmente— por el resto de tu vida. Te amaré no solo por quien eres, sino por lo que llegues a ser hasta que Dios, por medio de la muerte, nos separe". En los votos matrimoniales, ambas personas prometen que, a pesar

---

[4] http://www.usatoday.com/story/news/nation/2014/02/26/arizona-gay-rights-brewer-marijuana/5812997/ ?siteID=je6NUbpObpQ-y44ewbeey68Pat93gDN3qA.

[5] http://www.dailymail.co.uk/femail/article-2516347/Most-family-break-ups-involve-unmarried-parents-Co-ha biting-couples-times-likely-separate.html.

[6] Las parejas que cohabitan podrían decir que el hecho de no casarse hace que sus separaciones sean menos complicadas en términos legales.

de lo que pueda traer el futuro (las dificultades, los sentimientos de atracción por otra persona, etc.), lucharán por preservar su matrimonio y cumplir con sus compromisos.

Por otra parte, la persona que cohabita con su pareja dice básicamente: "Estoy dispuesto a estar contigo siempre y cuando ninguno de los dos cambie demasiado. Si cambias en formas que no me gustan, me reservo el derecho de terminar la relación. O si decido que puedo ser más feliz sin ti, debido a cambios en mi vida o mi personalidad, puedo dejarte en cualquier momento". Tal como escribió Tim Keller, es como si estuviéramos diciendo: "No te amo lo suficiente como para cerrar todas las demás opciones que tengo en la vida".[7] Esto pone mucha presión en ambas partes de la relación, pues en esencia la permanencia de uno depende del rendimiento del otro.[8]

¿POR QUÉ ALGUNOS ARGUMENTAN A FAVOR DE LA COHABITACIÓN?

Muchos argumentan que vivir juntos antes del matrimonio ayuda a asegurar que una pareja sea compatible en el matrimonio. Sin embargo, los estudios han demostrado que es mucho más probable que los matrimonios de parejas que hayan cohabitado antes de casarse terminen en divorcio, en comparación con los matrimonios de las parejas que no cohabitaron.[9] Se han propuesto varias causas para este fenómeno, y la explicación más razonable puede ser que a estas relaciones, que comenzaron con una base deficiente de un nivel de compromiso reducido, se les dificulta hacer la transición al nivel más alto de compromiso que demanda el matrimonio. Desde un punto de vista práctico, se incrementan las responsabilidades y los compromisos, pero los beneficios siguen siendo más o menos los mismos. Desde un punto de

---

[7] Timothy Keller y Kathy Keller, *The Meaning of Marriage* [*El significado del matrimonio*] (Nueva York: Penguin, 2011), 28.

[8] Tristemente, muchas personas casadas no tienen un compromiso mayor que el de las que viven juntas, ya que creen que si el matrimonio deja de hacerlos felices, son libres para divorciarse y encontrar a otra persona.

[9] Alfred DeMaris y K. Vaninadha Rao, "Premarital Cohabitation and Subsequent Marital Stability in the United States: A Reassessment" ["Reevaluación de la cohabitación premarital y la estabilidad matrimonial posterior en los Estados Unidos"], *Journal of Marriage and Family* 54 (1992): 178–90. En promedio, los investigadores encontraron que las parejas que vivieron juntas antes del matrimonio tenían una probabilidad treinta y tres por ciento más alta de divorciarse que las parejas que comenzaron a vivir juntas luego de la ceremonia de boda. https://contemporaryfamilies.org/cohabitation-divorce-brief-report/.

vista bíblico, no es posible ganar cuando se desobedece a Dios. El pecado tiene consecuencias. Pablo advierte: "No se engañen: de Dios nadie se burla. Cada uno cosecha lo que siembra" (Gá 6:7).

LA COHABITACIÓN NO ES CORRECTA PORQUE LO DICE LA PALABRA DE DIOS

Dios, que es el único que tiene la plenitud de la sabiduría, ha decretado que los grandes privilegios de la intimidad personal y sexual entre un hombre y una mujer se disfruten exclusivamente entre una pareja que ha hecho un pacto matrimonial. Además, ha decretado que toda actividad sexual fuera del matrimonio es pecado: "Honroso sea en todos el matrimonio, y el lecho sin mancilla; pero a los fornicarios y a los adúlteros los juzgará Dios" (Heb 13:4, RV60).[10] El sexo con cualquier persona que no sea el cónyuge es una distorsión del diseño de Dios y, en esencia, es una mentira. La pareja que cohabita sin haberse casado quiere disfrutar de los privilegios y los beneficios del matrimonio al tiempo que rehúsa hacer el compromiso que Dios ha establecido como prerrequisito para disfrutar de estas bendiciones. Su relación física declara un nivel de compromiso y una unidad que en realidad no existen (1Co 6:16). También es importante enfatizar que el pecado sexual no es simplemente lo que hacemos con nuestro cuerpo. La raíz del problema está en nuestro corazón. Jesús dice: "Porque de adentro, del corazón humano, salen los malos pensamientos, la inmoralidad sexual, los robos, los homicidios, los adulterios" (Mr 7:21). Caemos en pecado sexual porque no confiamos en que lo mejor es hacer las cosas a la manera de Dios (Pro 3:5-6). En cambio, creemos que nuestro corazón puede estar satisfecho con lo que Dios ha prohibido y no encontramos nuestro gozo supremo en el Señor (Is 55:1-2).

¿PODEMOS VIVIR JUNTOS SI PROMETEMOS PORTARNOS BIEN?

Me he encontrado con varios casos en los que un hombre y una mujer cristianos que no se han casado quieren vivir como compañeros de apartamento sin tener relaciones sexuales. En algunos casos, no existe una relación romántica. Simplemente quieren compartir un lugar para vivir, usualmente por razones económicas, así como dos o más chicos o chicas compartirían un

---

[10] La *fornicación* se refiere al sexo entre un hombre y una mujer que no están casados.

apartamento. También me he encontrado con situaciones en las que una pareja que cohabita ha llegado a la fe y los dos desean casarse, pero afirman que deben seguir viviendo juntos porque no tienen dinero suficiente para vivir en dos lugares distintos. Sin embargo, están de acuerdo en dejar su actividad sexual hasta que se casen.

Aunque es cierto que la Biblia —en su prohibición del sexo fuera del matrimonio— no prohíbe explícitamente que personas que no están casadas vivan en el mismo lugar, hay muchos principios bíblicos que hablan acerca de este tipo de acuerdos. La Escritura aconseja repetidamente que evitemos la tentación. Pablo le dice a Timoteo: "Huye de las malas pasiones de la juventud, y esmérate en seguir la justicia, la fe, el amor y la paz, junto con los que invocan al Señor con un corazón limpio" (2Ti 2:22). Además, anima a todos los creyentes diciendo: "Más bien, revístanse ustedes del Señor Jesucristo, y no se preocupen por satisfacer los deseos de la naturaleza pecaminosa" (Ro 13:14). A la pareja que afirma que son lo suficientemente fuertes como para resistir la tentación, Pablo les advierte: "Por lo tanto, si alguien piensa que está firme, tenga cuidado de no caer" (1Co 10:12). Incluso cuando el hombre y la mujer afirman que su situación es la de simples compañeros de vivienda sin ninguna atracción romántica, los sentimientos pueden cambiar y puede surgir la tentación.[11] Otra razón por la que compartir vivienda puede ser inapropiado es el mal testimonio para otras personas, incluyendo a no creyentes —que podrían pensar que están cohabitando— y a otros cristianos — que podrían ser tentados a seguir su ejemplo (Ef 5:3).

Si un hombre y una mujer afirman que están viviendo juntos por razones económicas, deben buscar otras opciones. Puede que la iglesia tenga la capacidad de ayudar buscándoles compañeros de vivienda del mismo sexo. O alguna familia de la iglesia podría invitar a una mujer a que salga del apartamento que había estado compartiendo con su prometido para que viva con ellos hasta el día de la boda. Algunas parejas retrasan el matrimonio porque están ahorrando dinero para la boda y la luna de miel "perfectas". Si ya están

---

[11] Hace muchos años, una mujer de nuestra iglesia que tenía problemas económicos decidió rentar un cuarto en la vivienda de un hombre que conocía. Cuando le advertí sobre los peligros de esa situación, me dijo que no tenía interés romántico en el hombre, pero más adelante me confesó que sus sentimientos habían cambiado y que se sentía bastante atraída hacia él. Su relación terminó muy mal.

listos para casarse en todos los demás aspectos, sería más sabio que se casaran pronto en una ceremonia modesta. Pablo aconseja que "si no pueden dominarse, que se casen, porque es preferible casarse que quemarse de pasión" (1Co 7:9).

¿DEBEN LAS PAREJAS QUE HAN COHABITADO CASARSE?

Aunque en muchos casos puede ser sabio ayudar a una pareja que está cohabitando a hacer un pacto matrimonial, la Biblia no exige que personas que hayan vivido juntas y tenido relaciones sexuales se casen.[12] Si una persona es creyente y la otra no lo es, el principio bíblico en contra del matrimonio de dos personas con religiones diferentes impediría que el creyente se casara con el no creyente (ver la pregunta 8). Cuando hay hijos involucrados (o un embarazo), en muchos casos lo más sabio y honorable que se puede hacer es casarse. Sin embargo, no podemos decir que la Escritura exige que la pareja se case. Más de una mujer embarazada, después de arrepentirse de su pecado de fornicación, ha decidido sabiamente no casarse con el padre de su bebé si es un hombre irresponsable e impío. Aunque un hombre no se case con la madre de sus hijos, debe hacer todo el esfuerzo por cumplir con sus obligaciones financieras hacia ella y sus obligaciones personales hacia sus hijos.

SEGUIR EL PLAN DE DIOS PARA EL MATRIMONIO TRAE LA MAYOR BENDICIÓN

Aunque hay muchos factores que contribuyen a que un matrimonio sea feliz y glorifique a Dios, las parejas que honran al Señor al mantener pura su relación antes del matrimonio disfrutarán más plenamente sus privilegios como esposos. El Señor no estableció las reglas con el propósito de impedir que disfrutemos de la vida. En cambio, Sus caminos siempre son para el bien de Su pueblo y para Su gloria. Hay pocas áreas en la vida en las que nuestra fe será tan probada como en nuestra perspectiva respecto al romance y el matrimonio.

---

[12] Si un hombre seducía a una mujer virgen que no estuviera comprometida, según Éxodo 22:16 debía casarse con ella —si su padre estaba de acuerdo. Sin embargo, esta regla es parte de la ley teocrática del antiguo pacto, y no hay evidencia de que se deba aplicar estrictamente en el nuevo pacto, ni por parte de la iglesia ni del Estado.

RESUMEN

A medida que nuestra cultura siga apartándose del ideal bíblico del matrimonio, los cristianos se sentirán cada vez más presionados a seguir la tendencia de vivir con su pareja antes de casarse. Sin embargo, Pablo nos exhorta: "No se amolden al mundo actual, sino sean transformados mediante la renovación de su mente. Así podrán comprobar cuál es la voluntad de Dios, buena, agradable y perfecta" (Ro 12:2). El plan de Dios es que Su pueblo disfrute los grandes privilegios del matrimonio, incluyendo la unión sexual, solo después de que se establezca el pacto matrimonial.

PREGUNTAS PARA REFLEXIONAR

1. ¿Qué le dirías a una pareja de cristianos que planean vivir juntos antes de casarse?
2. ¿Cómo debería la iglesia tratar a las parejas que desean convertirse en miembros y cohabitan?
3. ¿Existe algún caso en el que una pareja que cohabita deba ser tratada como un matrimonio?
4. ¿Deben los cristianos permitir que un familiar y el compañero o la compañera con quien vive se queden en su casa? ¿Es diferente si los que viven juntos afirman ser cristianos?
5. ¿Debe una pareja casarse si han tenido sexo prematrimonial? ¿Deben casarse si la mujer está embarazada?

7

¿CÓMO PUEDES SABER SI ES LA VOLUNTAD DE DIOS QUE TE CASES?

Hoy en día la tendencia de nuestra cultura es que se casen cada vez menos personas, y que los que se casen esperen hasta cierta edad para hacerlo. Esto no quiere decir que más personas estén tomando el camino del celibato, sino que están disfrutando de los privilegios del matrimonio sin adquirir los compromisos del pacto. Pero los cristianos no se conforman a este mundo (Ro 12:1-2), sino que respetan el señorío de Dios sobre sus relaciones y su cuerpo (1Co 6:20). También confían en que el diseño de Dios es mejor, y que a fin de cuentas les traerá más bendición y felicidad (Pro 3:5-6). Hay cuatro preguntas que los creyentes pueden considerar mientras deciden si deben casarse.

¿ESTÁS HECHO PARA EL MATRIMONIO?

En 1 Corintios 7, el apóstol Pablo aborda la cuestión de si sus lectores deben casarse. Dios ha dado a ciertas personas el don de permanecer solteras. Como soltero, Pablo aprecia el hecho de que su estado le da una mayor libertad para servir al Señor y dice: "Bueno es para el hombre no tocar mujer" (1Co 7:1b, NBLH). "Sin embargo, quiero que estén libres de preocupación. El soltero se preocupa por las cosas del Señor, cómo puede agradar al Señor. Pero el casado se preocupa por las cosas del mundo, de cómo agradar a su mujer, y sus intereses están divididos. La mujer que no está casada y la virgen se preocupan por las cosas del Señor, para ser santas tanto en cuerpo como en espíritu; pero la casada se preocupa por las cosas del mundo, de cómo agradar a su marido" (7:32-34, NBLH). Jesús también habla de algunas personas que no se casan por el bien del Reino (Mt 19:12). Estos pasajes de la Escritura no quieren decir que es una obligación estar soltero para poder servir a Dios.[1]

Aunque Pablo desearía que más personas tuvieran este don de la soltería, reconoce que otros fueron hechos para estar casados (1Co 7:7) y que para muchos sería imposible resistir las tentaciones que puede traer la soltería: "No obstante, por razón de las inmoralidades, que cada uno tenga su propia mujer, y cada una tenga su propio marido" (1Co 7:2, NBLH). Luego continúa diciendo: "A los solteros y a las viudas digo que es bueno para ellos si se quedan como yo. Pero si carecen de dominio propio, cásense. Que mejor es casarse que quemarse" (7:8-9, NBLH). Pablo aclara que cada persona es libre de decidir si se casa, teniendo en cuenta sus dones y deseos (7:28, 35-39). Para la mayoría de nosotros, "no es bueno" estar solos (Gn 2:18), tanto por las necesidades sexuales como por el hecho de que estamos incompletos sin un compañero o compañera con el que podamos disfrutar una intimidad personal mientras compartimos la vida. La persona que no tiene el don para quedarse soltera será más apta para servir a Dios en el contexto del matrimonio.

En términos prácticos, ¿cómo pueden saber las personas si tienen el don de la soltería? En la historia de la iglesia, muchos hombres y mujeres, como Pablo, se quedaron solteros y pudieron servir al Señor eficazmente.[2] La Escritura no afirma que las personas que tienen el don de la soltería no tienen deseo sexual ni interés en el compañerismo cercano que ofrece el matrimonio. En cambio, los que tienen este don pueden estar contentos sin casarse y son capaces de mantener sus deseos sexuales bajo control. Optan por quedarse solteros porque creen que pueden servir mejor al Señor con las grandes libertades de una persona soltera (1Co 7:32). Esto presenta un contraste directo con las razones comúnmente egoístas por las que los no creyentes permanecen solteros —evitar el compromiso para poder trabajar en sus propios intereses en la vida. De la misma forma, los que deciden casarse deben hacerlo

---

[1] Pedro y los demás apóstoles estaban casados, y Pablo dice que él también tenía "derecho a viajar acompañado por una esposa creyente" (1Co 9:5). En otros lugares, hace advertencias en contra de los que prohibían injustamente el matrimonio (1Ti 4:3). El requisito impuesto por algunas iglesias de que sus miembros clérigos no se casen no es bíblico, y ha resultado en muchos pecados y escándalos.

[2] John Stott, quien tuvo una vida extraordinaria de servicio a Cristo y a Su iglesia, y la misionera Amy Carmichael son ejemplos más recientes.

porque reconocen que Dios los creó para el compañerismo y que estando casados pueden servir mejor y glorificar más a Dios.

Algunos cristianos deciden casarse más tarde para poder servir al Señor con toda su energía durante un periodo de tiempo, sin las responsabilidades que trae el matrimonio. Por ejemplo, el primer misionero que envió y sustentó por completo nuestra iglesia era un hombre soltero que solo necesitaba mil dólares al mes para realizar su trabajo en un orfanato. Mientras estuvo allí, conoció a una jovencita maravillosa con la que se casó al final de su servicio. Ahora que tiene esposa e hijos que sustentar, debe invertir más tiempo y recursos en su familia, pero todavía recuerda su último año de soltería con gran satisfacción y agradecimiento. Todos los creyentes que terminan casados pasan una parte de su vida como adultos solteros. En vez de seguir al mundo, el cual considera que este periodo es una oportunidad para andar en excesos juveniles, los cristianos deberían aprovechar las oportunidades adicionales que tienen de servir a Dios, hasta el momento en que Él los guíe a casarse.

¿ESTÁS LISTO PARA EL MATRIMONIO?

El hecho de que alguien determine que probablemente está capacitado para casarse no significa necesariamente que ya esté listo para el matrimonio. Algunas personas quieren casarse por las razones equivocadas. Muchos están ansiosos por casarse simplemente porque quieren satisfacer sus necesidades sexuales y de compañerismo. Es posible que un hombre que sea esclavo de la lujuria crea que el matrimonio resolverá su problema, pero si no está luchando por tener dominio propio, no está listo para casarse. Si el sexo es su ídolo, su esposa no podrá satisfacer completamente sus expectativas, lo que puede causar un conflicto terrible. De la misma forma, si una mujer desea casarse para tener un hombre romántico y fuerte que le bese los pies y satisfaga todos sus deseos, también quedará profundamente decepcionada. Un hombre que juzga con facilidad y es iracundo no está listo para casarse (Pro 22:24). Una mujer que es insegura y que deja que su valor sea definido por la atención de un hombre no está lista para tener un matrimonio exitoso. Para casarse hay que tener madurez y gracia. La cercanía que se experimenta en el matrimonio, que tiene como propósito crear una intimidad personal exquisita, puede causar fricción cuando las personas se casan por las razones incorrectas.

Además de tener la motivación correcta, es necesario estar listo para asumir las responsabilidades del matrimonio. Una pareja casada debe "dejar a su padre y a su madre" (Gn 2:24), lo que implica que deben tener la capacidad de ser independientes. ¿Tiene el joven las aptitudes (Pro 22:29) y la ética laboral (10:4) necesarias para proveer para una familia? ¿Está la joven preparada para asumir las responsabilidades de ser esposa y madre? Muchos jóvenes viven de forma irresponsable y no aprovechan la oportunidad de estudiar o aprender un oficio. Algunas personas que anhelan el matrimonio tendrán que esperar y casarse cuando puedan ser autosuficientes. Los que desean casarse deben trabajar constantemente para crecer en gracia, mostrar el fruto del Espíritu Santo y prepararse de una forma práctica para asumir las responsabilidades del matrimonio.

¿PODRÁS TENER UN MATRIMONIO PIADOSO?

Aunque desees casarte y creas que estás listo, no debes hacerlo hasta que el Señor te conceda la oportunidad correcta. Al vivir en un mundo caído donde hay dolor, algunas personas enfrentan aflicción y decepción. Algunos añoran tener hijos pero son estériles. Algunos se casan y quedan viudos siendo jóvenes por causa de enfermedades, calamidades o la guerra. Algunos quisieran casarse pero deben esperar más de lo que planeaban para encontrar un cónyuge piadoso. Y algunos crecen y maduran esperando tener un cónyuge e hijos, pero nunca llegan a tener la oportunidad de casarse. Jesús dice: "Pues algunos son eunucos porque nacieron así; a otros los hicieron así los hombres; y otros se han hecho así por causa del Reino de los cielos" (Mt 19:12). Con esto está diciendo que además de los que permanecen solteros por causa del Reino, algunos no se pueden casar debido a discapacidades físicas o circunstancias impuestas por otras personas.

Algunos cristianos no encuentran a alguien apto para casarse y que esté dispuesto o dispuesta a casarse con ellos. Muchos cristianos están en iglesias o comunidades en las que hay pocos o ningún candidato apto para casarse. He estado en iglesias en Asia en las que hay un porcentaje significativamente mayor de mujeres que de hombres. Muchas mujeres solteras piadosas anhelan casarse, pero no hay candidatos. Algunos que están muy ansiosos por casarse tienen la tentación de bajar sus expectativas, especialmente con el paso de los años. Un cristiano debe tener estándares altos para un posible cónyuge (ver el capítulo 8). Es muy probable que casarse con un no creyente o incluso con un cristiano débil e inmaduro resulte en grandes problemas y miseria, y es muy posible que perjudique la utilidad de la persona en el Reino de Dios. Es mejor quedarse soltero y esperar en el Señor que tener un mal matrimonio. Por lo general, los que están muy ansiosos por casarse toman muy malas decisiones.

¿PUEDES TENER LA SEGURIDAD DE QUE EL SEÑOR TE PROVEERÁ UN CÓNYUGE?

Aunque hay muchas historias felices de creyentes que encontraron la dicha matrimonial después de esperar pacientemente que el Señor les proveyera una pareja piadosa para casarse, la Escritura no promete que la Princesa o el Príncipe Encantado entrará por la puerta de tu casa (o tu iglesia). Un creyente soltero es sabio cuando usa medios apropiados para interactuar con miembros piadosos del sexo opuesto. Muchos matrimonios cristianos han resultado de la interacción entre iglesias de diferentes regiones, por medio de amigos en común y de la Internet. Se debe tener un cuidado especial cuando una relación comienza en línea o a distancia. Ambos deben conocer a fondo el carácter del otro. Una estrategia que puede ser útil en la etapa temprana de una relación como esta es pedirle a un familiar o un líder de la iglesia que hable con personas que conocen bien y desde hace años al cónyuge potencial, para así obtener una valoración honesta. Algunos creyentes terminan quedándose solteros aunque no era lo que deseaban. En tales casos, deben aprender a estar contentos en su soltería y deben encontrar su satisfacción en conocer y servir al Señor, quien nunca los dejará ni los abandonará (Heb 13:5).

RESUMEN

Para la mayoría de nosotros, no es bueno estar solos (Gn 2:18), pero algunos tienen el don dado por Dios de servirle como solteros. Los que sienten que son llamados a casarse deben estar seguros de que están listos para el matrimonio y deben esperar que el Señor provea un compañero o compañera de vida apropiado. Para algunos creyentes que desean casarse nunca se presenta la oportunidad, y deben aprender a estar contentos e incluso gozosos en el Señor en su soltería.

PREGUNTAS PARA REFLEXIONAR

1. ¿Cuáles serían razones válidas e inválidas para quedarse soltero?
2. ¿Cuáles serían razones válidas e inválidas para buscar casarse?
3. ¿Cómo sabe una persona si es la voluntad de Dios que se case?
4. ¿Debe una persona que desea casarse asumir que se casará? Explica tu respuesta.
5. ¿Qué métodos debería usar la persona soltera para encontrar un cónyuge?

8

¿CÓMO SABES CON QUIÉN DEBES CASARTE?

Existe un gran misticismo en cuanto a la cuestión de encontrar un compañero o compañera de vida. En las películas antiguas, el héroe y la heroína miran al otro lado del salón y, cuando sus ojos se encuentran por primera vez, saben de inmediato que fueron hechos el uno para el otro. A muchos jóvenes se les dice que "cuando llegue la persona correcta, lo sabrás". En la película de Disney, el búho sabio le dice a Bambi y a Tambor que los animales se *encaprichan* repentinamente en la primavera. Sin embargo, la Biblia advierte que esos sentimientos, incluyendo la atracción y la vanidad románticas, muchas veces pueden ser engañosos. El corazón es engañoso (Jer 17:9); el encanto y la belleza son seductores (Pro 31:30a); y en muchos casos: "Hay caminos que al hombre le parecen rectos, pero que acaban por ser caminos de muerte" (Pro 14:12). Sansón pensó que había encontrado "el amor a primera vista" (Jue 14:1-2; 16:4). Sin embargo, al final lo que creía que era amor era solamente su lujuria, que después resultó siendo su ruina. Los solteros deben guardar sus corazones y establecer prioridades bíblicas al buscar a un cónyuge. La Escritura les dice que lo más importante en un cónyuge es que tenga temor del Señor: "La mujer que teme al Señor es digna de alabanza" (Pro 31:30b).

A muchos cristianos se les ha dicho que deben buscar a la persona especial que Dios ha escogido justamente para ellos. Aunque es cierto que Dios en Su soberana voluntad ha determinado con quién nos casaremos, la Escritura no enseña que debemos esperar una guía mística para encontrar al cónyuge perfecto. Somos responsables de tomar una decisión sabia basada en lo que Dios ha revelado en Su Palabra (Sal 119:105). Así como en la historia de Sansón (con Dalila), Dios no siempre impide que las personas tomen decisiones poco sensatas o incluso pecaminosas. He conocido a personas que creyeron que Dios les había dicho con quién casarse por medio de una señal o algún otro medio místico. En la mayoría de estos casos, si hubieran evaluado objetivamente a la persona, se habrían dado cuenta de que no estaba preparado para ser un cónyuge piadoso. Por lo general, tales matrimonios son bastante infelices, y es común que los creyentes que tomaron la decisión insensata se vean tentados a culpar a Dios cuando, en realidad, son víctimas de su propia teología engañosa.

LOS DOS DEBEN SER APTOS PARA EL MATRIMONIO

La Biblia establece algunos límites respecto a la persona con la que te puedes casar. La Escritura prohíbe el matrimonio entre familiares cercanos (Lv 18:8-18). ¿Alguno de los dos sigue casado legalmente con alguien más? ¿Alguno se ha divorciado ilegítimamente? Jesús dice que "excepto en caso de inmoralidad sexual, el que se divorcia de su esposa, y se casa con otra, comete adulterio" (Mt 19:9; ver también las preguntas 31-33). ¿Existen otros enredos del pasado sin resolver, como hijos de relaciones anteriores, una relación existente, un compromiso anterior, etc.? Ambas partes deben haber resuelto dichos asuntos de una forma piadosa antes de ser libres para comenzar un matrimonio que honre al Señor.

LOS CRISTIANOS DEBEN CASARSE SOLAMENTE EN EL SEÑOR

La Escritura dice que un creyente no debería siquiera considerar salir con un no creyente. El antiguo pacto prohibía que los israelitas se casaran fuera de la comunidad del pacto: "Tampoco te unirás en matrimonio con ninguna de esas naciones; no darás tus hijas a sus hijos ni tomarás sus hijas para tus hijos, porque ellas los apartarán del Señor y los harán servir a otros dioses. Entonces la ira del Señor se encenderá contra ti y te destruirá de inmediato" (Dt 7:3-4). En el Nuevo Testamento, Pablo da una advertencia general sobre estar en "yugo desigual" con los no creyentes (2Co 6:14-18, RVC). Además, habla de forma explícita de su derecho a "viajar acompañado por una esposa creyente" (1Co 9:5) y también dice a las viudas que son libres para volverse a casar con quien quieran, "con tal de que sea en el Señor" —es decir, solamente con un cristiano (1Co 7:39). El ejemplo trágico del rey Salomón, cuyo corazón se apartó del Señor a causa de sus esposas, sirve como una advertencia para los que desobedecen estos mandamientos (1R 11:1-8). Si el hombre más sabio que existió podía convertirse en un necio al casarse con alguien que no compartiera su fe, ¿cuánto más deberíamos nosotros cuidarnos de nuestras propias decisiones románticas?

Algunos cristianos dicen que planean usar su relación romántica con el propósito de evangelizar a su novio o novia. Pablo dice que no hay forma de que estas personas sepan si podrán guiar a otro a la fe: "¿Cómo sabes tú, mujer, si acaso salvarás a tu esposo? ¿O cómo sabes tú, hombre, si acaso salvarás a tu esposa?" (1Co 7:16). A menudo, cuando un creyente opta por buscar una relación romántica con un no creyente, es él mismo quien está siendo influenciado. El hecho de que un creyente sea capaz de escoger a esta persona por encima de su relación con el Señor es una concesión peligrosa que anuncia que vendrán muchas más.

NO BASTA CON QUE UNA PERSONA DIGA QUE ES CRISTIANA

El hecho de que alguien profese ser creyente no es suficiente. La Escritura nos advierte que muchos de los que afirmaban ser seguidores de Jesús demostraron que mentían (Lc 8:13-14; Stg 2:14-26; 1Jn 2:19). He visto varios casos en los que las personas afirman ser cristianas o aparentan que se vuelven cristianas para poder cortejar o casarse con un creyente verdadero. Trágicamente, varios de esos casos resultaron en abuso y/o divorcio. Al considerar el matrimonio, debes ir más allá de las palabras de una persona y buscar evidencia de que tiene una relación viva con el Señor. Jesús dice que "por sus frutos los conocerán" (Mt 7:20). ¿Demuestra el fruto del Espíritu Santo (Gá 5:22-23) o se caracteriza por las obras de la carne (5:19-21)? ¿Es un miembro comprometido que sirve en una iglesia bíblica? ¿Tiene una buena reputación con los líderes de su iglesia? Todos estos son buenos indicadores del verdadero estado espiritual de una persona.

Incluso puede haber verdaderos cristianos que no estén preparados para el matrimonio. Es posible que una persona joven en la fe todavía tenga que resolver algunos problemas serios de pecado (por ejemplo, la lujuria), o puede que necesite crecer espiritualmente en el entendimiento de la gracia y el amor de Cristo, para que así sea capaz de mostrarle esa gracia y amor a un cónyuge. Puede que a algunos creyentes verdaderos les falte la madurez personal que se requiere para asumir las responsabilidades de ser esposo y padre, o puede que todavía no tenga la capacidad de llevar a cabo su rol piadoso en el matrimonio.

DEBES SENTIRTE ATRAÍDO POR LA PERSONA CON LA QUE TE VAS A CASAR

Ya que la mayoría de personas se basan solamente en la atracción física y emocional, comencé enfatizando los aspectos objetivos que se deben tener en cuenta al escoger a un cónyuge. Primero es importante estar seguro de que la persona es un creyente comprometido y que está listo para asumir las responsabilidades del matrimonio (Pro 31:30). Es cierto que los sentimientos románticos pueden ser engañosos, pero esto no significa que debamos ignorarlos completamente. Algunos se podrían preguntar: "¿Es importante sentirnos atraídos el uno al otro?".

Desde el punto de vista de la Escritura, es posible que dos creyentes maduros que comparten una perspectiva bíblica del matrimonio tengan un matrimonio exitoso, aun cuando no sientan una gran atracción física o emocional antes de casarse. A lo largo de la historia, muchas parejas se han casado gracias a los acuerdos hechos entre sus familias antes de conocerse bien el uno al otro (por ejemplo, Isaac y Rebeca en Génesis 24). Dios mismo fue el responsable del primer matrimonio arreglado: el de Adán y Eva. Aunque no estoy diciendo que debemos retomar la costumbre de los matrimonios arreglados, mi punto es que dos personas que tienen valores compartidos pueden hacer que un matrimonio funcione. En la obra "El violinista en el tejado", Tevye le canta la canción "¿Tú me amas?" a su esposa, Golde, mientras recuerdan su matrimonio arreglado veinticinco años atrás. Al final concluyen que aprendieron a amarse el uno al otro mientras compartían sus vidas.

Aunque los requisitos objetivos son los más importantes (y los más descuidados) al escoger al cónyuge, creo firmemente que es importante que uno sienta atracción hacia la persona con quien uno está considerando casarse. El diseño de Dios es que un esposo y una esposa encuentren deleite en el otro, tanto física como emocionalmente (Pro 5:18; Cnt 1:2). A muchos no les gustaría casarse con alguien que no los considere atractivos y encantadores. Lea sufrió porque Jacob no la amaba de la misma forma en la que amaba a

Raquel (Gn 29:30-31). No sería justo casarse con alguien simplemente porque es la decisión lógica.

RESUMEN

Los creyentes solteros deben tener bastante cuidado cuando consideren comenzar una relación romántica. Es demasiado fácil enredarse emocional y/o físicamente con la persona equivocada (Pro 7:21; 31:30a). Con frecuencia, el orgullo hace que las personas se equivoquen: "Necio es el que confía en sí mismo" (28:26a). Es demasiado fácil enamorarse de alguien que no está a la altura de los estándares bíblicos.

Además, los creyentes solteros deben estudiar cuidadosamente lo que dice la Biblia acerca de la madurez cristiana en general y de los roles del matrimonio en particular. Primero, los creyentes deben examinarse a sí mismos para determinar en qué necesitan crecer y qué deben aprender para convertirse en la clase de personas con las que hombres o mujeres realmente piadosos desearían casarse. Después, deben estudiar la Palabra de Dios (por ejemplo, Proverbios 31:10-31; Efesios 5:22-33) para saber qué cualidades buscar en un cónyuge potencial. Por lo general, pido a los creyentes solteros que hagan una lista priorizada de las características que buscan en un compañero. Primero se tienen en cuenta los requisitos bíblicos y luego siguen las preferencias personales (por ejemplo, los intereses y pasatiempos comunes y la apariencia física). Finalmente, los animo a orar por un futuro cónyuge a la luz de esta lista y a usarla para evaluar objetivamente a los posibles candidatos con los que se encuentren.

Es sensato que los creyentes solteros se apoyen en la sabiduría de personas del cuerpo de Cristo que tienen matrimonios felices y exitosos. Aunque algunos crecimos en hogares con matrimonios ejemplares, muchos no hemos visto de cerca un matrimonio que refleje el diseño de Dios. Es conveniente que los creyentes solteros pasen tiempo con parejas que disfrutan de las abundantes bendiciones de Dios en su matrimonio y que les pidan consejo. De esta manera podrán determinar qué deben buscar en un cónyuge y qué deberían procurar en su rol como esposo o esposa.

PREGUNTAS PARA REFLEXIONAR

1. ¿Qué le dirías a alguien que cree que Dios le mostrará de una forma mística a la persona con quien se debe casar?
2. ¿Por qué es incorrecto que un creyente se case con un no creyente?
3. ¿Cuáles son las cualidades más importantes que se deben buscar en un esposo?
4. ¿Cuáles son las cualidades más importantes que se deben buscar en una esposa?
5. ¿Cuál es el papel de la atracción física y de la atracción emocional al escoger al cónyuge?

9

¿CÓMO UNA PERSONA BUSCA UN CÓNYUGE?

En nuestra cultura, las personas buscan a su cónyuge principalmente por medio del noviazgo. Este fenómeno histórico relativamente reciente se define como "una parte del proceso de emparejamiento humano a través del cual dos personas comparten tiempo juntos, más allá del nivel de la amistad, o con el propósito de evaluar la idoneidad del otro como compañero o compañera en una relación íntima o de matrimonio".[1] Aunque para nosotros el noviazgo es muy normal, en realidad los matrimonios arreglados han sido lo más común en la mayoría de culturas a lo largo de la historia. En años recientes, muchos cristianos que reconocen los peligros del noviazgo como se practica en nuestra cultura, han comenzado a promover la idea del cortejo —"el periodo en una relación de pareja que precede su compromiso y matrimonio, o el establecimiento de una relación acordada de un carácter más duradero".[2] Varios cristianos abogan por un estricto control parental durante el proceso del cortejo, afirmando que siguen las prácticas que se encuentran en la Escritura.[3] ¿Realmente existe un respaldo bíblico de alguna de estas prácticas por encima de la otra?

LA BIBLIA NO ENSEÑA EXPLÍCITAMENTE NI EL NOVIAZGO NI EL CORTEJO

La Escritura enseña principios que los solteros deben considerar en su búsqueda de un compañero o compañera, pero no prescribe explícitamente ni el noviazgo ni el cortejo. Aunque tenemos ejemplos de cómo se daban los

[1] http://en.wikipedia.org/wiki/Dating.

[2] http://en.wikipedia.org/wiki/Courtship.

[3] Una vez escuché un sermón entero que describía con detalle el proceso del compromiso y que defendía su práctica en el presente basándose en Mateo 1:18, que afirma que María estaba comprometida para casarse con José.

matrimonios en los tiempos bíblicos —Isaac con Rebeca (Gn 24), Jacob con Raquel y Lea (Gn 29), Booz con Rut (Rut 4) y José con María (Mt 1:18)— nunca se nos dice que los imitemos. La provisión de Rebeca para Isaac fue un evento particular en la historia de la redención —el hijo de la promesa tenía que casarse y tener un hijo para que la descendencia santa pudiera continuar. Dios guió al siervo de Abraham de una forma sobrenatural, pero nunca se nos dice que debemos esperar una intervención sobrenatural como esta en nuestra época. Que Jacob se casara con Raquel y Lea también fue una parte crucial de la historia de Israel, pero el engaño de Labán y la poligamia de Jacob no son ejemplos a imitar. Rut y Booz se casaron bajo una provisión de la ley del antiguo pacto, en la que un familiar cercano de un hombre que moría tenía la responsabilidad de tener hijos con la viuda, para que el nombre no se perdiera y su herencia en la tierra se pudiera quedar en la familia. Debido a que ya no estamos bajo el antiguo pacto, la disposición sobre tales matrimonios ya no está vigente. Aunque José y María estaban comprometidos, el proceso de compromiso no se describe en detalle en la Escritura ni es un mandato. Luego de examinar todos estos casos, es claro que no están diseñados para convertirse en un modelo de la forma en que los cristianos deben buscar a su cónyuge.

PRINCIPIOS GENERALES

Aunque la Escritura no prescribe ninguna metodología específica de cortejo o noviazgo, hay principios importantes que son aplicables mientras se busca un cónyuge. Uno de esos principios es que las relaciones sexuales se deben disfrutar solamente dentro del pacto matrimonial. En cualquier método que sigan las personas para encontrar un cónyuge, deben tener cuidado de mantener la pureza moral de su relación. La fornicación (el sexo entre dos personas que no están casadas) es pecado y está bajo el juicio de Dios (Heb 13:4). El pecado sexual no se limita simplemente al coito. Dios diseñó todos los aspectos de la intimidad sexual entre un hombre y una mujer para que se disfruten solamente dentro del matrimonio. Usar el cuerpo de alguien para el placer sexual trastorna lo que Dios destinó solamente para un cónyuge. 1 Corintios 7:3-4 dice que tu cuerpo le pertenece a tu cónyuge y que el cuerpo de tu cónyuge te pertenece a ti. Si no estás casado, le perteneces al cónyuge que Dios te dará algún día. Cuando era soltero, un amigo sabio me dijo: "Cuando te cases, desearás nunca haber besado a nadie más que a tu esposa". Y también dijo: "Trata a la chica con quien salgas como si un día ella se fuera a casar con tu mejor amigo. O trátala de la forma en que esperas que el chico que esté saliendo con tu futura esposa la trate".

Existen otros peligros al involucrarse físicamente durante el noviazgo o el cortejo. Cuando se despierta el deseo sexual, es bastante difícil de controlar (Stg 1:15). He aconsejado a muchos jóvenes que nunca quisieron "ir hasta el final", y me cuentan lo mucho que se sorprendieron cuando cayeron en fornicación. Otro problema es que involucrarse físicamente de forma prematura agita las emociones y los deseos de las personas de tal manera que es muy difícil evaluar objetivamente si la otra persona tiene el carácter piadoso para ser un buen cónyuge. Si alguien te está llevando al pecado carnal, es probable que este sea un indicador de que esa persona no está lista para el matrimonio.

Otro peligro potencial de las relaciones románticas es que se forman apegos emocionales fuertes de forma prematura —es decir, antes de que una pareja esté lista para el compromiso matrimonial. Esta es la razón por la que muchos cristianos se oponen al noviazgo como se practica en nuestra cultura. Un hombre y una mujer en una relación de noviazgo se convierten en una pareja sin ninguna intención de buscar el matrimonio. Esta pareja crea lo que en efecto es un pequeño matrimonio, en el que se alejan de sus familias (los dejan), se acercan emocionalmente (unión) y tienen cierto contacto físico (una carne). En cambio, el diseño de Dios es que un hombre y una mujer hagan un pacto matrimonial primero, antes de dejar, unirse y ser una carne (Gn 2:24; Mt 19:5). Por lo general, las relaciones de noviazgo exclusivas, que en efecto son pequeños matrimonios, terminan en pequeños divorcios que causan heridas y remordimiento, especialmente en los jóvenes cristianos.

Es mucho mejor posponer el romance para el momento en el que estés listo para el matrimonio. La lujuria demanda lo que quiere ahora mismo y no está dispuesta a posponer la gratificación. El amor piadoso está más interesado en agradar a Dios y confía en que Sus caminos son mejores, incluyendo el reservar la intimidad física y emocional para el matrimonio. Además, el amor piadoso busca lo que es mejor para los demás (Fil 2:3-4), siendo cuidadoso de no hacer lo que hiere a la otra persona y de no violar los derechos de un futuro cónyuge. El amor "no busca lo suyo" (1Co 13:5, NBLH).

Es sabio establecer normas antes de comenzar una relación de noviazgo o cortejo. Pablo advierte: “Huye de las malas pasiones de la juventud” (2Ti 2:22). El toque físico se debe mantener al mínimo, también reconociendo que lo que puede ser un abrazo amistoso para una persona, puede ser estimulación sexual o una expresión de un amor eterno para otra. Con el fin de mantener la pureza moral, evita situaciones de privacidad en las que sea posible el pecado si ambos son débiles. Para proteger sus corazones, es vital mantener una medida de reserva emocional. Evita la creación y expresión de un vínculo emocional fuerte antes de que los dos estén listos para hacer un compromiso con el otro. Además, mi amigo sabio me dijo: “Cuando te cases, desearás nunca haberle dicho ‘te amo’ a otra persona que no fuera tu esposa”. Y, de nuevo, tenía razón.

¿QUÉ PROCESO SE DEBERÍA SEGUIR?

Dentro de la comunidad cristiana existen muchas prácticas diferentes y expectativas para los solteros que desean conocerse. Algunas jovencitas han acordado que sus padres hablen con cualquier joven que las quiera conocer, aunque sea como amigos. Puede que otros padres crean que es muy extraño y de alguna forma desagradable que un hombre se acerque para hablar con ellos, a menos que sea para el compromiso. En vista de esto, un amigo mío le aconsejó a un joven que hiciera la pregunta: “¿Cuáles son las costumbres en tu tribu?”. Un joven que esté interesado en una jovencita debe procurar conocer las expectativas que tienen ella y su familia.

Por otra parte, los jóvenes en ciertas comunidades cristianas están tan protegidos que casi no tienen ningún contacto con el sexo opuesto, aparte de sus familiares, antes de tener un cortejo serio. En tales casos, creo que es mejor para los solteros que conozcan a muchos miembros del sexo opuesto de una manera informal (y segura) en actividades grupales. Esto les permite aprender acerca de las diferencias de género en general, mientras que también reconocen las cualidades que desean en un cónyuge. Además, ayudará a evitar que comiencen una relación romántica intensa antes de estar listos para el matrimonio. Esto no significa que los jóvenes no se sentirán atraídos por otros antes de tener la madurez suficiente para casarse. La idea es restringir, en vez de desatar prematuramente, estos deseos románticos (Cnt 8:4).

A diferencia de los noviazgos mundanos, que con frecuencia no tienen un objetivo mayor que disfrutar tener novio o novia, el cortejo o el noviazgo con propósito se da cuando un hombre y una mujer se toman su tiempo para conocerse y determinar si serán aptos para el otro en el matrimonio. Es vital que haya honestidad y franqueza en estas situaciones. Ambas partes deben entender la naturaleza y el propósito de su relación, y los dos deben ser honestos acerca de su posición frente al otro. La decisión de una pareja de explorar la posibilidad del matrimonio no significa que ya estén comprometidos (aunque en algunos círculos, lamentablemente, el cortejo se percibe de esta manera). Una o ambas partes pueden darse cuenta de que la relación no podrá progresar más, lo cual se debe comunicar de una forma amable y oportuna.

¿QUÉ ROL TIENE LA FAMILIA EN LA SELECCIÓN DE UN CÓNYUGE?

Nuestra cultura ha ido del extremo de los matrimonios arreglados por los padres al otro extremo, en el que los padres no tienen ninguna participación en la selección que hacen sus hijos de un cónyuge. En una situación ideal, dos personas consideran la posibilidad del matrimonio con la participación útil y significativa de cada una de sus familias. Por lo general, los padres tienen la sabiduría que puede identificar problemas en el carácter del prometido potencial o dificultades en la relación, las cuales sus hijos no podrían reconocer. He visto casos en los que adultos jóvenes fueron librados de matrimonios muy difíciles porque escucharon a sus padres. Los padres también pueden ayudar a mantener la rendición de cuentas respecto a la pureza emocional y física de la relación. Muchas familias tienen un buen recuerdo del momento en que un joven se acercó respetuosamente al padre de la joven que ama para pedirle su mano en matrimonio. Los padres y los hijos deberían establecer con anticipación sus expectativas mutuas en cuanto al rol que mamá y papá desempeñarán durante el proceso. El éxito de esta participación dependerá en gran parte de la calidad de la relación y el nivel de confianza mutua que se ha construido durante muchos años. Si los padres no están disponibles o no desean orientarlos, la pareja puede pedir ayuda a los líderes de la iglesia.

Algunos afirman que los padres tienen derecho a escoger con quién se deben casar sus hijos (especialmente las hijas), o al menos a prohibir la relación con algunos candidatos. Esta idea se basa en el mandato de que los hijos deben obedecer a sus padres (Éx 20:12; Ef 6:2) y en las referencias a los padres que daban a sus hijos en matrimonio (Dt 7:3; Mt 24:38; posiblemente 1Co 7:36[4]). Aunque creo que es muy importante tener la aprobación entusiasta de ambas familias, no puedo decir que es un requisito bíblico rotundo. Una joven que se convierte del islamismo nunca obtendría la aprobación de su padre musulmán para casarse con un hombre cristiano piadoso. También he escuchado de situaciones en las que algunos padres egoístas no querían que su hijo se casara porque esperaban que se quedara en casa y los cuidara. Conocí a un padre que fue totalmente irrazonable al tratar de terminar un cortejo sin ninguna base bíblica, simplemente diciendo que tenía derecho a hacerlo y que no tenía que darle explicaciones a nadie. Este tipo de actitudes ignoran completamente la amonestación de Pablo de que los padres no deben hacer enojar a sus hijos (Ef 6:4a).

La Escritura enseña que cuando los hijos llegan a la adultez, se vuelven responsables de sus propias decisiones (Jn 9:21). Ya hemos visto que los solteros pueden decidir si dedican su vida al Señor, lo que implica que están actuando como adultos independientes que ya no están bajo la autoridad de sus padres (1Co 7:32-34). A una viuda se le dice que es libre para casarse "con quien quiera" (1Co 7:39), no con quien su padre o sus hermanos le digan. Sin embargo, la decisión de comenzar una relación, comprometerse o casarse sin la aprobación de los padres se debe tomar con mucho cuidado, e idealmente con el consejo de los líderes de la iglesia. Se debe hacer todo el esfuerzo necesario para que haya paz entre los hijos y sus padres antes de que se realice el matrimonio (Ro 12:18), aunque en algunos casos poco comunes, puede que no sea posible.

¿QUÉ ASUNTOS SE DEBEN RESOLVER DURANTE EL CORTEJO?

El propósito del cortejo (o del noviazgo con propósito) es explorar si una pareja puede tener la convicción de que podrá glorificar a Dios con gozo en un

---

[4] La NBLH dice: "Y si alguien cree que no está obrando correctamente con respecto a su hija virgen, si ella es de edad madura, y si es necesario que así se haga, que haga lo que quiera, no peca; que se case". Esta traducción implicaría que Pablo supone que el padre tiene la autoridad de permitir que su hija se case o no se case. Sin embargo, la palabra *hija* no aparece en el texto griego. Otras traducciones (incluyendo la NVI y la NTV) interpretan que este pasaje se refiere a la prometida, es decir, a la mujer con la que está comprometido para casarse.

matrimonio. Con frecuencia, existen aspectos de mucho peso que llevan a la ruptura de la relación. El hombre no puede superar y perdonar el pasado sexual de la mujer. La mujer no puede soportar la irresponsabilidad financiera y las deudas del hombre. A la mujer le agrada el hombre, pero no siente una atracción física ni romántica por él. Al hombre le gusta pasar tiempo con la mujer, pero se rehúsa a comprometerse con ella. El hombre se pregunta si para ella esto solo es algo pasajero; la mujer espera la confirmación de que este sea el amor de su vida. Se deben considerar varias preguntas para ayudar a las parejas a afrontar los problemas que pudieran surgir durante el cortejo.

1. ¿Los dos aman el evangelio y este impacta su vida?

La pregunta más básica que cada persona debe considerar es si el otro demuestra que ama el evangelio. ¿Cada uno se considera a sí mismo como el mayor de los pecadores, salvado solamente por la gracia de Dios en Cristo (1Ti 1:15)? ¿Aman ambos a Cristo y Su gracia gratuita? ¿Experimentar Su amor y gracia afecta la forma en la que ellos tratan a otros (Ef 5:1-2)? ¿Está él dispuesto a confesar sus propias faltas y pecados? ¿Está ella dispuesta a ser honesta acerca de sus propias debilidades y pecados? ¿Están ambos dispuestos a mostrarle gracia al otro en estas áreas?

2. ¿Respetan el carácter del otro?

Además, ambas partes deben evaluar si el carácter de la otra persona está a la altura de lo que la Escritura dice que es conveniente en un esposo o una esposa. ¿Es él un líder espiritual? ¿Es un hombre al que ella se puede someter por el resto de su vida? ¿Puede ella confiar en que él la guiará a ella y a sus hijos? ¿Será ella una ayuda idónea para la vocación y el ministerio al cual él fue llamado? ¿Tiene él un temperamento pecaminoso? ¿Es ella insegura? ¿Tiene ella un espíritu apacible (1P 3:3-4)? ¿Ambos trabajan duro y son responsables con el dinero? ¿Es ella una mujer de excelencia que ama y teme al Señor (Rut 3:11; Pro 31:10)? ¿Puede él confiar en ella (Pro 31:11; Ef 4:25)?

3. ¿Tienen objetivos de vida que sean compatibles?

Cualquier pareja que esté contemplando el matrimonio también debería tomarse el tiempo para discutir sus metas para el futuro. Una vez tuve un caso en el que el hombre quería ser misionero en otro continente y la mujer había decidido firmemente vivir en la misma ciudad que sus padres. Ninguno cambiaba de opinión, así que el cortejo se terminó. En otra situación, la joven quería tener muchos hijos comenzando inmediatamente después de casarse, mientras que el joven prefería tener solo uno o dos hijos y después de estar casados al menos cinco años. Puede que él quiera estar involucrado en la iglesia bautista, pero que ella prefiera el presbiterianismo. ¿Cómo planean resolver estas diferencias y otras que surjan durante un matrimonio?

4. ¿Cómo funcionan juntos en contextos grupales?

Otro indicador clave que se debe considerar es qué tan bien funciona la pareja cuando están con otras personas. ¿Funcionan como un equipo en público? ¿Se esfuerza él por llevarse bien con la familia y los amigos de ella? ¿Tiene ella amigas piadosas que sean buenas influencias? ¿Se llevan bien con la familia del otro? ¿Disfrutan estar con los amigos del otro? ¿Qué piensan sus familias y sus amigos sobre su relación? Cualquier inquietud debe tomarse con seriedad.

5. ¿Han podido resolver las cosas del pasado?

Es importante que dos personas que están considerando seriamente el matrimonio hablen sobre su historia romántica y sexual, tanto por honestidad como para que decidan si pueden aceptar ese pasado y dejarlo atrás. ¿Hasta qué punto se han involucrado con otras personas anteriormente? ¿Tienen luchas actuales con el pecado sexual, tales como la pornografía o la masturbación? Cuando la relación se está volviendo seria, la otra persona tiene derecho a saberlo. Hemos visto casos en los que después del matrimonio, uno de los dos se siente traicionado cuando descubre las luchas presentes o pasadas de su cónyuge con el pecado sexual. Él o ella podría decir: "Yo no me habría casado si lo hubiera sabido", o: "Ciertamente habría esperado más tiempo antes de casarme hasta que este problema se resolviera".

6. ¿Son capaces de ser honestos con el otro sobre sus pecados y sus faltas?

Por lo general, al comienzo de una relación de noviazgo, ambas personas muestran su mejor faceta al tratar de dar la mejor impresión posible para atraer al otro. A medida que progresa el cortejo pueden surgir conflictos donde se revela el pecado de cada uno. ¿Ambas partes son capaces de admitir cuando están equivocadas? ¿Fomenta ella la paz? ¿Perdona él con facilidad? ¿Ambos son conscientes de sus propias áreas de pecado y se esfuerzan por ser más como Cristo?

7. ¿Pueden amarse y aceptarse el uno al otro tal y como son?

Algunas veces, una o ambas partes se casan esperando de forma insensata que la otra persona cambie después de la boda. Es necesario que se pregunten honestamente si pueden amar y aceptar a su compañero o compañera tal como es. ¿Esperan que el otro cambie después de la boda? ¿Creen que el matrimonio resolverá todos los problemas de ira y lujuria que él tiene, y que acabará con la irresponsabilidad financiera y la pereza de ella? Aunque es correcto que esperen que Dios los siga santificando (Fil 1:6), los votos matrimoniales exigen que estemos preparados para amar "en las buenas y en las malas".

8. ¿Por qué se quieren casar?

Muchas parejas se casan por razones incorrectas. ¿Honestamente se han preguntado si se atraen el uno al otro por las razones correctas? ¿Pueden expresar las razones por las que quieren casarse de una forma clara y convincente? Booz se sentía atraído por Rut debido a su excelente carácter (Rut 3:11), no vemos una referencia a su apariencia física. La belleza exterior desaparece (Pro 31:30) pero el carácter piadoso se volverá aún más atractivo con el tiempo.

9. ¿Cuáles son sus expectativas del matrimonio?

Se ha dicho que la mujer se casa esperando que su esposo cambie, y que el hombre se casa esperando que su esposa nunca cambie. Antes de casarse, tanto el esposo como la esposa deben evaluar sus expectativas del matrimonio. ¿Son realistas? ¿Quieren casarse para que alguien se ocupe de todos sus deseos? ¿Están esperando que su cónyuge supla necesidades y deseos que solo Dios puede satisfacer (Jer 17:5-8)? ¿Están preparados para no rendirse al atravesar los conflictos y las pruebas que vendrán? ¿Están convencidos de que la otra persona podrá cumplir los votos matrimoniales incluso cuando sea muy difícil?

10. ¿Qué tanto se conocen a sí mismos y a su pareja?

Algunas personas "se enamoran" sin conocer lo suficiente a la otra persona. Muchos, después de poco tiempo de casados, se dan cuenta de que conocían poco a su cónyuge antes del matrimonio. Una forma de conocer a otra persona es conocer más de ella por medio de amigos cercanos, pastores o familiares. El libro de Wayne Mack, *Preparing for Marriage God's Way*[5] [*Preparándose para el matrimonio a la manera de Dios*], incluye unas preguntas excelentes que pueden ayudar a las parejas a determinar qué tanto se conocen y permitirles conocerse mejor. La consejería antes del compromiso también puede ser un medio por el cual se pruebe una nueva relación.

RESUMEN

Los cristianos reconocen que el matrimonio es el contexto determinado por Dios para la intimidad personal y física entre un hombre y una mujer. Los que están comprometidos con Cristo deben ser cuidadosos en sus relaciones con el sexo opuesto, por respeto a Dios y por consideración a la persona con quien se casarán en el futuro. El propósito de que un hombre y una mujer solteros pasen tiempo juntos, ya sea que se llame cortejo o noviazgo con propósito, es explorar cuidadosamente si Dios los puede estar guiando a que se casen. La honestidad y la transparencia son esenciales a lo largo del proceso. Idealmente, uno no debe avanzar más que el otro en términos del apego y el compromiso emocional. El que esté más comprometido tendrá que ser paciente mientras espera por la otra persona y, en última instancia, espera en Dios. Si uno de los dos se da cuenta de que es poco probable o imposible que se casen, se lo debe comunicar honestamente a la otra persona, para que no se sienta aún más herida y para que los dos puedan ser libres de explorar otras posibilidades. Las razones del rompimiento se deberían explicar honesta y amablemente. En tales casos, la relación de cortejo o de noviazgo con propósito no falló. El propósito era determinar si eran compatibles para el matrimonio, y descubrieron que no. A pesar de la posible tristeza, Dios da la gracia para seguir orando por el bien del otro.

---

[5] Wayne Mack, *Preparing for Marriage God's Way* [*Preparándose para el matrimonio a la manera de Dios*] (Phillipsburg, NJ: P&R Publishing, 2014).

PREGUNTAS PARA REFLEXIONAR

1. ¿Es importante si le llamas a tu relación *cortejo*, *noviazgo con propósito* o algo diferente?
2. ¿Qué principios bíblicos pueden aplicar un hombre y una mujer al explorar la posibilidad de casarse?
3. ¿Por qué es importante que ambos sean transparentes y honestos durante el cortejo?
4. ¿Qué rol debería desempeñar la familia en el cortejo? ¿En qué casos puede una pareja comprometerse y casarse sin tener la aprobación paternal?
5. ¿Qué problemas se deberían resolver durante el cortejo?

10

¿CUÁL ES EL PROPÓSITO DEL COMPROMISO?

El compromiso es la promesa que se hace antes de establecer el pacto matrimonial. Comúnmente, sirve como un periodo durante el cual la pareja se puede preparar tanto para la boda como para el matrimonio.

¿CUÁNDO ESTÁS LISTO PARA COMPROMETERTE?

El compromiso es una promesa seria que no se debe hacer a la ligera. No debes comprometerte a menos que estés convencido de que la otra persona cumple con los requisitos bíblicos de un cónyuge piadoso, de que esperan poder construir una vida juntos, y de que se sienten atraídos el uno al otro. Idealmente, un compromiso debería tener la bendición de los padres, y debería ser celebrado tanto por la familia como por los amigos.

Durante el periodo del compromiso, el hombre y la mujer deben tener cuidado de ser prudentes en sus relaciones con el sexo opuesto. Estar comprometido o casado no evita que alguien se sienta atraído por otra persona. El compromiso es una promesa de negarse a todas las demás opciones, lo que incluye evitar circunstancias en las que se pueda formar otra relación romántica.

¿TE ESTÁS PREPARANDO PARA UNA BODA O PARA UN MATRIMONIO?

Muchas personas hacen grandes esfuerzos y gastan mucho dinero en la planeación de una boda. Cada detalle, desde las flores hasta la comida y los vestidos de las damas de honor, debe ser perfecto. Esto es bueno porque el matrimonio es un regalo de Dios que debe ser celebrado (Pro 18:22). Jesús mismo asistió a al menos una celebración de bodas y contribuyó para que saliera bien (Jn 2:1-10). Sin embargo, tristemente, algunas parejas ponen mucho más énfasis en la planeación de la ceremonia y la recepción, que solo duran algunas horas, que en la preparación para el matrimonio, el cual idealmente durará muchas décadas.

El periodo del compromiso debería ser un tiempo para prepararse para el matrimonio. Hay un aspecto de la preparación para el matrimonio que es práctico —encontrar y amueblar un lugar para vivir, planear la luna de miel, etc. Sin embargo, la preparación más importante es la espiritual. Ahora que has escogido a tu pareja, debes aprender más acerca de cómo amar tu elección. El compromiso es un tiempo grandioso para que una pareja realice un estudio exhaustivo de lo que dice la Palabra de Dios acerca del matrimonio. Animo mucho a las parejas comprometidas a que reciban una consejería prematrimonial extensa en la que se incluya estudiar los orígenes del matrimonio, los roles bíblicos del esposo y la esposa, la resolución de conflictos y la comunicación, el sexo, las finanzas y los hijos. Procuro poner a la pareja comprometida en contacto con una pareja mentora experimentada y piadosa que los pueda instruir y ayudar a resolver cualquier área problemática de su relación. Durante el tiempo del compromiso, los dos deben estar preparándose para su rol en el matrimonio mientras aprenden a trabajar en equipo.

¿CUÁNTO DEBERÍA DURAR UN COMPROMISO?

La Biblia no especifica cuánto tiempo debe esperar una pareja después de comprometerse y antes de casarse. Algunas parejas podrían esperar y casarse cuando hayan terminado sus estudios y tengan trabajo. Algunas usan el tiempo del compromiso para conocerse mejor y así estar más preparados para el matrimonio. Muchas parejas creen que necesitan un tiempo largo de compromiso para ahorrar y planear la gran boda que la mujer ha soñado toda su vida. Otros incluso esperan hasta ahorrar lo necesario para hacer el pago inicial de una casa. Ocasionalmente, el matrimonio se retrasa porque uno o ambos están inseguros sobre su relación. En tal caso, deben hablar abierta y honestamente para resolver este asunto.

Aunque cada una de estas razones puede tener cierta validez, y aunque las parejas sean libres de escoger el momento en el que se van a casar, un tiempo de compromiso largo puede tener sus desventajas. El compromiso puede ser un periodo de tentación sexual. Pablo escribe a los que no se han casado: "Pero, si no pueden dominarse, que se casen, porque es preferible casarse que quemarse de pasión" (1Co 7:9). En muchos casos, los beneficios de casarse pronto son más importantes que el deseo de una novia o de su madre (o, en algunos casos, del novio) de tener una boda perfecta en sociedad. Con la ayuda de la familia, la iglesia y los amigos, una pareja joven podría tener una boda hermosa y significativa sin entrar en gastos exagerados o incluso en deudas.

¿QUÉ MEDIDA DE AFECTO FÍSICO ES APROPIADO PARA UNA PAREJA COMPROMETIDA?

Las parejas comprometidas deben tener un cuidado especial cuando se trata del afecto físico. He visto muchos casos en los que las parejas pensaban que la actividad sexual estaba permitida durante el compromiso, porque de cualquier forma se iban a casar. La Biblia deja claro que la actividad sexual no está permitida hasta que se hayan hecho los votos matrimoniales (Gn 2:24). Algunas veces las parejas que han "llegado muy lejos" durante el compromiso tienen que lidiar con la culpa y el posible resentimiento en contra de la otra persona por traer el pecado a la relación. Caer en pecado sexual durante el compromiso o el cortejo también afecta la confianza mutua de la pareja luego de casarse, y con frecuencia impacta negativamente su relación sexual en el matrimonio. ¿Tiene él el dominio propio para resistirse a experiencias sexuales prohibidas? Si durante el tiempo del compromiso no se puede confiar en que él esperará para disfrutar del sexo de la forma en que Dios lo autoriza, puede que a ella le cueste confiar en que él tendrá dominio propio cuando el ejército lo envíe a otro lugar, cuando deba irse de viaje de negocios o cuando ella tenga ocho meses de embarazo y no esté totalmente disponible para él en el aspecto sexual. Si no se puede confiar en que ella resistirá la presión de participar en el pecado sexual, tal vez a él se le dificulte confiar en que ella resistirá la presión del hombre del gimnasio o del vecino amigable cuando él no esté en casa o cuando estén en medio de un conflicto.

Algunas parejas comprometidas, especialmente los hombres, desean saber "qué es permitido hacer antes de casarnos". En vez de hacer una lista de las partes del cuerpo que son zonas prohibidas y darle un cronómetro a la pareja, yo les doy tres principios generales. Primero, la expresión sexual como actividad está reservada para el matrimonio. Puede que sea permitido tomarse de la mano o darse un beso de despedida, pero los besos largos, las caricias y toques no son apropiados antes del matrimonio. El segundo principio es que si lo que estás haciendo prepara a tu cuerpo para tener sexo (¡y sabes bien cuando eso está sucediendo!), estás participando en la estimulación antes del sexo (que en realidad es parte del sexo), lo cual no es apropiado antes de casarte. El tercer principio es evitar momentos de privacidad en los que podrías pecar sexualmente sin ser interrumpido o atrapado. Aunque hay gracia para los que no alcanzan estos estándares, hay un gran gozo para los que esperan el momento apropiado para recibir el regalo de Dios del sexo en el matrimonio.

¿SE PUEDE ROMPER UN COMPROMISO?

Los compromisos se deben comenzar con sinceridad y cuidado, y solo deberían romperse por una muy buena razón. En los tiempos del Nuevo Testamento, romper un compromiso era un acto legal, como un divorcio. Era necesario que hubiera una justificación —por ejemplo, cuando José pensó terminar su compromiso con María porque estaba embarazada (Mt 1:18-19). Algunas veces se descubre algo serio durante el compromiso, tal como relaciones pasadas, un historial de pecado oculto, luchas presentes con la lujuria o la ira, etc. Los compromisos que se hacen de manera precipitada suelen romperse. Tal vez las partes confundieron el encaprichamiento con el amor. Algunas veces uno de ellos encuentra a alguien más, lo que pudiera indicar un defecto de carácter que es mejor descubrir antes del matrimonio, no después.

Si uno de los dos tiene dudas serias sobre avanzar al matrimonio, debe hacer todos los esfuerzos necesarios para resolver los problemas y asuntos preocupantes. La pareja debe buscar un consejo piadoso y tomarse el tiempo para tratar de resolver sus problemas. Si uno de ellos todavía quiere terminar el compromiso, debe ser sincero. Es mejor separarse que tratar de forzar a la persona a que se case en contra de su voluntad. El que terminó la relación debe pedirle perdón a los que fueron afectados: su exprometido o exprometida, familiares, amigos, etc.

LA BODA ES IMPORTANTE

Aunque es más importante usar el tiempo del compromiso para prepararse para el matrimonio, la boda misma también es importante. La esencia de una boda es que la novia y el novio hagan sus votos en público al establecer su pacto matrimonial. Los votos deben expresar el compromiso de la novia y el novio a cumplir con amor y gracia sus roles bíblicos en el matrimonio hasta que la muerte los separe. Muchos de los votos tradicionales resumen muy bien los principios bíblicos del matrimonio. Las bodas cristianas también son una oportunidad excelente para proclamar cómo el matrimonio es una imagen del amor de Cristo por la iglesia, tanto para animar a los creyentes como para evangelizar a los familiares y amigos no creyentes.

RESUMEN

El periodo del compromiso es principalmente un tiempo para prepararse para el matrimonio, tanto práctica como espiritualmente. Los arreglos prácticos pueden servir de prueba para ver cómo la pareja trabaja en equipo, algunas veces en situaciones de estrés. El ajetreo desenfrenado de la planeación de una boda no debe distraer a la pareja de su preparación espiritual para el matrimonio. Además, deben ser cuidadosos de no permitirse los privilegios del matrimonio antes de hacer el pacto matrimonial.

PREGUNTAS PARA REFLEXIONAR

1. ¿Cuál es el propósito del compromiso?
2. ¿Qué se trata en la consejería prematrimonial? ¿Cuáles son sus beneficios?
3. ¿Qué se debería hacer si uno de los dos prometidos se está arrepintiendo de casarse?
4. ¿En cuáles casos está permitido terminar un compromiso?
5. ¿Cuánto afecto físico es apropiado durante el compromiso?

C

TENER UN MATRIMONIO EXITOSO

11

¿CUÁL ES LA CLAVE PARA QUE UN MATRIMONIO SE MANTENGA FUERTE?

La clave para que un matrimonio se mantenga fuerte es el evangelio de Jesucristo. Después de dar instrucciones respecto a los roles del esposo y la esposa, Pablo escribe: "Esto es un misterio profundo; yo me refiero a Cristo y a la iglesia" (Ef 5:32). Entre más profundos sean tu conocimiento y vivencia del amor de Dios por ti en Cristo, más querrás y podrás mostrarle un amor misericordioso, bondadoso y sacrificial a tu cónyuge.

PRIMERO DEBES CONOCER EL AMOR DE CRISTO

Si no has experimentado el amor de Cristo, no serás capaz de amar como Él lo hace. "Nosotros amamos porque Él nos amó primero" (1Jn 4:19). Por esta razón, en los tres primeros capítulos de Efesios, Pablo se concentra en recordar a los creyentes el amor de Cristo hacia ellos en el evangelio. Dios nos escogió en Cristo para ser adoptados como Sus hijos (Ef 1:3-6). Él nos ha redimido y nos ha perdonado por Su gracia por medio de la sangre de Cristo, y nos ha sellado con el Espíritu Santo (1:7-14). A los que estábamos muertos en nuestros pecados se nos ha dado vida juntamente con Cristo, habiendo sido justificados por la fe como un regalo gratuito de Dios (2:1-10). Ahora somos parte de la familia de Dios (2:11-22) y somos herederos de la promesa de Dios (3:1-13). Solo después de esta descripción extensa del amor de Dios por nosotros es que Pablo manda a los esposos que amen a sus esposas, así como Cristo amó a la iglesia (5:25). Cuando un esposo no ama a su esposa es porque ha perdido de vista el amor de Cristo hacia él. Lo que más necesita no son técnicas ni reglas, sino un corazón que se sobrecoja y sea transformado por el amor de Cristo hacia él.

Si deseas tener un matrimonio feliz y lleno de amor, ora por ti mismo (y por tu cónyuge) la misma oración que Pablo hace por lo efesios: "Por esta razón me arrodillo delante del Padre, de quien recibe nombre toda familia en el cielo y en la tierra. Le pido que, por medio del Espíritu y con el poder que procede de Sus gloriosas riquezas, los fortalezca a ustedes en lo íntimo de su ser, para que por fe Cristo habite en sus corazones. Y pido que, arraigados y cimentados en amor, puedan comprender, junto con todos los santos, cuán ancho y largo, alto y profundo es el amor de Cristo; en fin, que conozcan ese amor que sobrepasa nuestro conocimiento, para que sean llenos de la plenitud de Dios" (3:14-19). Después, participa en la respuesta a esta oración por medio del estudio diario de la Palabra de Dios y la meditación en la grandeza del amor de Cristo por ti. Tal amor te motivará y te dará el poder para mostrarle amor a tu cónyuge.

Lo mejor que puedes hacer por tu matrimonio es acercarte más a Jesús. Entre más entiendas y aprecies el amor que Dios tiene por ti en Cristo, mejor será tu matrimonio porque reflejarás ese amor hacia tu cónyuge. Un matrimonio fuerte en el que los cónyuges aman al otro como Cristo les ama ayudará a que ambos aprecien mejor el amor misericordioso de Dios. Una razón por la que un cristiano nunca querría casarse con un no creyente es que una persona que no es cristiana no conoce el amor de Cristo, por lo que es incapaz de expresar un amor como este.

EL AMOR SE BASA EN LA GRACIA, NO EN LA LEY

La mayoría de las relaciones humanas, incluyendo el matrimonio, se rigen implícitamente por una especie de ley que dice: "Te voy a tratar como te mereces. Si eres bueno conmigo y llenas mis expectativas, seré bueno contigo. Pero si me tratas mal, me alejaré de ti o te trataré como me has tratado". Para el hombre natural, este método parece justo y razonable, pero cuando esta estrategia mundana se aplica en el matrimonio, puede causar conflictos, ira, amargura, separación y divorcio. A diferencia de esto, los creyentes recordarán con gratitud que así no es como Dios nos ha tratado. Aunque somos grandes pecadores, Dios nos ha mostrado misericordia y gracia. "Él nos salvó, no por nuestras propias obras de justicia, sino por Su misericordia. Nos salvó mediante el lavamiento de la regeneración y de la renovación por el Espíritu Santo, el cual fue derramado abundantemente sobre nosotros por medio de Jesucristo nuestro Salvador" (Tit 3:5-6). Él nos llama a amarnos unos a otros de esta manera: "Por tanto, imiten a Dios, como hijos muy amados, y lleven una vida de amor, así como Cristo nos amó y se entregó por nosotros" (Ef 5:1-2).

Entender honestamente la necesidad que tenemos de esta clase de amor y gracia es clave para poder darle este tipo de gracia a otros. Según Tim Keller: "Este es el evangelio: somos más pecadores y defectuosos de lo que creemos, pero al mismo tiempo somos más amados y aceptados en Jesucristo de lo que nos hubiéramos atrevido a imaginar".[1] Un verdadero cristiano reconoce que es un gran pecador (1Ti 1:15) y está agradecido por la misericordia que Dios le ha mostrado. La conciencia de su propio pecado le ayuda a no juzgar los pecados de otros. Además, los cristianos saben que están casados con otro pecador y no les sorprende cuando esa persona peca. En vez de reaccionar con ira, pueden recordar la misericordia de Dios hacia ellos y procurar restaurar a su cónyuge con gentileza (Gá 6:1), así como Dios los perdona y los restaura con bondad cuando pecan (1Jn 1:8-9). Al mostrar una gracia como esta, son imitadores de Dios, cuya bondad nos lleva al arrepentimiento (Ro 2:4).

SIGUE LUCHANDO POR EL AMOR

El amor que es potenciado con la gracia del evangelio no es algo que pasa porque sí. Los esposos y las esposas deben trabajar continuamente para mostrarse esta clase de amor el uno al otro. Pablo nos anima a que vivamos por el Espíritu para no seguir los deseos de la naturaleza pecaminosa, lo que incluye los conflictos carnales y la ira (Gá 5:16, 19-21). En cambio, lo que debe caracterizarnos es el fruto del Espíritu: amor, alegría, paz, paciencia, amabilidad, bondad, fidelidad, humildad y dominio propio (5:22-24). Tales cualidades producirán alegría y armonía en cualquier matrimonio. Sin embargo, Pablo nos advierte que no es fácil vivir continuamente en el Espíritu: "Esta [la naturaleza pecaminosa] desea lo que es contrario al Espíritu, y el

---

[1] Timothy Keller y Kathy Keller, *The Meaning of Marriage* [*El significado del matrimonio*] (Nueva York: Penguin, 2011), 48.

Espíritu desea lo que es contrario a ella. Los dos se oponen entre sí, de modo que ustedes no pueden hacer lo que quieren" (5:17).

Si no sientes amor por tu cónyuge —o, peor, eres culpable de palabras y hechos carnales, incluyendo los celos, las disputas y las disensiones— serás tentado a culpar a tu cónyuge. Sin embargo, el problema real es que has dejado de vivir por el Espíritu y te has entregado a la carne. El pecado de tu cónyuge puede tentarte, pero no puede hacerte carnal. Pablo escribe en otra parte: "Ustedes no han sufrido ninguna tentación que no sea común al género humano. Pero Dios es fiel, y no permitirá que ustedes sean tentados más allá de lo que puedan aguantar. Más bien, cuando llegue la tentación, Él les dará también una salida a fin de que puedan resistir" (1Co 10:13). Sin importar la situación en la que te encuentres, siempre puedes elegir vivir por el Espíritu. Solo así mostrarás el fruto del Espíritu y no seguirás los deseos de la naturaleza pecaminosa. En vez de esperar que tu cónyuge cambie, debes arreglar tus cuentas con Dios, recordando tu pecado y la gracia y misericordia que Él te ha dado.

EL AMOR DE PACTO PERDURA

Los votos con los que establecemos el pacto matrimonial reflejan la profundidad del compromiso que estamos haciendo: "Para bien o para mal, en riqueza o en pobreza, en la salud o en la enfermedad, hasta que Dios nos separe por medio de la muerte". Durante un matrimonio, las circunstancias cambian. Cada uno cambiará por causa de las experiencias de tener y criar hijos, de pasar por pruebas, de el envejecimiento, de cuidar a padres que están enfermos, etc. Un cónyuge puede quedar discapacitado físicamente o le pueden diagnosticar una enfermedad mental. Tu cónyuge puede perder su trabajo o perder los ahorros familiares en un mal plan de inversión. Ambos pueden enfrentar pruebas debido a hijos rebeldes. Las personas también cambian con el tiempo. Algunos cambian físicamente y aumentan de peso. Otros experimentan cambios de personalidad mientras luchan con la depresión, la ansiedad y la ira. Se ha dicho que no te casas solamente con una persona —es decir, el hombre o la mujer con quien te encuentras en el altar—, sino que te casas con todas las personas[2] en quienes se convertirá tu cónyuge a través de las diversas fases de la vida juntos.

[2] Lewis Smedes: "Cuando me casé con mi esposa tenía apenas una pizca de conciencia de lo que me esperaba con ella. ¿Cómo habría podido saber cuánto cambiaríamos a lo largo de veinticinco años?

Un cristiano que comienza un matrimonio se compromete a amar a su cónyuge, no solamente por lo que cree que es o lo que espera que sea, sino por lo que es y por lo que será. Esto refleja la clase de amor eterno e inalterable con el que Dios nos ha amado. Él promete que nunca nos dejará ni nos abandonará (Heb 13:5). El mundo, por medio de películas y canciones, crea la expectativa falsa de que el amor será fácil cuando encuentres a esa persona especial. Junto con la creencia de que el amor romántico debería ser fácil se encuentra la idea de que si no lo es, debe ser porque hay alguien más para ti (tu verdadera alma gemela). La realidad es que eres una persona pecadora que se ha unido a otro pecador. Es solo con la ayuda del Espíritu de Dios y a la luz de Su amor perpetuo por ti que lograrás que perdure tu amor por tu cónyuge.

LA DESCRIPCIÓN DEL AMOR

Primera de Corintios 13 es el famoso capítulo de Pablo sobre el amor. En este explica el amor en su forma más pura: "El amor es paciente, es bondadoso. El amor no es envidioso ni jactancioso ni orgulloso. No se comporta con rudeza, no es egoísta, no se enoja fácilmente, no guarda rencor. El amor no se deleita en la maldad, sino que se regocija con la verdad. Todo lo disculpa, todo lo cree, todo lo espera, todo lo soporta" (1Co 13:4-7). Solo una persona ha hecho esto perfectamente. Pablo está describiendo el amor de Cristo por nosotros. Revisa cada frase y piensa en cómo Jesús te ha amado de esta manera. Luego, revisa el pasaje de nuevo y piensa en formas en las que puedes imitar el amor de Jesús al cuidar al cónyuge que te ha dado.

RESUMEN

La clave para tener un matrimonio exitoso es el evangelio. Si parece que tu amor está disminuyendo, no necesitas que tu cónyuge cambie; más bien, necesitas entender mejor el amor con el que Cristo te ama. Tu meta debería ser que tu cónyuge te mire y diga: "La forma en la que me tratas me recuerda la

---

Mi esposa ha vivido con al menos cinco hombres diferentes desde que nos casamos, y cada uno de ellos he sido yo. El vínculo que me une a mi antiguo yo siempre ha sido el nombre que tomé en ese momento: 'Soy el que permanecerá contigo'. Cuando desechamos *ese* nombre, perdemos *esa* identidad, difícilmente podremos encontrarnos nuevamente a nosotros mismos. Y los lazos que nos unen a otros se desgastarán hasta que se rompan" (http://www.christianitytoday.com/ct/2002/decemberweb-only/12-16-56.0.html).

forma en la que Dios me ama". Cuando ambos cónyuges luchan por amar de esta manera, con la ayuda del Espíritu Santo, el matrimonio es una imagen hermosa del amor entre Cristo y Su iglesia.

PREGUNTAS PARA REFLEXIONAR

1. ¿Por qué el evangelio es la clave para un matrimonio exitoso?
2. ¿Cómo les va a los no creyentes en sus matrimonios sin el evangelio?
3. ¿Qué le dirías a un hombre que dice que ya no siente amor por su esposa?
4. ¿Qué le dirías a una mujer que está planeando abandonar a su esposo porque se han alejado?
5. ¿Qué se puede hacer en términos prácticos para comprender mejor el amor de Cristo?

12

¿CUÁLES SON LAS RESPONSABILIDADES DEL ESPOSO?

Hace varios años recibí la llamada telefónica de un amigo que estaba desesperado por hablar conmigo. Cuando nos encontramos se veía demacrado y estaba llorando. Me dijo que su esposa quería dejarlo e irse con otro hombre, pero su respuesta a la situación me sorprendió. En vez de enojarse y sentirse superior moralmente, estaba destrozado y dijo: "Sé que no he amado a mi esposa como es debido y que no he sido un buen líder espiritual. Ella no es la única culpable de que esto esté pasando. Si yo hubiera sido un mejor esposo, esto nunca habría pasado. Enséñame a ser un esposo piadoso". Por la gracia de Dios, mi amigo se arrepintió de sus propios pecados en el matrimonio y trabajó para volver a ganarse a su esposa. Por la gracia de Dios, su matrimonio se restauró. Su historia demuestra que el amor semejante al de Cristo de un esposo tiene poder para transformar (cambiar) a su esposa.

Todos los deberes del esposo se pueden resumir en un simple mandato: "Esposos, amen a sus esposas, así como Cristo amó a la iglesia y se entregó por ella" (Ef 5:25). Lo mejor que un hombre puede hacer por su esposa es estudiar y deleitarse en el amor sacrificial de Cristo por él, ya que así podrá reflejar ese amor en su matrimonio.

ÁMALA INCONDICIONALMENTE

El mundo ha degradado el significado del amor diciendo que es un simple sentimiento o una pasión sexual. Este supuesto amor depende de si la persona lo merece y básicamente dice: "Te amo por lo que haces por mí". Muchos hombres tratan a sus esposas como creen que ellas los tratan. Si la apariencia externa de una mujer se desvanece o su desempeño como esposa no llena las expectativas del esposo, su amor flaquea. Por el contrario, Cristo te amó cuando no merecías ser amado. Juan nos dice: "En esto consiste el amor: no en que nosotros hayamos amado a Dios, sino en que Él nos amó y envió a Su Hijo para que fuera ofrecido como sacrificio por el perdón de nuestros pecados. Queridos hermanos, ya que Dios nos ha amado así, también nosotros debemos amarnos los unos a los otros" (1Jn 4:10-11). Pablo declara: "Pero Dios demuestra Su amor por nosotros en esto: en que cuando todavía éramos pecadores, Cristo murió por nosotros" (Ro 5:8) y también nos recuerda que cuando éramos enemigos de Dios, fuimos reconciliados con Él por medio de la muerte de Cristo (5:10). El amor del evangelio nos trata como si hubiéramos guardado toda la ley de Dios, a pesar de que seamos pecadores. De igual manera, el esposo debe tratar a su esposa como si fuera la esposa perfecta, aun cuando algunas veces lo decepcione. Cuando hay un conflicto, el esposo debe imitar a Cristo tomando la iniciativa para la reconciliación en vez de esperar que su esposa lo haga.

Algunos hombres pueden argumentar que muchas veces no les apetece amar de esta manera. Sin embargo, el amor que es como el de Cristo no es simplemente un sentimiento sino también un compromiso por el bien de la otra persona, sin importar cómo uno se sienta. En Getsemaní vemos que a Jesús no le apetecía ir a la cruz, pero aun así fue, por causa de Su gran amor por Su Padre y Su pueblo. De forma similar, más que realizar una tarea externa, el esposo debe cuidar profundamente a la esposa que el Señor le ha dado. No hay nada que ella quiera más en su matrimonio que saber que es amada y apreciada. Ver a una esposa que no es amada es de las cosas más tristes que hay. Un esposo que comienza dando amor ayudará a su esposa a responder en amor, reflejando lo que dice Juan: "Nosotros amamos porque Él nos amó primero" (1Jn 4:19).

ÁMALA SACRIFICIALMENTE

A muchos hombres les agradan las enseñanzas de la Biblia sobre los roles en el matrimonio porque creen que se les ha dado el puesto del jefe de la familia. Por lo general, afirman conocer muy bien lo que Pablo enseña sobre la sumisión en Efesios 5:22-24, pero en realidad no comprenden bien lo que significa amar como Cristo ama. Así como Jesús se entregó a Sí mismo por Su novia, la iglesia, un esposo debe renunciar a sí mismo sacrificialmente por amor a su novia terrenal. Pablo no está diciendo simplemente que un esposo debe estar dispuesto a morir por su esposa en el caso poco probable de que esté atada al riel de un tren o de que alguien le esté disparando, sino que esa entrega también incluye el sacrificio diario de levantarse a las tres de la mañana para ayudar con el bebé, no jugar golf un sábado para ayudar con un proyecto en casa, o despertarse temprano un domingo para ayudar a los niños a alistarse para ir a la iglesia. Robertson McQuilkin mostró ese amor sacrificial cuando renunció a su puesto como presidente del Columbia Bible College para cuidar a su esposa, quien sufría de Alzheimer. Él escribió: "Cuando llegó el momento, la decisión fue firme y no me tomó mucho tiempo. Era un tema de integridad. ¿Acaso no había prometido cuarenta y dos años antes que estaría con ella 'en la salud y la enfermedad… hasta que la muerte nos separe'?".[1] Cuando un hombre se compromete en un matrimonio, promete tener una actitud como la de Cristo, poniendo las necesidades de su esposa por encima de las suyas con humildad (Fil 2:3-5).

Sí, el esposo es la cabeza, pero el propósito de la autoridad que Dios da es el servicio. Juan nos dice que es por esto que Jesús lavó los pies de Sus discípulos: "Sabía Jesús que el Padre había puesto todas las cosas bajo Su dominio, y que había salido de Dios y a Él volvía; así que se levantó de la mesa, se quitó el manto..." (Jn 13:3-4). Jesús era consciente de Su estatus y autoridad, y sirvió humildemente a los que estaban bajo esa autoridad. En otras partes, nuestro Señor declara Su expresión máxima de servicio humilde para Su pueblo: "Porque ni aun el Hijo del hombre vino para que le sirvan, sino para servir y para dar Su vida en rescate por muchos" (Mr 10:45). El esposo que ejerce dominio de forma egoísta en su matrimonio esperando que todo gire a su alrededor, desde la forma en que se gasta el dinero hasta lo que la familia ve en la televisión, distorsiona lo que debería ser una imagen del amor de Cristo. Jesús no usó Su autoridad para hacer que Sus discípulos le lavaran los pies, sino que se humilló para ocuparse de ellos. El esposo que entiende este aspecto sacrificará sus deseos en cuanto a cómo prefiere usar el tiempo

[1] http://www.christianitytoday.com/ct/2004/februaryweb-only/2-9-11.0.html.

y el dinero, para asegurarse de que su esposa esté bien cuidada. No intentará calcular cómo dividir el trabajo en el hogar de una forma que le parezca justa, sino que estará dispuesto a hacer más de lo que le corresponde como una expresión de amor por su esposa. Tal amor ayudará a que ella responda con más amor y respeto hacia él.

ÁMALA CON UN AMOR QUE PURIFICA

A algunos hombres les gustaría cambiar a sus esposas, generalmente por sus propias razones egoístas. Pablo nos enseña que si amas a tu esposa como ama Cristo, puedes cambiarla en formas que serán evidentes en la eternidad. Cristo se entregó a Sí mismo por Su iglesia "para hacerla santa. Él la purificó, lavándola con agua mediante la palabra, para presentársela a Sí mismo como una iglesia radiante, sin mancha ni arruga ni ninguna otra imperfección, sino santa e intachable" (Ef 5:26-27). Además, expresa Su amor por nosotros obrando en nuestras vidas para hacernos más santos (Tit 2:14). De la misma forma, un esposo debería esforzarse por amar a su esposa de una manera que la haga más hermosa espiritualmente. Debería buscar su crecimiento espiritual orando y leyendo la Escritura con ella, involucrando a la familia en una iglesia donde ella se exponga a los medios de la gracia, y animándola a usar sus dones espirituales para servir a otros. En su deseo de mantenerla pura, será cuidadoso para no exponerla a un entretenimiento mundano que pueda contaminar su mente. Además, puede hacerlo en formas prácticas ayudando con los niños o en las tareas de la casa, para que ella tenga tiempo a solas de leer la Palabra, orar y tener comunión con otros creyentes.

El esposo que es semejante a Cristo también tendrá la valentía de tomar decisiones sabias aunque vayan en contra de las preferencias de su esposa. Por ejemplo, si la esposa quiere adquirir una deuda muy grande para comprar algo que no es una necesidad, puede que el esposo tenga que ser valiente y decir que no (Pro 22:7). O si la esposa quiere dejar su iglesia por razones que no son bíblicas e ir a una iglesia menos sana, el esposo debe tener la valentía de ser firme. Tanto Adán como Abraham obedecieron a sus esposas de forma insensata cuando debieron mantenerse firmes en su posición (Gn 3:6; 16:2). Desde entonces, muchos hombres han dejado su posición de cabeza espiritual del hogar para mantener la paz. La mayoría de las mujeres piadosas respetarán a un esposo que no cambia de opinión en cuestiones de principios. Tristemente, muchos hombres se mantienen firmes cuando en realidad deberían cambiar de opinión (en cuestiones egoístas), y otros ceden cuando deberían mantenerse firmes.

Cuando pienso en Efesios 5:26-27, recuerdo que Cristo me confió a mi esposa el día de nuestra boda y que un día, por medio de la muerte, tendré que devolvérsela. Mi trabajo es trabajar junto con Él para que ella sea más pura, más santa y más hermosa espiritualmente que cuando Él me la entregó.

ÁMALA COMO TE AMAS A TI MISMO

El esposo debe amar a su esposa tanto como se ama a sí mismo. Aun si el cuerpo carnal de un hombre no es tan guapo, fuerte y delgado como solía ser, él lo alimenta y lo cuida si está enfermo porque es el único cuerpo que tiene. De la misma forma, Pablo nos enseña que un hombre no debe escatimar esfuerzos al cuidar a su única esposa: "Así mismo el esposo debe amar a su esposa como a su propio cuerpo. El que ama a su esposa se ama a sí mismo, pues nadie ha odiado jamás a su propio cuerpo; al contrario, lo alimenta y lo cuida, así como Cristo hace con la iglesia, porque somos miembros de Su cuerpo" (Ef 5:28-30). En este pasaje, Pablo no nos manda que nos amemos a nosotros mismos, sino que asume que nos amamos a nosotros mismos de forma incondicional, como lo demuestran nuestros esfuerzos por cuidar nuestro cuerpo. Como no es natural abusar del cuerpo de uno mismo, "pues nadie ha odiado jamás a su propio cuerpo" (5:29a), no es natural y es autodestructivo que un hombre maltrate a su esposa. Un hombre debe suplir las necesidades de su esposa porque ella y él son un solo ser (Gn 2:23-24).

ÁMALA CON UN AMOR TIERNO

Jesús ha provisto de forma abundante para ti con Su redención y perdón (Ef 1:7-9). Te ha resucitado y te sentó con Él en los lugares celestiales (2:5-6). Te ha hecho coheredero, un miembro de Su cuerpo y partícipe de Sus promesas, y te ha dado acceso a la presencia de Dios (3:6, 12). Él te ha dado dones espirituales y una nueva naturaleza (4:11, 20-23). De la misma forma, el esposo debe tratar de satisfacer las necesidades de su esposa con generosidad.

Un aspecto de esta categoría es suplir sus necesidades materiales trabajando duro para proveer y ser generoso con ella. Algunos esposos no son buenos proveedores porque les falta dinamismo y ambición. Otros actúan como si ser la cabeza de la familia les diera el derecho de controlar las finanzas familiares y usarlas principalmente para su beneficio personal. Sin embargo, el esposo piadoso hará lo que sea necesario para encargarse de su familia. El esposo que busca ser semejante a Cristo se asegurará de que su esposa tenga lo necesario en cuanto a ropa (incluyendo el guardarropa de los hijos) y cosas de la casa, y le da libertad (de forma razonable) para que gaste dinero en las necesidades de otros.

Una esposa necesita mucho más que cuidado material. El esposo también es responsable de satisfacer sus necesidades emocionales. La queja más común que escucho entre las mujeres en la oficina de consejería es que sus esposos no conectan con ellas a nivel personal. Algunos hombres creen que, como trabajan duro para proveer lo material para sus esposas, ellas deben estar agradecidas y no molestarse cuando a ellos no les interesa hablarles. Y luego, cuando llega la hora de dormir, estos mismos hombres se sorprenden cuando a sus esposas les falta entusiasmo para la intimidad sexual. Obviamente, no están considerando el cuadro completo.

Dios ha diseñado el matrimonio para que sea un pacto de compañerismo. Tu esposa desea que seas su mejor amigo. Su necesidad de comunicación puede ser mayor que la tuya. Ella necesita que la escuches con interés y le abras tu corazón.[2] Para ella el romance es aún más importante después de que haya pasado la ceremonia. Ella anhela que la aprecies y quiere ser el deleite de tu corazón y de tus ojos, así como Dios se regocijó sobre Israel (Is 62:5b) y como Cristo se regocija sobre Su novia, la iglesia.

ÁMALA CON UN AMOR COMPRENSIVO

Con frecuencia, los hombres bromean sobre su imposibilidad de entender a las mujeres. Lo que he visto es que muchos esposos no entienden a sus esposas porque no se han esforzado lo suficiente por estudiar el tema. Pedro les dice a los esposos lo que Dios espera que hagan: "Ustedes esposos, sean

---

[2] Ver el capítulo 15 más adelante.

comprensivos en su vida conyugal, tratando cada uno a su esposa con respeto, ya que como mujer es más delicada, y ambos son herederos del grato don de la vida. Así nada estorbará las oraciones de ustedes" (1P 3:7). El hombre debe reconocer que la mujer es diferente tanto física como emocionalmente, y que su esposa es diferente a él de formas particulares. Un esposo que ama a su esposa se esforzará por aprender qué toques, palabras y regalos la hacen feliz. Él buscará entender qué significa para ella la unión sexual, y buscará servirla en esa área. Si ella anhela tener hijos, él la entenderá y hará lo posible por cumplir ese deseo.

Según Pedro, ella es un vaso más frágil (1P 3:7, NBLH). Esto no significa que sea inferior, sino que es más delicada. Explicaré la ilustración con un ejemplo: nosotros tenemos unos vasos plásticos que se pueden poner en el lavaplatos sin problema y que son muy resistentes en general. Por otra parte, tenemos algunos de cristal fino que son bastante frágiles. Debemos lavarlos a mano, y temo que se puedan romper si alguien estornuda muy fuerte cerca de ellos. El cristal no es de menor calidad que los otros recipientes. De hecho, es más valioso. Pero también es más delicado y debe tratarse con cuidado. El esposo debe tratar a su esposa con cuidado, como si fuera de cristal. Debe ser paciente con sus debilidades y sensible a las formas en las que ella es diferente. Debe ser sensible a cómo su ira o incluso su desaprobación pueden llevarla a sentir dolor y temor.

Además, Pedro afirma que el esposo debe honrar a su esposa. Aunque eres la cabeza de la familia, ella también es coheredera de la gracia de la vida (ver Gá 3:28). Trátala con respeto, como el esposo de la mujer virtuosa, quien confía en su esposa (Pro 31:11). Busca que ella te hable de sus pensamientos y opiniones. No controles minuciosamente todo lo que hace. Más bien, dale libertad en todos los ámbitos de su vida, así como el esposo de Proverbios 31 confía en que la mujer administre el hogar, haga obras de caridad e incluso dirija un pequeño negocio (Pro 31:16, 18, 20). Tu trato piadoso hacia tu esposa en todas estas áreas es tan importante que Pedro advierte que si la maltratas tus oraciones serán estorbadas, por lo que tu relación con Dios se verá perjudicada (1P 3:7b).

ÁMALA CON UN AMOR QUE ALIENTA

Muchos esposos son muy críticos. Al dirigir su hogar se concentran en los problemas e ignoran lo que se hace bien, mientras que señalan con detenimiento las formas en que su esposa no cumple con sus expectativas. El criticismo constante es como un cáncer que desgasta un matrimonio. En cambio, el esposo en Proverbios 31 alaba a su esposa diciendo: "Muchas mujeres han realizado proezas, pero tú las superas a todas" (v 29). Tu esposa no es perfecta, pero tú tampoco lo eres. Haz todo lo necesario para reconocer lo bueno que Dios hace por ti y por otros a través de ella. Ray Ortlund escribe: "En lo profundo de su corazón, cada esposa se pregunta: '¿Le agrado? ¿Soy lo que soñó y deseó? ¿Me amará por siempre? ¿Estoy a salvo con este hombre con quien me casé? ¿Me abandonará? Incluso si llegamos juntos al final, ¿se cansará de mí?'. Un esposo sabio entenderá que esas incertidumbres, esas preguntas, se encuentran en lo más profundo del corazón de su esposa, y pasará toda la vida hablando a su corazón de forma gentil y tierna, comunicándole de muchas maneras: 'Amor, eres la mujer que quiero. Te valoro enormemente. Me gozo en ti, como en nadie más... Amo pensar que envejeceremos juntos, de la mano hasta el final. Te mantendré en mi corazón hasta el día en que muera'".[3]

RESUMEN

Los esposos deben amar a sus esposas con un amor incondicional, sacrificial y comprensivo; un amor que purifica, alienta y aprecia. Este llamado a amar a nuestras esposas como Cristo nos ha amado puede ser abrumador. ¿Quién puede hacerlo? ¿Quién puede estar a la altura de tal estándar? Esto debería humillarnos ante Dios y nuestras esposas. Necesitamos mucha gracia. Además, tenemos la esperanza de que entre más conozcamos y experimentemos el amor de Cristo por nosotros, mejor podremos expresar Su amor a nuestra esposa.

---

[3] Ray Ortlund, *Marriage and the Mystery of the Gospel* [*El matrimonio y el misterio del evangelio*] (Wheaton, IL: Crossway, 2016), 101-2.

PREGUNTAS PARA REFLEXIONAR

1. ¿De qué maneras el amor de un esposo debe parecerse al amor de Cristo?
2. ¿Cómo puede el amor del esposo purificar a la esposa?
3. ¿Que el esposo sea responsable de cuidar a su esposa significa que debe ser su proveedor principal?
4. ¿Qué le dirías a un esposo que afirma que su esposa es demasiado difícil de amar?
5. ¿Cómo puede el esposo aumentar su capacidad de amar a su esposa?

13

¿CUÁLES SON LAS RESPONSABILIDADES DE LA ESPOSA?

Cuando aconsejo a parejas, es común que la esposa venga esperando que yo cambie a su esposo para que él la ame y la trate de la misma forma en que Jesús cuida a la iglesia (como describí en el capítulo anterior). Por lo general, les digo a estas mujeres que la Biblia les enseña cómo pueden cambiar a su esposo, pero no por los medios que ellas creen. Así como Dios puede usar a un esposo para que cambie (santifique) a su esposa —no intimidándola sino amándola como Cristo ama (Ef 5:25-27)—, Dios puede usar a una esposa para santificar (cambiar) a su esposo —no fastidiándolo, sino tratándolo calmadamente y mucho mejor de lo que él se merece (1P 3:1-2).

¿DEBE LA MUJER SOMETERSE A SU ESPOSO?

Al leer las palabras de Pablo, "Esposas, sométanse a sus propios esposos como al Señor" (Ef 5:22), algunos suponen que él era un hombre machista producto de su cultura. Sin embargo, eso es falso, ya que este mandato es parte de la Palabra de Dios. Su diseño para el matrimonio es aplicable a todos los tiempos y culturas porque Su Palabra es infalible y eterna: "La hierba se seca y la flor se marchita, pero la palabra de nuestro Dios permanece para siempre" (Is 40:8; ver también 2Ti 3:16-17 y 2P 1:20-21). Dios estableció los roles en el matrimonio —el liderazgo masculino y la sumisión femenina— desde la Creación, cuando formó a la mujer para que fuera la ayuda idónea del hombre (Gn 2:18). Pablo explica que: "De hecho, el hombre no procede de la mujer, sino la mujer del hombre; ni tampoco fue creado el hombre a causa de la mujer, sino la mujer a causa del hombre" (1Co 11:8-9; ver también 1Ti 2:13). Nosotros no tenemos derecho a redefinir el matrimonio ni los roles que Dios ha establecido para los hombres y las mujeres dentro del matrimonio.[1]

Muchos se ofenden por el concepto de la sumisión porque malinterpretan lo que la Biblia realmente enseña sobre el rol de la esposa. Piensan en hombres desagradables y dominantes, de esos que hacen que las mujeres usen burkas y que no les permiten conducir.[2] La objeción principal en contra de la sumisión de las esposas a sus esposos se basa en un concepto de "valor" que no es bíblico. Se asume que para que las esposas sean iguales a sus esposos, deben tener una autoridad que al menos sea igual a la de ellos. Jesús trata este asunto en Mateo 20:25-28, mientras habla a Sus discípulos: "Como ustedes saben, los gobernantes de las naciones oprimen a los súbditos, y los altos oficiales abusan de su autoridad. Pero entre ustedes no debe ser así. Al contrario, el que quiera hacerse grande entre ustedes deberá ser su servidor, y el que quiera ser el primero deberá ser esclavo de los demás; así como el Hijo del hombre no vino para que le sirvan, sino para servir y para dar Su vida en rescate por muchos". Jesús invalida la idea mundana de la grandeza, de que para ser importante uno debe estar a cargo. Cristo demostró Su grandeza a través de Su servicio.

La Escritura enseña que los hombres y las mujeres son iguales espiritualmente hablando (Gá 3:28; 1P 3:7), pero se les asignan roles diferentes en la relación matrimonial. Dios también ha establecido estos principios de autoridad y orden en muchas otras relaciones humanas —incluyendo las de los padres con sus hijos, las de los líderes de la iglesia con sus miembros, las de los empleadores con sus empleados y las del gobierno con los ciudadanos (Ro 13:1; Ef 6:1; Heb 13:17). Jesús mismo se sometió a Sus padres terrenales aunque era superior a ellos (Lc 2:51). Pablo presenta su argumento más fuerte demostrando que las personas pueden ser iguales aunque una asuma

---

[1] Para consultar una defensa excelente de los roles complementarios del hombre y la mujer en el hogar y en la iglesia, y una oposición a los argumentos que presentan los que toman la posición igualitaria, ver Wayne Grudem, ed., *Biblical Foundations for Manhood and Womanhood* [*Un fundamento bíblico para la masculinidad y la feminidad*] (Wheaton, IL: Crossway, 2002).

[2] "El Corán no está estructurado como la Biblia. El Sura, 'mujeres,' el cuarto de 114 Suras, les dice a los hombres musulmanes, 'casaos con las mujeres que os gusten: dos, tres o cuatro'. Y 'aquellas [esposas] cuya rebeldía temáis, amonestadlas, no os acostéis con ellas, pegadles'". Ray Ortlund, *Marriage and the Mystery of the Gospel* [*El matrimonio y el misterio del evangelio*] (Wheaton, IL: Crossway, 2016), 82–83.

un rol subordinado al de la otra. Escribe: "Ahora bien, quiero que entiendan que Cristo es cabeza de todo hombre, mientras que el hombre es cabeza de la mujer y Dios es cabeza de Cristo" (1Co 11:3).[3] Dios el Padre y Dios Hijo son iguales, pero el Padre es la cabeza de Cristo. El Padre envía al Hijo al mundo y el Hijo se somete a la voluntad del Padre en todo (Lc 22:42; Jn 4:34; 5:19; 17:4). La sumisión del Hijo no es degradante. Por el contrario, es Su gloria. De la misma forma, la sumisión de una esposa no implica que su rol sea menos importante que el de su esposo. Así como el esposo debe ser como Cristo en su forma de liderar (Ef 5:25-30), la esposa tiene el privilegio de ser como Cristo siendo una ayuda que sirve con gusto a su esposo.

¿QUÉ ES LA SUMISIÓN?

El llamado bíblico a que las esposas se sometan a sus esposos es claro: "Esposas, sométanse a sus propios esposos como al Señor. Porque el esposo es cabeza de su esposa, así como Cristo es cabeza y Salvador de la iglesia, la cual es Su cuerpo. Así como la iglesia se somete a Cristo, también las esposas deben someterse a sus esposos en todo" (Ef 5:22-24; ver también Col 3:18; 1P 3:1-6). En estos pasajes leemos que la motivación para que una esposa se someta al liderazgo de su esposo no es lo mucho que él se lo merezca, sino que en última instancia lo hace por el Señor, confiando en que Cristo la guiará por medio de su esposo.

La sumisión de la esposa al liderazgo de su esposo debe ser integral, "en todo" (Ef 5:24b), y eso incluye la forma en la que administra el hogar, su carrera, los hijos, su apariencia física, etc. Esto no significa que el esposo deba controlar todo lo que ella haga en todas estas áreas, y tampoco significa que la esposa no puede opinar en las decisiones familiares. Un esposo sabio buscará el consejo sabio de su esposa. Idealmente, él confiará en ella y le dará la libertad de usar sus habilidades dadas por Dios para administrar su propia vida y el hogar, así como el esposo en Proverbios 31 confía en que la mujer virtuosa manejará sus responsabilidades sabiamente: "Su esposo confía plenamente en ella… Cuando habla, lo hace con sabiduría; cuando instruye, lo hace con amor" (vv 11a, 26). La sumisión bíblica implica que después de que

---

[3] Grudem habla sobre la interpretación correcta del término "cabeza" (*Biblical Foundations for Manhood and Womanhood* [*Un fundamento bíblico para la masculinidad y la feminidad*], 145-202).

una pareja discute un asunto, el esposo tiene la responsabilidad ante Dios de tomar la decisión final. Una esposa piadosa se esforzará por hacer que la decisión de su esposo tenga buenos resultados, contrario a lo que hace la esposa que no se somete, la cual podría tener la tentación de quejarse, de fastidiar o de menospreciar el liderazgo de su esposo.

La sumisión no solo implica seguir órdenes externamente. En un matrimonio saludable, el esposo no se la pasa diciéndole a su esposa lo que debe hacer. En cambio, ella buscará gustosamente ayudarlo y agradarle sin que él se lo pida. La sumisión de una esposa piadosa no es solamente externa, sino que también debe tener una actitud de respeto hacia su esposo. Ella lo debe amar con un amor bondadoso (Tit 2:4). Le será leal y no hablará mal de él con otras personas. Según Proverbios: "La mujer virtuosa es corona de su marido, pero la que lo avergüenza es como podredumbre en sus huesos" (Pro 12:4, NBLH).

DIOS LLAMÓ A LA ESPOSA A SER AYUDA

Así como el Señor creó a Eva para ser la ayuda que Adán necesitaba para cumplir con el llamado a someter y llenar la tierra (Gn 2:18), Dios llama a las esposas a que ayuden a sus esposos a cumplir con sus llamados en los campos de la vocación, la familia y el ministerio. Así como Eva fue creada para complementar a Adán, una esposa debe complementar a su esposo física, emocional, social, espiritual e intelectualmente. La esposa sabia tendrá en cuenta constantemente que una parte importante de su rol es ayudar a su esposo a desarrollarse en aquello a lo que dedica su vida, lo cual puede hacer por medio de sus consejos sabios y su apoyo. Además, la esposa se esforzará por hacer de su hogar un lugar de alegría y refugio para su esposo.

La esposa tiene una influencia muy poderosa sobre su esposo, ya sea para bien o para mal. Hay pocos hombres que pueden negarse a hacer lo que quieren sus esposas, aun cuando estén equivocadas (ver Gn 3:6; 16:2). A la inversa, el respeto y la admiración de una esposa son un fuerte impulso para él. Una esposa piadosa "le es fuente de bien, no de mal, todos los días de su vida" (Pro 31:12). Proverbios 31 implica que el esposo de ella es exitoso, tiene una excelente reputación y se sienta con las autoridades del lugar debido a la clase de esposa que Dios le ha dado (v 23).

LA SUMISIÓN PUEDE SER DIFÍCIL

Aunque la sumisión es parte del diseño de Dios, puede que sea difícil ponerla en práctica. El Señor le advirtió a Eva: "Desearás a tu marido, y él te dominará" (Gn 3:16b). La palabra *desear* aquí significa un deseo de tomar el control (como se usa refiriéndose al deseo que tiene el pecado de dominar a Caín en Génesis 4:7, RV60). Debido a la Caída, las esposas tendrán la tentación de usurpar la posición de cabeza de sus esposos y de hacerse cargo de dirigir la familia. Además, los esposos serán tentados a liderar a sus esposas de una forma brusca. Dios tiene que obrar profundamente en el corazón de una mujer para que ella pueda vencer sus deseos carnales y seguir la guía de su esposo. Algunas esposas podrían sugerir que la sumisión no es tan difícil si a la mujer le gusta la forma en que su esposo lidera. La prueba de la sumisión se da cuando una esposa no está de acuerdo con las decisiones de su esposo o cuando cree que él está actuando de forma egoísta. La lucha se intensifica cuando ella considera que la mala decisión de su esposo puede afectar a los hijos. Una mujer en esta posición debe aprender a no temer y a confiar en Dios (1P 3:6; ver también 1Co 7:14b).

Algunas esposas experimentan la lucha opuesta, ya que les gustaría que su esposo liderara, pero él es pasivo. En tal caso, lo más importante que debe hacer una esposa es mantener una actitud de gracia y cuidarse de no llenarse de amargura hacia él y de no juzgarlo. Las esposas pueden perjudicar bastante su matrimonio al comparar a su esposo con otros hombres que supuestamente son piadosos. Lo que deben hacer es aprender a ayudarles mientras resisten la tentación de asumir la posición del esposo y así llenar ese vacío de liderazgo.

Muchas mujeres están casadas con hombres que son difíciles de respetar. Algunos pueden volverse perezosos, egoístas o incluso crueles. Estas esposas deben recordar que el amor por sus esposos y la sumisión a su liderazgo no se deben a que ellos lo merezcan, sino a que ellas quieren agradar a Cristo, quien le dio al hombre la posición de autoridad.

Sea cual sea la situación, la esposa que tiene un matrimonio difícil debe aprender a buscar su gozo y satisfacción en el Señor, en vez de esperar encontrar la satisfacción suprema en su esposo. Una mujer así puede crecer, aun cuando tenga que soportar tiempos de sequía en su matrimonio, porque es como un árbol plantado junto al agua (Jer 17:5-8). Ella confía en que Dios cuidará de ella y de sus hijos, y no vive con temor (1P 3:6b).

¿LA SUMISIÓN TIENE LÍMITES?

¿La sumisión integral implica que no hay límites para lo que debe hacer la esposa? Si un esposo le pide a su esposa que peque, ella debe recordar que su mayor lealtad debe ser hacia Dios, a quien no puede deshonrar para agradar a su esposo. Debido a esto, una esposa no debería mentir por su esposo (por ejemplo, firmando una declaración fiscal falsa). Por otro lado, un esposo impío podría tratar de prohibirle a su esposa que lea la Biblia o que vaya a la iglesia. La Escritura dice que necesitamos la Palabra de Dios (Sal 1) y que no debemos dejar de reunirnos con otros creyentes para adorar a Dios y disfrutar de los medios de la gracia (Heb 10:25). Su situación sería como la de los apóstoles, quienes, cuando las autoridades les dijeron que dejaran de predicar a Cristo, respondieron: "¡Es necesario obedecer a Dios antes que a los hombres!" (Hch 5:29b). Cuando una esposa cree que debe oponerse a los deseos de su esposo para agradar al Señor, debe hacerlo de una forma que sea respetuosa y amable.

La Escritura no obliga a la esposa a que soporte el abuso físico o la infidelidad sexual.[4] Es común que los esposos que han pecado de estas maneras traten de usar mal su autoridad para evitar que sus esposas hablen con otras personas al respecto o que busquen ayuda externa. Cuando un esposo peca en algo grave, la esposa piadosa tiene la responsabilidad de corregirlo en amor (Mt 18:15; Gá 6:1).[5] Adicionalmente, tiene derecho a buscar ayuda externa si su esposo no se arrepiente (Mt 18:16-20; Ro 13:1-7, si es necesario).[6] Si la esposa siente que ella o sus hijos están en peligro físico, debe hacer lo necesario para garantizar su seguridad.

LA SUMISIÓN ES VOLUNTARIA

Muchos hombres inmaduros usan mal los pasajes bíblicos que hablan de la sumisión para dominar pecaminosamente a sus esposas. Esta es una distorsión espantosa del amor que un esposo debería mostrarle a su esposa, un amor como el de Cristo. Estos hombres deben comprender que el llamado

---

[4] Ver los capítulos 32 al 35.

[5] Ver el capítulo 17.

[6] La enseñanza de Jesús de llevar uno o dos más no dice: "... a menos que el pecador sea tu esposo, en cuyo caso deberías dejar que siga pecando".

bíblico a la sumisión se dirige a las esposas, no a los esposos. La esposa debe decidir seguir el liderazgo de su esposo por respeto y amor al Señor. En ningún lugar se les enseña a los esposos que deben dominar a sus esposas. A diferencia de los padres, que están autorizados a obligar a sus hijos pequeños a obedecer (Pro 22:15), a un esposo no se le pide ni se le permite obligar a su esposa a que se someta. Si ella se resiste a su liderazgo, él debe hablar con ella amablemente y luego, si ella se sigue rehusando a hacerlo, debe encomendarla a Dios. En algunos casos como estos, se recomienda la consejería o la mediación (ver el capítulo 18 más adelante).

DIOS PUEDE USAR LA SUMISIÓN DE LA ESPOSA PARA CAMBIAR AL ESPOSO

La Escritura da esperanza a las mujeres que tienen esposos desobedientes a la Palabra de Dios.[7] Pedro escribe: "Asimismo ustedes, mujeres, estén sujetas a sus maridos, de modo que si algunos de ellos son desobedientes a la palabra, puedan ser ganados sin palabra alguna por la conducta de sus mujeres al observar ellos su conducta casta y respetuosa" (1P 3:1-2, NBLH). Muchas mujeres son tentadas a creer que fastidiar a sus esposos puede hacer que ellos cambien. Aunque algunas veces presionarlos de esta manera puede dar resultados a corto plazo (por ejemplo, que el esposo haga una tarea del hogar solo para que la esposa deje de fastidiarlo), esto no produce el cambio de mentalidad deseado. Pedro afirma que Dios puede usar la sumisión silenciosa de la esposa como un medio para ganar a un esposo desobediente para Cristo. La frase "sin palabra alguna" no significa que una esposa no pueda hablarle a su esposo. En un buen matrimonio, el esposo piadoso estará ansioso por saber qué piensa su esposa y por buscar su consejo. La referencia aquí es a un esposo que está en un estado de desobediencia y que ha dejado claro que ya no quiere escuchar más a su esposa.

La palabra "asimismo" (1P 3:1a) es importante porque se refiere a la forma en que Cristo sufrió humildemente bajo una autoridad injusta (2:21-25). Así como nosotros fuimos ganados por medio de la respuesta justa de Cristo al sufrimiento, un esposo impío puede ser ganado por una esposa que, en vez de devolver mal por mal, trata a su esposo mucho mejor de lo que él se

---

[7] Mi perspectiva es que el esposo "desobediente" podría ser un no creyente o un cristiano que camina en desobediencia o incredulidad.

merece. Tal sumisión es lo opuesto a lo que la carne nos dice que hagamos. La carne dice: "Si soy buena con él cuando es malo conmigo, me va a pisotear. Necesito mostrarle que no se puede salir con la suya". La fe dice: "Lo amaré para agradar al Señor, así como Cristo me amó cuando yo no lo merecía, y oro que Dios obre en su corazón, aun si toma tiempo". San Agustín escribió que su madre Mónica hizo todo lo que pudo para ganar a su esposo no creyente por medio de su servicio, y al final lo ganó para el Señor.[8]

UN MENSAJE PARA LAS MUJERES SOLTERAS

Eres libre de permanecer soltera si crees que de esa forma puedes servir mejor al Señor (1Co 7:34). Si decides casarte, estás aceptando tu rol dado por Dios en el matrimonio. Cuando escoges a tu esposo, decides entrar al asiento del copiloto del matrimonio, confiando en que él los llevará por los lugares correctos al destino apropiado. Por lo tanto, debes ser muy cuidadosa al escoger con quién te vas a casar.

RESUMEN

La serpiente convenció a Eva, la primera mujer, de que rechazara los caminos de Dios y tomara la posición de cabeza. De la misma forma, el mundo, la carne y el diablo conspiran juntos para tentar a la mujer a que rechace su rol dado por Dios de seguir el liderazgo de su esposo. Se requiere fe para seguir los caminos de Dios confiando en que Él ha establecido los roles en la relación matrimonial y que bendecirá a los que le obedecen.

---

[8] http://webcache.googleusercontent.com/search?q=cache:Uc8jVhv05zsJ:www.sacred-texts.com/chr/augconf/aug09.htm+&cd=2&hl=en&ct=clnk&gl=us.

PREGUNTAS PARA REFLEXIONAR

1. ¿Cómo le responderías a alguien que dice que la sumisión de las esposas era simplemente un asunto cultural y que ya no aplica porque los hombres y las mujeres son iguales?
2. ¿En qué se parece la sumisión de la esposa al comportamiento de Cristo?
3. ¿Cómo puede una esposa ser ayuda para su esposo? ¿Cómo puede una esposa cambiar a su esposo?
4. ¿Cómo debería una pareja piadosa tomar las decisiones más importantes?
5. ¿En qué situaciones tiene la esposa el derecho a buscar ayuda externa por el comportamiento pecaminoso de su esposo?

14

¿QUÉ SE DEBE HACER PARA PROTEGER EL MATRIMONIO?

Casi todos los matrimonios comienzan con alegría, con la expectativa de los recién casados de compartir su vida juntos. Tristemente, no todas las parejas viven felices para siempre. Más del 40% de los matrimonios terminan en divorcio. Otras parejas permanecen casadas, pero se distancian emocionalmente debido a la amargura o la indiferencia mutua. Comparten un nombre y un hogar, pero no una vida. ¿Qué puede hacer una pareja para preservar una intimidad que se caracterice por el amor y la alegría en su matrimonio?

NO DAR POR SENTADO QUE SE TIENEN EL UNO AL OTRO

Por lo general, un hombre y una mujer que están en un cortejo o están comprometidos pasan todo el tiempo juntos y no pueden soportar estar lejos del otro por mucho tiempo. Pero con frecuencia, después de que se casan, cada uno se deja envolver por su carrera, los hijos, los pasatiempos, los deportes y otras actividades, y se descuida la relación matrimonial. Muy gradualmente, los dos se distancian. Aunque tal vez no haya muchos conflictos abiertos, falta la chispa. La esposa puede notar que algo está mal, pero su esposo le dirá que su preocupación no es real.

Un nuevo matrimonio, así como un auto nuevo, requiere mantenimiento periódico. Puede verse y funcionar muy bien hoy, pero sin el mantenimiento necesario, tarde o temprano se estropeará. Un esposo y una esposa deben pasar tiempo juntos para acercarse más y disfrutarse mutuamente. El romance es más necesario después del matrimonio que antes de la ceremonia.

HACER QUE SU CAMINAR PERSONAL CON EL SEÑOR SEA UNA PRIORIDAD

El matrimonio requiere gracia. Por naturaleza, todos somos pecadores egoístas. Solo podremos permanecer en amor cuando la Palabra de Dios nos fortalezca por medio de Su Espíritu. No tenemos el poder para seguir amando en nuestras propias fuerzas. Jesús dice que si permanecemos en Él llevaremos mucho fruto, pero que separados de Él no podemos hacer nada (Jn 15:5). Por lo general, cuando acuden a nosotros parejas con matrimonios difíciles, les pregunto sobre su vida de oración y su tiempo en la Palabra. En casi todos los casos hay una correlación entre la falta de un caminar personal dinámico con el Señor y un matrimonio deteriorado. Necesitamos recordar constantemente la gracia de Dios para nosotros por medio de la Escritura, lo cual nos motivará a mostrarle gracia a otros. Al andar en el Espíritu, no realizamos las obras destructoras de la carne, sino que llevamos el fruto del Espíritu Santo en nuestro trato uno con otro (Gá 5:16-23). Si algo no está bien en nuestras relaciones conyugales, debemos comenzar a tratarlo asegurándonos de que las cosas estén bien con el Señor.

PERMANECER EN UNA IGLESIA FUERTE

Dios fortalece a Su pueblo por medio del ministerio de la iglesia, de los medios públicos de gracia (incluyendo la predicación de la Palabra) y de la edificación mutua de las partes individuales del cuerpo (Ef 4:11-16). Descuidar la comunión con el pueblo de Dios perjudica el alma y la vida familiar (Heb 10:25). Es importante que una pareja esté en una iglesia fuerte para que puedan beneficiarse del consejo y rendir cuentas si su relación está en problemas. Las familias que se han beneficiado de esta clase de cuidado pastoral han dicho: "No sabemos qué habríamos hecho si esta iglesia no nos hubiera ayudado". He visto a muchas familias que sufren porque en medio de la crisis no tuvieron líderes piadosos en su iglesia que cuidaran de sus almas (Heb 13:17).

RESOLVER LOS CONFLICTOS RÁPIDA Y COMPLETAMENTE

Muchas parejas tienen discusiones periódicas en las que cada uno habla con ira y dice cosas hirientes. Más tarde, los dos se calman y la vida sigue, pero las disputas no se resuelven apropiadamente. Mientras pasan los años, su matrimonio se ve afectado por las heridas y las cicatrices que nunca sanaron. Pablo advierte fuertemente a los Efesios del peligro acechante detrás de los conflictos sin resolver. Él declara: "Si se enojan, no pequen. No permitan que el enojo les dure hasta la puesta del sol, ni den cabida al diablo" (Ef 4:26-27). Dejar un problema sin resolver y tener ira es como dejar que el diablo entre a la casa a desatar el caos. Los matrimonios plagados de conflictos sin resolver son más vulnerables, no solo a los conflictos cada vez más destructivos, sino también a la infidelidad.[1] Las parejas creyentes deben estar decididas a hacer lo que sea necesario para estar totalmente reconciliadas. Como veremos en los capítulos 16 al 18, el evangelio nos habilita para que podamos resolver nuestros conflictos en una forma mutuamente satisfactoria que honre a Dios.

SER HONESTOS EL UNO CON EL OTRO

Nada es más importante en el matrimonio que la confianza mutua. Nada es más destructivo para los matrimonios que la mentira. He escuchado a varias víctimas de infidelidad marital diciendo: "Puedo perdonar el sexo, pero no sé si pueda perdonar las mentiras ni si podré volver a confiar en mi cónyuge". Pablo dice a los efesios: "Por lo tanto, dejando la mentira, hable cada uno a su prójimo con la verdad, porque todos somos miembros de un mismo cuerpo" (Ef 4:25). Pablo dice que los creyentes son parte de un solo cuerpo. De forma similar, una pareja casada se convierte en un solo ser (Gn 2:24). Si el resto del cuerpo no puede confiar en que los ojos verán el peligro, entonces todo el cuerpo está en riesgo. Si el resto del cuerpo no puede confiar en que las piernas van a correr para que el cuerpo esté a salvo, todo el cuerpo está en riesgo. Debemos ser capaces de confiar los unos en los otros.

Las personas mienten por razones egoístas. Algunos mienten para obtener algo de otros, como cuando no son sinceros en cuanto a las fallas mecánicas de un auto que quieren vender. Un cónyuge puede mentirle al otro (por ejemplo, prometerle que se encargará de cierta tarea del hogar) solo para mantener la paz. Otros mienten porque quieren evitar las consecuencias de lo que han hecho mal. Una vez aconsejé a un esposo que había estado visitando clubes de desnudistas. Como parte de su arrepentimiento, tenía que

[1] En casi todos los casos de infidelidad, lo que dicen las personas es: "Mi esposo(a) no me entiende/valora".

decírselo a su esposa y pedirle perdón, pero me dijo que no quería hacerlo porque eso la heriría demasiado. La verdad es que fue su pecado el que causó la herida, no la confesión. Con su pecado incumplió su voto matrimonial y su esposa tenía derecho a saberlo. Una confesión honesta sería su oportunidad de tratar de reconstruir la confianza. También sería una muestra de arrepentimiento verdadero que podría ayudarle a hacerse responsable para cortar decisivamente con el pecado (Mt 5:29-30). Algunas personas están tan acostumbradas a mentir que aprender a ser sinceras es como aprender a hablar otro idioma. Los que dicen las verdades difíciles deben poner su confianza final en Dios, en que Él traerá el mejor resultado, en vez de seguir mintiendo o escondiendo la verdad para evitar las consecuencias (Pro 3:5-6).

Otro aspecto importante para tener un matrimonio sincero es que cada cónyuge debe esforzarse por hacer que el otro se sienta libre de confesar honestamente sus pecados y errores. Tal vez la esposa no quiera decirle a su esposo que recibió una multa de tránsito porque teme su reacción de ira. Puede que el esposo que había visitado el club de desnudistas tenga temor de que su esposa tenga una explosión emocional dramática. De nuevo, se nos recuerda que el evangelio es fundamental en el matrimonio. Aun cuando sea difícil escuchar la verdad, podemos darle gracias a Dios por ayudar a la otra persona a ser honesta. Como pecadores que han recibido mucha gracia de Dios, podemos tener compasión de los demás pecadores al ayudarles a restaurarse en vez de condenarlos.

SER PRUDENTES EN EL TRATO CON EL SEXO OPUESTO

Pocos cristianos planean ser infieles, pero muchos terminan en una relación física o emocional inapropiada que amenaza su matrimonio e incluso su alma. El mundo tiene un mito que dice que las personas simplemente "se enamoran", aunque nunca planearan hacerlo. Además, el mundo promueve el mito de que un hombre y una mujer pueden disfrutar con tranquilidad de una amistad cercana sin que haya peligro de involucrarse romántica o sexualmente.

He identificado ciertos patrones en los casos de infidelidad matrimonial que he aconsejado. Un hombre y una mujer se conocen en el trabajo, el gimnasio, el colegio de los niños o hasta en la iglesia. Comienzan a hablar y descubren que disfrutan estar juntos. Con el tiempo, uno o ambos comienzan a sentir algo por el otro, pero al comienzo no hablan al respecto. Se dan cuenta de que esperan con ansias la próxima vez que se encontrarán y se comienzan a comunicar por medio de correos electrónicos, de redes sociales o del teléfono. También se dan cuenta de que le ocultan a sus cónyuges su relación, porque es posible que ellos tengan una impresión equivocada al respecto. Quizás ambos se dan cuenta de que se sienten más cómodos y vivos cuando están con el otro que cuando están con sus cónyuges. En algún punto se cruza una barrera. Se acercan de alguna forma y después reconocen la atracción. En vez de la sorpresa y el rechazo esperado, descubren que el otro siente lo mismo, y se besan. El descenso hacia la infidelidad continúa, usualmente hasta que los descubren o a veces hasta que la conciencia de uno de ellos ya no puede soportar la culpa. Muchos salen heridos. Muchos matrimonios son destruidos por completo.

No creas que esto no te puede pasar. Si un hombre tan bueno como el rey David pudo caer en adulterio, tú también eres vulnerable. Debes ser muy cuidadoso en las relaciones con el sexo opuesto, no porque creas que vas a hacer algo malo, sino porque estás decidido a no hacerlo. Algunos estudios han confirmado que "la vulnerabilidad mutua lleva a la cercanía"[2] y que cuando un hombre y una mujer comparten tiempo juntos revelando abiertamente sus pensamientos y sentimientos más íntimos, es muy probable que se dé la atracción mutua.[3] Incluso los escritores seculares han reconocido que "nos enamoramos" debido a las decisiones que tomamos.

Cuando las personas se casan (o se comprometen), se están comprometiendo a cortar con todas las demás opciones románticas hasta que la muerte los separe. Esto no significa que ya nunca se sentirán atraídos por otra persona. Al hacer su compromiso prometen que no participarán en actividades que los puedan llevar a una atracción prohibida. Los esposos y las esposas deben hablar abiertamente acerca de este peligro potencial y acordar cómo se protegerá cada uno y cómo protegerán su matrimonio. Con frecuencia, los problemas surgen porque las expectativas de la pareja no se han aclarado o no coinciden.

---

2 http://www.nytimes.com/2015/01/11/fashion/no-37-big-wedding-or-small.html; http://www.nytimes.com/ 2015/01/11/fashion/modern-love-to-fall-in-love-with-anyone-do-this.html.

3 http://www.cbsnews.com/news/experimental-generation-of-interpersonal-closeness-can-you-fall-in-love- with-36- questions/.

Aquí tenemos algunas pautas que las parejas pueden acordar sobre lo que es conveniente en el trato con el sexo opuesto: (1) No pasar tiempo a solas con un miembro del sexo opuesto en el trabajo, en un auto, en un restaurante, etc. Si hay alguna excepción, el otro cónyuge debe estar de acuerdo con anterioridad. (2) La privacidad absoluta no debe existir en las conversaciones con el sexo opuesto a través de correos electrónicos, mensajes de texto, redes sociales o llamadas. (3) No coquetear. El coqueteo inocente no existe. (4) Ser cuidadosos en cuanto a tocar o abrazar a otras personas. (5) No discutir asuntos personales (especialmente sobre tu relación con tu cónyuge) con alguien del sexo opuesto. Si necesitas derramar tu corazón con alguien que no sea tu cónyuge, busca a un hermano o hermana en la fe que sea de tu mismo sexo.

TRATARSE EL UNO AL OTRO CON GRACIA

Así como el Señor no nos trata como merecemos (Sal 103:10), debemos tratar a nuestros cónyuges mejor de lo que se merecen. Sus pecados y errores nos dan oportunidades para mostrarles gracia, lo que nos recuerda la gracia que hemos recibido de Dios. En un matrimonio ideal, cada cónyuge trata de superar al otro en sus muestras de amor. Como dice Pablo a los creyentes en Colosas: "Por lo tanto, como escogidos de Dios, santos y amados, revístanse de afecto entrañable y de bondad, humildad, amabilidad y paciencia, de modo que se toleren unos a otros y se perdonen si alguno tiene queja contra otro. Así como el Señor los perdonó, perdonen también ustedes. Por encima de todo, vístanse de amor, que es el vínculo perfecto" (Col 3:12-14). Un matrimonio que se caracteriza por una gracia como esta estará bien protegido.

RESUMEN

La segunda ley de la termodinámica dice que el orden tiende a convertirse en desorden de forma natural. Lo mismo sucede con el matrimonio. Un matrimonio que parece que está unido en el presente se puede distanciar si la pareja no se sigue esforzando. Deben tener cuidado y proteger su matrimonio de las amenazas que traen las mentiras, la infidelidad o el simple hecho de dar por sentado que se tienen el uno al otro. Tanto el esposo como la esposa deben trabajar continuamente en la intimidad de su relación personal con el Señor y también de su relación con el otro. Cuando lo hacen, pueden experimentar y disfrutar juntos el amor grandioso y lleno de gracia de Dios.

PREGUNTAS PARA REFLEXIONAR

1. ¿Por qué es importante para el matrimonio que cada cónyuge esté creciendo espiritualmente?
2. ¿Por qué es vital que una pareja casada esté en una buena iglesia?
3. ¿De qué manera las mentiras perjudican el matrimonio?
4. ¿Cuál es la mejor forma de proteger un matrimonio de la infidelidad?
5. ¿Por qué es importante que los conflictos matrimoniales se resuelvan rápidamente?

15

¿CÓMO PUEDEN LAS PAREJAS MEJORAR SU COMUNICACIÓN?

El diseño de Dios es que el esposo y la esposa sean uno física, emocional y espiritualmente. Aunque comúnmente las parejas comienzan el matrimonio experimentando bastante cercanía, sus sentimientos se pueden desvanecer con el tiempo. El vivir juntos y el estar comprometidos con una relación pone nuevas presiones sobre el esposo y la esposa, pues van saliendo los pecados de cada uno. Idealmente, esto llevará al crecimiento espiritual mutuo (la santificación) a medida que aprenden a mostrar gracia y a restaurarse mutuamente, pero hay veces en las que esto hace que las parejas se distancien porque dan lugar a la amargura y la hostilidad. Algunos matrimonios mueren lentamente por negligencia. Las parejas deben hacer un esfuerzo por comunicarse con regularidad, profundidad y amor mientras comparten sus vidas.

Nuestra comunicación con la otra persona está cimentada en la comunicación de Dios con nosotros. Nuestra capacidad para hablar de forma inteligente es un aspecto importante de ser creados a Su imagen. Dios habla perfecta y maravillosamente (Gn 1:3, 6, 9; Sal 19; 119; 2Ti 3:16-17), pero el diablo usa las palabras para engañar y matar (Gn 3:1-7; Jn 8:44). Debido a que las palabras humanas se han corrompido por la Caída, la mayoría de ellas reflejan las del diablo. Santiago nos advierte que es imposible domar la lengua pecadora: "El ser humano sabe domar y, en efecto, ha domado toda clase de fieras, de aves, de reptiles y de bestias marinas; pero nadie puede domar la lengua. Es un mal irrefrenable, lleno de veneno mortal" (Stg 3:7-8). Sin embargo, el evangelio nos transforma en nuevas criaturas (2Co 5:17) conforme a la imagen de Cristo. Aunque los cristianos todavía luchamos con lo que queda de carnalidad en nuestra vieja naturaleza, en nosotros habita el Espíritu Santo, quien nos habilita para producir palabras que dan buen fruto (Gá 5:16-17, 22-23). Podemos aprender a usar bien nuestras palabras protegiendo nuestro corazón, pues como enseña Jesús: "De la abundancia del corazón habla la boca" (Mt 12:34b). Dios usa el matrimonio para ayudarnos a santificar nuestras palabras a medida que aprendemos a someter nuestra carne, la cual derriba y destruye, y crecemos en nuestra habilidad para hablar lo que edifica.

COMPROMÉTANSE A COMUNICARSE

Existen varias técnicas populares de comunicación. Hay personas que van a retiros y se escriben cartas. Algunos se sientan en una sala de conferencias y siguen ciertas reglas escritas que se acordaron con anterioridad. Muchos tienen a un consejero como mediador que les ayuda a entenderse el uno al otro. Lo que yo creo es que casi todas las técnicas de comunicación tienen el potencial de ayudar simplemente porque por fin la pareja le está dedicando tiempo a escuchar y hablar con detenimiento.

LA META DE LA COMUNICACIÓN ES EL AMOR

Así como cada cónyuge debe esmerarse por satisfacer las necesidades sexuales del otro (1Co 7:3-5), también es responsable de asegurarse que está supliendo la necesidad del otro de comunicación e intimidad personal. Así como un esposo y una esposa pueden tener diferentes niveles de deseo sexual, es común que los hombres y las mujeres tengan diferentes expectativas en cuanto a la comunicación. Por lo general, los roles que los esposos y las esposas desempeñan pueden agravar esta diferencia. La esposa, después de estar en casa con niños pequeños todo el día, anhela la compañía y la conversación con un adulto cuando el esposo regresa a casa. El esposo, que está exhausto después de doce horas de trabajar junto a personas exigentes, desea tener un tiempo a solas. Cada uno debe aprender a servir al otro. La meta de cada pareja debería ser entender qué clase y cantidad de comunicación desea cada cónyuge, para entonces hacer todo lo posible por satisfacer ese requerimiento. Como dice Pablo: "Cada uno debe agradar al prójimo para su bien, con el fin de edificarlo. Porque ni siquiera Cristo se agradó a Sí mismo" (Ro 15:2-3a).

APRENDAN A ESCUCHAR EN AMOR

Todos queremos que los demás nos entiendan, especialmente nuestro cónyuge. ¿Te interesa más ser escuchado que escuchar? Santiago nos dice que debemos estar "listos para escuchar" y ser "lentos para hablar" (Stg 1:19). La comunicación es más eficaz cuando comienzas la conversación con un deseo sincero de escuchar cuidadosamente lo que está diciendo la otra persona. Pablo nos ordena: "No hagan nada por egoísmo o vanidad; más bien, con humildad consideren a los demás como superiores a ustedes mismos. Cada uno debe velar no solo por sus propios intereses, sino también por los intereses de los demás. La actitud de ustedes debe ser como la de Cristo Jesús" (Fil 2:3-5). Si estás luchando por ser como Cristo, te comprometerás a esforzarte mucho por entender a tu cónyuge. Una forma práctica de escuchar (mientras aplicas Filipenses 2:3-5) es repetirle a tu cónyuge lo que crees que quiso decir, y luego darle la oportunidad de aclarar, para que puedas entender mejor.

Tener buenas habilidades para escuchar requiere darle toda tu atención a la otra persona. A muchos de nosotros nos gusta hacer varias tareas al mismo tiempo. Creemos que podemos tener una conversación con un miembro de la familia al tiempo que revisamos nuestro correo electrónico y vemos deportes en la televisión. Tu cónyuge quiere toda tu atención. Al dejar a un lado tu dispositivo electrónico, apagar la televisión y mantener contacto visual le estás diciendo: "Mereces mi atención". Las personas que son buenas para escuchar se interesan de forma genuina en lo que la otra persona está diciendo por amor a ella. Por ejemplo, yo no tengo ningún interés natural por coser y recolectar estampillas, y a mi esposa no le interesan los deportes. Sin embargo, debido a que nos amamos tanto, cada uno muestra interés en lo que le interesa al otro.

Hay veces en las que lo único que quiere tu cónyuge es que lo escuches con empatía y compasión. Supongamos que al entrar a la casa me huele a quemado, y luego mi esposa me explica entre lágrimas que olvidó que había puesto una torta en el horno. Tal vez lo peor que podría hacer es enojarme porque ella desperdició los ingredientes e hizo que la casa oliera mal. Quizá lo que haría la mayoría de los hombres sería decir: "Toma estos diez dólares, ve a la tienda y compra otro", pensando que la torta nueva arreglará el problema. Sin embargo, lo que mi esposa querría sería que la escuchara con compasión y le diera palabras de ánimo. Esa torta no era solo un montón de masa y algunos trozos de manzana. Era su forma de expresarle amor a su familia.

En algunas parejas, uno de los dos es más callado y al otro le gusta más hablar. Algunas veces el que habla más podría mejorar la situación hablando mucho menos, para que el otro tenga la oportunidad de hablar. En otros casos, el cónyuge de una persona menos comunicativa debe aprender a ayudarle a expresarse. La sabiduría declara: "Los pensamientos humanos son aguas profundas; el que es inteligente los capta [o extrae] fácilmente" (Pro 20:5). Hacer preguntas que demuestran un interés genuino puede ayudar a que una persona callada se exprese. Con el tiempo, la mayoría de personas terminan hablando libremente con alguien que realmente esté interesado en ellas y en lo que tienen que decir.

APRENDAN A HABLAR EN AMOR

Tu cónyuge no necesita simplemente que escuches lo que tiene que decir. También necesita que le compartas lo más profundo de tu vida. Al comienzo de mi matrimonio tuve que aprender que la necesidad de mi esposa de saber qué está sucediendo en mi vida y qué tengo en mente es mucho más grande que mi deseo de compartirlo con ella. Después de la iglesia, ella me pregunta: "¿Con quién hablaste esta mañana?". Y yo ya no recuerdo. Finalmente aprendí a llevar un cuaderno conmigo durante el día, para poder escribir qué contarle a mi esposa al final del día.

Aunque la comunicación debería ser abierta y honesta, no debemos decir todo lo que nos venga a la mente. Pablo declara: "No salga de la boca de ustedes ninguna palabra mala (corrompida), sino solo la que sea buena para edificación, según la necesidad del momento, para que imparta gracia a los que escuchan" (Ef 4:29, NBLH). Como somos pecadores, podemos tener pensamientos pecaminosos de enojo o falta de amabilidad de los que deberíamos arrepentirnos, en vez de expresarlos en voz alta. Esa es la razón por la que Santiago dice que deberíamos estar "listos para escuchar" (1:19), y por la que el libro de Proverbios nos advierte: "El que mucho habla, mucho yerra; el que es sabio refrena su lengua" (10:19).

En el sentido positivo, debes usar tus palabras para edificar. Alienta, anima y agradece a tu cónyuge cada vez que puedas. Edifíquense el uno a otro conversando sobre la Palabra y las obras de Dios, tal como nos dice Pablo: "Por último, hermanos, consideren bien todo lo verdadero, todo lo respetable, todo lo justo, todo lo puro, todo lo amable, todo lo digno de admiración, en fin, todo lo que sea excelente o merezca elogio" (Fil 4:8). Compartan lo que les gustó del sermón del domingo o lo que aprendieron en su lectura personal de la Biblia. Proclámense el evangelio el uno al otro. Esta es la clase de comunicación provechosa que se manda en Proverbios: "Panal de miel son las palabras amables: endulzan la vida y dan salud al cuerpo" (16:24).

APRENDAN A COMUNICARSE EN UN NIVEL MÁS PROFUNDO

Las conversaciones de algunas parejas consisten mayormente en coordinar horarios y finanzas. Aunque la comunicación sobre estos asuntos es buena y necesaria, no es suficiente. ¿Recuerdas cómo, cuando eran novios, compartían sus pensamientos, emociones y sueños más profundos el uno con el otro? Ahora que están casados, esa conversación íntima es aún más importante. Compartan al tomar decisiones juntos. Planeen juntos. Cuando sea necesario, exhórtense y corríjanse amablemente el uno al otro.

Aprende cómo tu cónyuge recibe las diferentes formas de comunicación. Incluso si piensas que fuiste claro, no asumas que tu mensaje fue entendido.[1] También, reconoce que diferentes personas tienen diferentes necesidades y deseos cuando se trata de comunicar amor. Muchos esposos se nutren con palabras amorosas de apreciación. Otros desean más los actos de amor. Esto sucede especialmente cuando un cónyuge es mejor hablando que haciendo. Algunos anhelan el romance. A algunos les gustan los regalos. Para algunos, un toque amoroso es lo que más importa. Lo que tú más quieres puede que no sea lo que tu cónyuge desea. Estudia a tu cónyuge y haz esfuerzos de forma intencional para suplir sus necesidades.

---

[1] Al comienzo de nuestro matrimonio, mi esposa me pidió amablemente que bajara el asiento del inodoro cuando saliera del baño. Durante los siguientes veinte años, pensé que lo estaba intentado, pero ocasionalmente ella me recordaba con amabilidad que había vuelto a dejar arriba el asiento. Entonces un día cuando vio que estaba saliendo del baño, habiendo bajado el asiento, me regañó diciendo: "De nuevo dejaste el asiento arriba". Al mirar hacia atrás, por primera vez entendí que, aunque por veinte años había estado bajando el asiento, nunca me había dado cuenta de que ella se refería a la tapa de inodoro.

CUIDADO CON LOS ASESINOS DE LA COMUNICACIÓN

Las palabras tienen un gran potencial para hacer el bien, pero también pueden causar mucho daño. Proverbios declara: "En la lengua hay poder de vida y muerte" (18:21a). Santiago describe que "la lengua es un fuego, un mundo de maldad. Siendo uno de nuestros órganos, contamina todo el cuerpo y, encendida por el infierno, prende a su vez fuego a todo el curso de la vida" (3:6). Las palabras pueden desatar el caos en un matrimonio de varias maneras.

Las mentiras hacen un daño terrible a las relaciones (Ef 4:25; ver también el capítulo 14). La mentira también puede darse más sutilmente al despistar a la otra persona, al no mencionar información importante o por medio de la exageración (por ejemplo, hablando con absolutos falsos: "tú siempre" o "tú nunca"). Según Proverbios: "La lengua mentirosa odia a sus víctimas; la boca lisonjera lleva a la ruina" (26:28).

Las palabras de enojo y crueldad también perjudican el matrimonio. Proverbios advierte: "El charlatán hiere con la lengua como con una espada" y "El que es iracundo provoca contiendas" (12:18a; 15:18a). Las palabras que se dicen ya no se pueden borrar, y pueden hacer eco por muchos años y de una forma dolorosa en los oídos de un cónyuge herido.

La actitud de una persona que interrumpe continuamente a su cónyuge comunica: "Lo que tengo que decir es mucho más importante que lo que estás diciendo, tanto que debes callarte para que yo pueda hablar". Proverbios nos recuerda que "es necio y vergonzoso responder antes de escuchar", y que "al necio no le complace el discernimiento; tan solo hace alarde de su propia opinión" (18:13, 2).

Refunfuñar, fastidiar y quejarse son formas destructivas de hablar que desaniman a tu cónyuge (1Co 10:10; Fil 2:14). Cuando tu cónyuge siente que no puede hacer nada para satisfacerte, será tentado a rendirse (Pro 25:24). Cuando se critican frente a otras personas, el daño se multiplica. La amargura y el recuerdo de los errores del pasado también hacen que una pareja se distancie. En cambio, el amor "no toma en cuenta el mal recibido" (1Co 13:5, NBLH).

Finalmente, el silencio puede ser tan hiriente como las palabras crueles. Las personas se vuelven poco comunicativas por varias razones. Algunos se quedan callados porque no sienten la necesidad de comunicarse. Otros se niegan a abordar asuntos difíciles porque quieren evitar el conflicto. Muchos no hablan porque están amargados o enojados.

Además, es importante ser conscientes de la comunicación no verbal. Con frecuencia nuestro lenguaje corporal y nuestras expresiones faciales dicen más de lo que decimos con palabras. Algunas personas que pueden controlar sus palabras revelan lo que hay en su corazón por medio de su rostro. Proverbios dice que la comunicación no verbal puede ser negativa: "... hace guiños con los ojos, y señas con los pies y con los dedos" (6:13). Muchos expresan una ira asesina sin decir una palabra. Algunas veces, mientras uno de los cónyuges me está hablando, veo que el otro se aleja o sacude la cabeza. Por el contrario, las parejas que se aman se acercan físicamente y se miran el uno al otro con amor.[2]

FORMAS PRÁCTICAS DE FORTALECER LA COMUNICACIÓN

Ya que es fácil dejarse envolver por la tiranía de lo urgente, nosotros animamos a las parejas a que planeen momentos en los que puedan darle toda su atención al otro. Cuando no se planea de esta manera, la relación se puede descuidar y, por lo tanto, se puede debilitar. Proverbios dice: "Los planes bien pensados: ¡pura ganancia! Los planes apresurados: ¡puro fracaso!" (21:5). Al comienzo de nuestro matrimonio, mi esposa y yo acordamos sentarnos al menos una vez al día a hablar sobre nuestra jornada y sobre cualquier asunto urgente que se tuviera que discutir. También decidimos tener al menos una cita romántica cada dos semanas (o cada semana, si era posible) fuera de casa (y dejábamos a los niños) para tener un rato más largo para conversar. Guardábamos temas y asuntos para la noche de nuestra cita. Y al menos una vez al año (idealmente dos veces), nos íbamos de viaje (sin los niños) y, además de divertirnos juntos, usábamos el tiempo para revisar el año anterior y establecer metas para nuestra familia (como un todo y para cada miembro) por escrito. Aunque puede que la planeación y la evaluación no sean terriblemente románticas, ambos descubrimos que este tiempo nos

---

[2] Hace muchos años, había un sofá en la oficina donde hacía mis sesiones de consejería. Pude notar que el lugar en donde se sentaba una pareja en particular demostraba el estado de su relación. Cuando las cosas iban bien, se acurrucaban juntos. Cuando estaban peleando, se sentaban en las esquinas del sofá. Una noche, cuando entré al cuarto y vi a la esposa sentada en el regazo de su esposo, me di cuenta de que probablemente ya estaban listos para terminar sus sesiones de consejería.

acercaba y fortalecía nuestro matrimonio durante todo el año. Y sí, ¡también había tiempo para el romance!

Aunque hay momentos apropiados para planear, discutir asuntos difíciles y resolver problemas, también es importante que las parejas se diviertan juntas. Algunas veces es bueno dejar las dificultades de la vida a un lado para poder relajarse y disfrutar el uno del otro. Salomón escribe: "Vive feliz junto a la mujer que amas, todos los insignificantes días de vida que Dios te haya dado bajo el sol. La esposa que Dios te da es la recompensa por todo tu esfuerzo terrenal" (Ec 9:9, NTV). Recuerden lo que les gustaba hacer juntos cuando eran novios. Vayan al parque y vuelen una cometa o caminen por la playa. Gracias a su compromiso el uno con el otro delante de Dios, pueden confiar en que Él les ayudará a superar todos los problemas o las diferencias que tengan.

Nuestra comunicación no solo se ve impactada por lo que decimos, sino por la forma en la que lo decimos. "La suave respuesta aparta el furor" y "la dulzura de palabras aumenta la persuasión" (Pro 15:1a; 16:21b, NBLH). Un cónyuge sabio buscará el momento correcto para discutir un tema difícil. Como dice la Sabiduría: "Como naranjas de oro con incrustaciones de plata son las palabras dichas a tiempo" (Pro 25:11). Por otra parte, seguir hablando cuando la otra persona está estresada o exhausta no solo es necio, sino que puede ser perjudicial para la comunicación. De nuevo, Proverbios nos recuerda: "Dedicarle canciones al corazón afligido es como echarle vinagre a una herida o como andar desabrigado en un día de frío" (25:20).

Además, la comunicación y la cercanía mejoran cuando los dos cónyuges comparten su vida espiritual, por ejemplo, en conversaciones informales acerca de lo que cada uno está aprendiendo de la Palabra de Dios o también en tiempos más formales de devocional familiar, lectura de la Escritura y oración juntos. He visto que los matrimonios más saludables y más felices son los de parejas que oran y comparten la Escritura.

RESUMEN

Dios desea que el esposo y la esposa sean los mejores amigos y, para que eso suceda, debe existir una comunicación continua entre ellos. Hay diferentes formas en las que podemos dañar nuestros matrimonios, ya sea con palabras pecaminosas o por no disponernos a escuchar bien y hablar en amor. Afortunadamente, el evangelio transforma nuestro interior para que podamos, con la ayuda de Espíritu de Dios, tener dominio propio y edificarnos el uno al otro con nuestras palabras. Tenemos a un Salvador de quien se dijo: "¡Nunca nadie ha hablado como ese hombre!" (Jn 7:46). Él nunca pecó con su lengua y Sus palabras dieron vida a muchos. Dios obra por medio del matrimonio para santificar nuestra comunicación, haciéndonos más como nuestro Señor.

PREGUNTAS PARA REFLEXIONAR

1. ¿Cuáles son las características de una persona que sabe escuchar?
2. ¿De qué maneras se pueden usar las palabras para edificar a otros?
3. ¿De qué maneras se pueden usar las palabras para destruir a otros?
4. ¿Qué puede hacer una pareja en términos prácticos para asegurar que se está esforzando y está dedicando suficiente tiempo a la comunicación mutua?
5. ¿De qué maneras transforma el evangelio nuestra comunicación?

D

RETOS EN EL MATRIMONIO

16

¿CÓMO PUEDEN LAS PAREJAS RESOLVER SUS CONFLICTOS?[1]

Todas las relaciones humanas experimentan conflictos, incluyendo el matrimonio, porque en todas las relaciones humanas hay pecadores. La diferencia entre los cristianos y los no creyentes no es que nosotros no experimentemos conflictos, sino que los podemos resolver por medio del evangelio, el cual nos da tanto el modelo como el poder para traer la paz. Jesús vino en una misión para darnos paz, e hizo posible que fuéramos justificados por la fe para que tengamos paz con Dios (Ro 5:1). Jesús nos muestra cómo traer paz, por medio de la gracia y el sacrificio personal, y nos capacita para seguir Sus pasos.

EL CONFLICTO ES PELIGROSO

Todos los conflictos pueden ser peligrosos. En medio de un conflicto, es común que los cónyuges le hagan un daño terrible al otro cónyuge y a su matrimonio, principalmente con palabras que hieren. Proverbios nos advierte: "Con la boca el impío destruye a su prójimo" (11:9a). Palabras como: "¡Te odio! ¡Ojalá nunca me hubiera casado contigo!", no se pueden borrar, y pueden causar un daño permanente. Jesús también explica que Dios toma nuestras palabras muy en serio, tan en serio como el asesinato: "Ustedes han oído que se dijo a sus antepasados: 'No mates, y todo el que mate quedará sujeto al juicio del tribunal'. Pero Yo les digo que todo el que se enoje con su

---

[1] Estoy en deuda con Ken Sande y el ministerio Pacificadores, que han hecho un trabajo extraordinario sistematizando lo que enseña la Escritura acerca de hacer la paz. Para estudiar más este tema, ver Ken Sande y Kevin Johnson, *Resolving Everyday Conflict* [*Resolviendo conflictos cotidianos*] (Grand Rapids: Baker, 2011).

hermano quedará sujeto al juicio del tribunal. Es más, cualquiera que insulte a su hermano quedará sujeto al juicio del Consejo. Y cualquiera que lo maldiga quedará sujeto al fuego del infierno" (Mt 5:21-22). Aunque el conflicto es peligroso, también nos da la oportunidad de glorificar a Dios cuando resolvemos nuestras diferencias como las resolvería Cristo.

NO SEAS RENCILLOSO

Pareciera que a algunas personas les agrada discutir. Siempre están listos para corregir a otros, incluso en temas sin importancia. Para cualquier cosa que alguien dice tienen un punto de vista opuesto. Proverbios dice: "El hombre iracundo provoca peleas" (29:22a), y: "Honroso es al hombre evitar la contienda, pero no hay necio que no inicie un pleito" (20:3). Aunque es apropiado corregir con amor a tu cónyuge (ver más adelante), las riñas y peleas pueden destruir un matrimonio. He conocido a hombres que odiaban llegar a casa al final del día por miedo a los conflictos que surgirían cuando entraran por la puerta. Como está escrito: "Más vale habitar en un rincón de la azotea que compartir el techo con mujer pendenciera" (Pro 25:24).

Debemos aprender a controlar nuestras palabras. Santiago nos exhorta: "Todos deben estar listos para escuchar, y ser lentos para hablar y para enojarse" (1:19). Aunque es necesario tener dominio propio (frenar la lengua, Stg 1:26), lo más importante es lidiar con las intenciones de nuestro corazón (Lc 6:45; ver también Mt 15:18-19). Santiago nos dice que participamos pecaminosamente en conflictos destructivos porque hay algo que deseamos demasiado: "¿De dónde surgen las guerras y los conflictos entre ustedes? ¿No es precisamente de las pasiones que luchan dentro de ustedes mismos? Desean algo y no lo consiguen. Matan y sienten envidia, y no pueden obtener lo que quieren. Riñen y se hacen la guerra. No tienen, porque no piden" (4:1-2). Lo que deseamos nos puede parecer perfectamente razonable —la esposa quiere que su esposo ayude más con los niños, o el esposo quiere que su esposa sea más afectiva. Y cuando no recibimos lo que esperamos, es común que reaccionemos con ira —con palabras, acciones o un trato silencioso. Entonces seguimos luchando por lo que creemos que es correcto, y no nos rendimos hasta que lo conseguimos. Otra forma de decirlo es que peleamos porque cada uno de nosotros desea el control y está dispuesto a pagar un alto precio por obtenerlo.

El evangelio debe transformar el corazón rencilloso. Pablo exhorta: "La actitud de ustedes debe ser como la de Cristo Jesús, quien, siendo por naturaleza Dios, no consideró el ser igual a Dios como algo a qué aferrarse. Por el contrario, se rebajó voluntariamente, tomando la naturaleza de siervo y haciéndose semejante a los seres humanos. Y, al manifestarse como hombre, se humilló a Sí mismo y se hizo obediente hasta la muerte, ¡y muerte de cruz!" (Fil 2:5-8). Jesús no se aferró a Su derecho siendo Dios, sino que se humilló a Sí mismo para que pudiéramos ser salvos. La sumisión humilde de Jesús al Padre es contraria a la carne, la cual dice: "Debo tener y debo controlar". La única respuesta para un corazón rencilloso es andar en el Espíritu, el cual produce un carácter humilde y que ama la paz —un carácter como el de Cristo.

Por lo general, las parejas rencillosas necesitan recordar continuamente que casi siempre su relación es más importante que la situación por la que están discutiendo. A Pablo le preocupaba que los gálatas siguieran "mordiéndose y devorándose… unos a otros" (Gá 5:15) si seguían andando en la carne, la cual produce "odio, discordia, celos, arrebatos de ira, rivalidades, disensiones", etc. (5:19-21). Si uno o ambos están viviendo en la carne, el conflicto continuará y terminará causando mucho daño. Cada uno necesita buscar al Señor y vivir por el Espíritu. Si lo hace al menos uno de los dos, la pelea puede terminar. Proverbios nos enseña que: "Iniciar una pelea es romper una represa; vale más retirarse que comenzarla" (17:14).

PRIMERO SACA LA VIGA DE TU PROPIO OJO

Comúnmente, cuando una pareja está en medio de un conflicto, cada uno piensa que puede ver claramente los pecados del otro. Cuando las parejas rencillosas buscan consejería, cada cónyuge comienza insinuando que el otro es el que tiene la mayor parte de la culpa y que si fuera razonable, los problemas se resolverían rápidamente. Su interacción consiste principalmente en atacar a la otra persona y defenderse a sí mismos. Jesús nos enseña que antes de abordar las faltas de otro, primero debemos lidiar con nuestros propios pecados: "¿Por qué te fijas en la astilla que tiene tu hermano en el ojo, y no le das importancia a la viga que está en el tuyo? ¿Cómo puedes decirle a tu hermano: 'Déjame sacarte la astilla del ojo', cuando ahí tienes una viga en el tuyo? ¡Hipócrita!, saca primero la viga de tu propio ojo, y entonces verás con claridad para sacar la astilla del ojo de tu hermano" (Mt 7:3-5).

Incluso si crees que tu cónyuge tiene el 90% de la culpa,[2] pide perdón cuando hayas pecado. Pídele a Dios que te ayude a ver en qué has pecado. Como ruega el salmista: "Examíname, oh Dios, y sondea mi corazón; ponme a prueba y sondea mis pensamientos. Fíjate si voy por mal camino, y guíame por el camino eterno" (Sal 139:23-24). Sería extremadamente inusual que toda la culpa la tenga uno de los dos. Por lo general, cuando otros pecan contra nosotros, somos culpables de reaccionar pecaminosamente o de no ser lo suficientemente sensibles a sus preocupaciones. Antes de pedirle perdón a tu cónyuge, confiésale tu pecado a Dios (1Jn 1:8-10). Después confiesa rápidamente tu pecado y busca la reconciliación. Muchos matrimonios se dañan cuando uno o ambos cónyuges se toman mucho tiempo antes de pedirle perdón al otro. Jesús enseña que, a pesar de la gran importancia que tiene la adoración, debes esperar y adorar después de haber buscado la reconciliación personal. Él afirma: "Por lo tanto, si estás presentando tu ofrenda en el altar y allí recuerdas que tu hermano tiene algo contra ti, deja tu ofrenda allí delante del altar. Ve primero y reconcíliate con tu hermano; luego vuelve y presenta tu ofrenda" (Mt 5:23-24; ver también Pro 28:13).

ARRANCA LA MALEZA

Así como es imposible que las flores crezcan en un jardín infestado de maleza, las flores de la intimidad matrimonial no sobrevivirán en un matrimonio lleno de amargura y resentimiento causados por años de conflictos sin resolver. Se debe arrancar la maleza antes de poder cultivar las flores. Si mi jardín estuviera infestado de maleza, podría simplemente recortarla y así mi jardín se vería mejor. Sin embargo, la maleza crecería de nuevo. Al tratar de resolver conflictos, algunas parejas solamente recortan la maleza, de tal forma que las raíces permanecen y la maleza vuelve a crecer, impidiendo así que las flores crezcan. Limitarnos a confesiones deficientes es como recortar la maleza. Por ejemplo, al decir: "Lamento haber hecho lo que hice para ofenderte", en realidad no estás tratando el tema de raíz. Ken Sande ha resumido lo que llama

[2] Es probable que él o ella también crea que tú tienes casi toda la culpa.

"los siete elementos de la confesión", los cuales son de mucha ayuda para poder arrancar de raíz la maleza del conflicto pecaminoso.[3]

1. *Dirigirse a todas las personas involucradas.* Por ejemplo, si el esposo le gritó a su esposa en frente de sus hijos, debe pedir perdón tanto a ellos como a su esposa.
2. *Evitar el "si", "pero" y "tal vez".* Al pedirle perdón a alguien, asume toda tu responsabilidad por el pecado que cometiste sin dar ninguna excusa (ver 1Co 10:13) o sin culpar a la otra persona. Las excusas anulan la eficacia de la confesión. Después, luego de haber quitado la viga de tu propio ojo, puedes ayudar a tu cónyuge a sacar su astilla.
3. *Reconocer de forma concreta.* No digas simplemente: "Lo lamento", o: "Me disculpo por lo que hice". La persona a la que se le pide perdón debe saber que entiendes exactamente lo que hiciste mal. Trata de usar palabras bíblicas para el pecado que expones en tu confesión, por ejemplo: "Me enojé pecaminosamente", o: "Te mentí".
4. *Reconocer el daño.* A tu cónyuge se le hará mucho más fácil perdonarte si está convencido de que te has esforzado por entender cómo lo ha afectado tu pecado. Por ejemplo, si dices: "Puedo ver que mis mentiras te rompen el corazón y te hacen dudar si podrás volver a confiar en mí", o: "Sé que mis palabras desconsideradas te hirieron, y en verdad me arrepiento de haberte causado tanto dolor".
5. *Aceptar las consecuencias.* El que se arrepiente genuinamente está dispuesto a esforzarse tanto como sea posible por corregir lo malo (2Co 7:10-11). Por ejemplo, si compraste algo que no estaba en el presupuesto, la consecuencia sería devolverlo.
6. *Cambiar tu comportamiento.* La persona que en verdad se ha arrepentido está dispuesta a tomar medidas drásticas para asegurarse de que no seguirá hiriendo a su cónyuge. Por ejemplo, el esposo que es sorprendido usando pornografía puede decidir rendirle cuentas a un líder de la iglesia o limitar su acceso a internet. Jesús dice: "Si tu ojo derecho te hace pecar, sácatelo y tíralo" (Mt 5:29).

---

[3] Sande y Johnson, *Resolving Everyday Conflict* [*Resolviendo conflictos cotidianos*], 63-67.

7. *Pide perdón.* No digas simplemente "lo siento", ya que es probable que no sea lo suficientemente claro. Tal vez solo lamentas que te descubrieran o que tu cónyuge sea tan sensible. En vez de eso dile a tu cónyuge: "¿Podrías perdonarme, por favor?". Le estás pidiendo que te perdone por gracia, como Dios te ha perdonado (1Jn 1:8-9).

PERDONA COMO DIOS TE HA PERDONADO

Perdonar puede ser muy difícil, pero es muy importante. Jesús nos enseñó a orar: "Perdónanos nuestras deudas, como también nosotros hemos perdonado a nuestros deudores" (Mt 6:12). Pablo nos dice: "Abandonen toda amargura, ira y enojo, gritos y calumnias, y toda forma de malicia. Más bien, sean bondadosos y compasivos unos con otros, y perdónense mutuamente, así como Dios los perdonó a ustedes en Cristo" (Ef 4:31-32). Cuando recordamos que Dios nos perdonó la deuda infinita de nuestros pecados, la cual nunca habríamos podido pagar, tenemos la motivación y la capacidad de perdonar a otros. Jesús usó una parábola para ilustrar cómo la gracia de Dios nos obliga a perdonar. En esta, un siervo al que se le había perdonado una deuda de diez mil talentos (lo equivalente a mil millones de dólares hoy en día) no estaba dispuesto a perdonar una deuda de cien denarios (cerca de un tercio del salario de un año) que le debía otro siervo (Mt 18:23-35). Al igual que este siervo, tendemos a enfocarnos en lo que hemos perdido cuando otros nos fallan, algo que suele conducir a la ira y la amargura. Cuando quitamos nuestros ojos de los cien denarios que nos deben y recordamos los diez mil talentos que se nos han perdonado, podemos dejar de aferrarnos a nuestro deseo de juzgar para agradar al que murió para liberarnos de nuestra deuda.[4] El perdón no es un sentimiento. El perdón es una decisión que se toma en fe y que imita el perdón de Dios cuando decidimos no volver a recordar los pecados de nuestro cónyuge (Jer 31:34).

De acuerdo con Ken Sande, cuando perdonamos a otros como Dios nos ha perdonado, estamos haciendo cuatro promesas:[5]

---

[4] Es importante notar que la deuda de cien denarios (cada denario sería el salario de un día) no es insignificante al considerarla por sí misma, pero es minúscula en comparación con la enorme deuda que se le perdonó.

[5] Sande y Johnson, *Resolving Everyday Conflict* [*Resolviendo conflictos cotidianos*], 94.

1. No dejaré que mi mente se quede meditando en este incidente.
2. No volveré a mencionar este incidente para usarlo contra ti.
3. No hablaré a otros acerca de este incidente.
4. No dejaré que este incidente se interponga entre nosotros o entorpezca nuestra relación personal.

El perdón no solo requiere que se elimine el castigo. Dios nos llama a mostrarle amor a los que perdonamos. Cuando José perdonó a sus hermanos, no solo evitó juzgarlos, sino que les mostró afecto y suplió sus necesidades materiales (Gn 45:5, 11, 14-15; 50:21). De la misma forma, Jesús no solo elimina la deuda de nuestro pecado, sino que también nos enriquece con Su justicia: "Ya conocen la gracia de nuestro Señor Jesucristo, que, aunque era rico, por causa de ustedes se hizo pobre, para que mediante Su pobreza ustedes llegaran a ser ricos" (2Co 8:9).

RESUMEN

Todos los matrimonios experimentarán conflictos. La Palabra de Dios provee las herramientas con las cuales podemos aprender a hablar amablemente y evitar peleas. Ella también transforma nuestros corazones para que podamos parecernos a Cristo al no seguir enojados y deseando tener el control cuando las cosas no se dan como queremos. Cuando se presente un conflicto recordaremos quitar primero la viga de nuestro propio ojo, pidiendo perdón de una forma bíblica e intencional (arrancando la maleza). Además, estaremos dispuestos a perdonar como Dios nos ha perdonado en Cristo. Pedir perdón y perdonar son acciones frecuentes en un matrimonio fuerte.

PREGUNTAS PARA REFLEXIONAR

1. ¿Por qué las personas tienen conflictos en el matrimonio? ¿Por qué hay casos en los que se incrementan los conflictos después del matrimonio?
2. ¿Por qué no basta con controlar lo que sale de nuestra boca? ¿Por qué se debe abordar el corazón?
3. ¿Cómo se confiesa el pecado bíblicamente? Haz un contraste entre una confesión que simplemente recorta la maleza y una que la arranca de raíz.
4. ¿Cuáles son las características del perdón bíblico? ¿Cómo es posible perdonar de esa manera?
5. ¿Qué debe hacer una persona que no está segura de que una disculpa sea sincera?

17

¿CÓMO DEBES CORREGIR A TU CÓNYUGE?

El proceso de traer la paz comienza con la confesión de tus propios pecados y errores. Jesús enseña que después de haber sacado la viga de tu ojo "verás con claridad para sacar la astilla del ojo de tu hermano" (Mt 7:5) —es decir, podrás confrontar a tu hermano con su pecado. Es muy significativo que Jesús compare la corrección con la cirugía ocular. Así como la mayoría de nosotros somos bastante sensibles cuando hay alguien tocando nuestros ojos, también es bastante difícil recibir la corrección. Por lo tanto, debemos corregir a otros con mucho cuidado. Una persona que tenga una astilla en el ojo huirá si un supuesto doctor trata de sacársela con unas tijeras oxidadas de jardín. Desafortunadamente, gran parte de la corrección que se da en muchos matrimonios se hace con las tijeras oxidadas de jardín de la ira y la amargura, no con las pinzas esterilizadas de la gracia y el amor.

¿POR QUÉ DEBES CORREGIR A TU CÓNYUGE?

En el capítulo anterior escribí acerca de las personas que casi parece que disfrutan las discusiones y la confrontación. Otros tienen el problema opuesto y tratan de evadir la confrontación a toda costa. El patrón de eludir el conflicto puede perjudicar a un matrimonio tanto como las rencillas, ya que nunca se pueden resolver los asuntos importantes. Con el tiempo, los que suelen evitar la confrontación se pueden llenar de amargura debido a los asuntos que han estado interiorizando. Algunas de estas personas se deciden por el divorcio, en vez de trabajar en los problemas difíciles para llegar a una solución.

La Biblia enseña que algunas veces el amor requiere que hagas el trabajo duro de sacar la astilla del ojo de tu hermano. La ley establece: "No alimentes odios secretos contra tu hermano, sino reprende con franqueza a tu prójimo para que no sufras las consecuencias de su pecado… Ama a tu prójimo como a ti mismo" (Lv 19:17, 18b). Proverbios enseña que un verdadero amigo está dispuesto a confrontar, aun cuando duela: "Más confiable es el amigo que hiere" (27:6a).

Ya que tu cónyuge es la persona que te conoce mejor, nadie es más apto para corregir tus faltas. En un matrimonio fuerte, cada uno está dispuesto a corregir al otro con amor cuando sea necesario, suponiendo que el otro quiera ser piadoso y acepte la ayuda. El esposo que saca la astilla del ojo de su esposa con suavidad está cumpliendo su llamado de hacerla más santa e intachable (Ef 5:26-27). La esposa que respetuosamente señala a su esposo pecados de los que tal vez no sea consciente es la mejor clase de ayuda, le hace bien (Gn 2:18; Pro 31:12). Tal corrección solo tendrá éxito en una relación en la que cada uno confíe en que el otro está de su lado, como describe Proverbios: "Su esposo confía plenamente en ella" (31:11a).

¿LE HAS DADO PALABRAS DE AFIRMACIÓN A TU CÓNYUGE ÚLTIMAMENTE?

En su excelente libro, *Practicing Affirmation*[1] [*Practicando la afirmación*], Sam Crabtree explica que estamos más dispuestos a escuchar a las personas que más nos afirman con sus palabras. Él compara las palabras de afirmación con hacer un depósito en el banco de una relación, mientras que la corrección es como hacer un retiro.[2] Cuando la corrección sobrepasa las palabras de afirmación, las relaciones se sobregiran y las personas se vuelven poco receptivas a la reprensión. Además, Crabtree señala que la mayoría de relaciones románticas comienzan con bastante afirmación y muy poca corrección (durante el cortejo, el compromiso y la luna de miel). Luego, con el paso del tiempo, más corrección y menos afirmación conducen al deterioro de la relación matrimonial.[3]

Algunos de nosotros nos encontramos en esta misma situación. Conforme pasan los años, parece más y más difícil darle palabras de afirmación

---

[1] Sam Crabtree, *Practicing Affirmation: God-Centered Praise of Those Who Are Not God* [*Practicando la afirmación: El reconocimiento centrado en Dios de los que no son Dios*] (Wheaton, IL: Crossway, 2011), 50.

[2] Ibíd., 52. También dice que se requieren varios depósitos de afirmación para que sean equivalentes a un retiro.

[3] Ibíd., 44.

a nuestro cónyuge. Muchas esposas, habiendo leído libros y asistido a seminarios acerca del matrimonio, tienen expectativas muy altas de sus esposos. Cuando comparan el amor de sus esposos con el de Jesús, se quedan bastante cortos. Es común que los esposos no den palabras de afirmación porque tienden a "administrar por excepción", es decir, que cuando las cosas van bien no dicen nada, pero cuando las cosas salen mal se dedican a corregir. Ambos cónyuges pueden desanimarse en esta clase de relación porque sienten que nunca estarán a la altura de las expectativas del otro. Aprender a practicar la afirmación bíblica es una de las formas más eficaces que he visto para romper este ciclo.

La afirmación es muy poderosa. Cuando doy consejería a parejas y hay un conflicto, le pido a cada cónyuge que diga tres cosas que admira del otro. He sido testigo del cambio de tono en la conversación cuando la esposa dice algo como: "No sabía que piensas que soy buena cocinera. Eso me hace sentir muy bien".

Podemos ver la afirmación a lo largo de las Escrituras. Los familiares de la mujer de Proverbios 31 la afirman con entusiasmo: "Sus hijos se levantan y la felicitan; también su esposo la alaba: 'Muchas mujeres han realizado proezas, pero tú las superas a todas'" (vv 28-29). La Escritura incluso afirma a personas con defectos. Aunque la iglesia de Corinto se quedaba corta en muchos aspectos, Pablo encontró algunos aspectos positivos y la afirmó por ellos (1Co 1:4-8). En Apocalipsis 2 – 3, la mayoría de las cartas de Jesús a las iglesias en Asia Menor comienzan con palabras de afirmación antes de la reprensión (ver 2:2-6). En vez de enfocarte en las formas en las que tu cónyuge no alcanza una perfección como la de Cristo, debes buscar y alabar verbalmente las evidencias de gracia y esfuerzo en él o ella. Dado que tu cónyuge es por naturaleza pecador (igual que tú), debes reconocer y apreciar cualquier muestra de amor desinteresado. Algunas veces les digo a mis aconsejados que encontrar solo un poco de pasto en la luna sería muy importante. Se debe reconocer hasta el más mínimo progreso en la vida de un pecador débil.

Algunas personas podrían argumentar que la afirmación hará que se infle el orgullo del cónyuge que ya cree que es mucho mejor de lo que es en realidad. Crabtree responde definiendo la afirmación como el reconocimiento de la buena obra que Dios está haciendo en otros: "El reconocimiento centrado en Dios de los que no son Dios".[4] Así es como Pablo afirma a las distintas iglesias, dándole gracias a Dios por Su obra en ellas (Col 1:3-8; 1Ts 1:2-10). Dios recibe la gloria por todas nuestras buenas obras (1Co 10:30-31; Ef 2:10).

Cuando sabes que alguien se interesa por ti y te da palabras de afirmación, es más fácil recibir una corrección de su parte. Según Proverbios: "... la dulzura de palabras aumenta la persuasión" (16:21b, NBLH). Sin embargo, es necesario advertir que si el único momento en el que afirmas a tu cónyuge es justo antes de corregirlo, la afirmación ya no tendrá sentido. La amonestación se recibe mejor en una relación que se caracteriza por la gracia y la afirmación.

¿QUÉ ASUNTOS VALE LA PENA CORREGIR?

No todos los problemas justifican una corrección. Si todos los actos egoístas o insensibles en un matrimonio resultaran en una confrontación, tendrían muy poco tiempo para todo lo demás. Tu cónyuge hará muchas cosas que te molestan (por ejemplo, cuando no pone el cepillo de dientes en su sitio o llega a la casa y no te saluda). Puedes tomar la decisión consciente de perdonarlo y pasar por alto esta falta sin decir nada. Pedro proclama: "Sobre todo, ámense los unos a los otros profundamente, porque el amor cubre multitud de pecados" (1P 4:8). Proverbios nos recuerda: "El buen juicio hace al hombre paciente; su gloria es pasar por alto la ofensa" (19:11). Es un privilegio mostrarle gracia a otros, así como Dios te muestra Su gracia continuamente. ¿No te alegra que Él no te castigue por todos los pecados que cometes?

También hay momentos en los que el amor demanda que confrontes a tu cónyuge. Si está involucrado en un pecado que es peligroso espiritualmente, debes intentar rescatarlo (Stg 5:19-20). Por ejemplo, Dios demanda que el hombre que descubre que su esposa ha estado robando en las tiendas, o que la mujer que descubre a su esposo viendo pornografía, confronte amorosamente a su cónyuge para rescatarlo. También es necesario corregir a un cónyuge cuando hace algo que podría herir a otros (como el maltrato infantil) o afectar seriamente la relación matrimonial. Por ejemplo, sería mejor que una esposa que cree que su esposo no está invirtiendo el tiempo y la energía suficientes en su relación, o un esposo que lucha porque su esposa

[4] Ibíd., 3.

casi nunca está disponible para él sexualmente, hable sobre estos problemas con humildad por el bien de su matrimonio. Guardar silencio puede llevar a la amargura y a un conflicto mayor en el futuro.

LA ESCRITURA TE ENSEÑA CÓMO RESTAURAR A TU CÓNYUGE CON GENTILEZA

La forma en la que confrontas a tu cónyuge es crucial. Antes de hablar con él o ella, ora pidiendo la ayuda de Dios y planea lo que vas a decir y la forma en que lo dirás. Proverbios nos dice que el momento que elegimos para decir las cosas es muy importante: "Como naranjas de oro con incrustaciones de plata son las palabras dichas a tiempo. Como anillo o collar de oro fino son los regaños del sabio en oídos atentos" (25:11-12).

Tal vez la mejor forma de corregir que encontramos en la Escritura se encuentra en Gálatas 6:1: "Hermanos, es posible que alguno de ustedes caiga en la trampa del pecado. Ustedes, que son guiados por el Espíritu, acérquense a él y ayúdenle a corregir su error. Pero ¡ojo!, háganlo con humildad, pues ustedes también pueden caer en tentación" (PDT). Es vital que reconozcas que la transgresión de tu cónyuge es principalmente contra Dios, no contra ti. Este versículo describe al que peca como el que "cae en una trampa", como un animal que queda atrapado. Ya que tú también eres pecador, sabes lo que es estar atrapado y debes ser comprensivo. Pablo también deja claro que al corrigir, tu propósito debe ser restaurar (no juzgar). En otros lugares, la palabra "restaurar" se usa para los pescadores que arreglan o restauran sus redes (Mt 4:21). Muchas personas no intentan corregir a otros hasta que están tan airados que ya no se pueden contener. En ese caso, la reprensión no es nada gentil y se da más por el interés egoísta de la parte ofendida, la cual se siente con el derecho de darle rienda suelta a su ira. El Señor quiere que confrontes a tu cónyuge — no que liberes tu ira reprimida ni que le des a tu cónyuge lo que merece, sino que le ayudes a ser restaurado por Él, para que sea santo y útil en su servicio a Dios. Cuando intentas corregir de esta manera piadosa, estás llevando las cargas de tu cónyuge con gracia y gentileza por amor a Cristo (Gá 6:2).

Otro punto clave en Gálatas 6:1 es que los que corrigen deben ser "espirituales". El contexto inmediatamente anterior explica lo que Pablo quiere decir cuando nos exhorta a vivir en el Espíritu para que no sigamos los deseos de la carne (Gá 5:16-24). La mayoría de los conflictos matrimoniales son carnales y se caracterizan por "arrebatos de ira" (5:20), que con frecuencia resultan en que los cónyuges se muerden y devoran mutuamente (5:15) al defenderse a sí mismos y atacarse el uno al otro. En cambio, los que son espirituales se caracterizan por "amor, alegría, paz, paciencia, amabilidad, bondad, fidelidad, humildad y dominio propio" (5:22-23).

Estas actitudes espirituales son esenciales cuando se hace la cirugía ocular de confrontar a otra persona. Si estás en la carne (enojado pecaminosamente), no confrontes a tu cónyuge hasta que tu relación con Dios sea restaurada y estés viviendo en el Espíritu.[5] Puede que seas tentado a culpar a tu cónyuge por tu ira pero, aunque el pecado de tu cónyuge te pueda tentar, él o ella no te puede convertir en una persona carnal ni puede evitar que vivas en el Espíritu (1Co 10:13; Gá 5:16). Si uno o ambos están hablando o actuando carnalmente en medio de una confrontación, sería mejor que cada uno pase un tiempo a solas con el Señor, confesando sus pecados y orando por gracia, antes de continuar con la conversación. Nuestro consejo para muchas parejas es que se pongan de acuerdo con anticipación para que, cuando sientan algo de hostilidad entre ellos, se tomen un descanso y pasen un tiempo aparte con el Señor antes de volver a estar juntos.

¿CÓMO RECIBES LA CORRECCIÓN?

Ya que estamos hablando sobre la corrección, este es un buen momento para preguntar: "¿Cómo recibes tú la corrección?". Proverbios 9:8 nos enseña: "No reprendas al insolente, no sea que acabe por odiarte; reprende al sabio, y te amará". Este es un buen versículo para memorizar y repetirte a ti mismo cuando alguien te está corrigiendo. ¿Vas a ser como un insolente, defendiéndote a ti mismo y señalando las numerosas faltas que tiene quien te está reprendiendo? ¿O vas a ser sabio para recibir humildemente la corrección y mostrarle aprecio a la persona que está dispuesta a hacer el trabajo duro de corregirte (incluso si no lo hace perfectamente)? También es bueno que nos corrijan, para que recordemos lo difícil que es ser confrontados y que es más fácil aceptar la corrección cuando se hace con gentileza.

---

5 Puede que sea extraordinariamente difícil retirarte cuando estés enojado.

RESUMEN

El esposo y la esposa deben ser los mejores amigos. Aunque los amigos pasan por alto muchas faltas y desaires, a veces el amor demanda que se confronten el uno al otro. La corrección es más eficaz en una relación que se caracteriza por la afirmación. Cuando corregimos debemos ser cuidadosos de hacerlo de forma espiritual y no carnal, de lo contrario la reprensión puede traer más daños que beneficios. Una forma de verlo es que, en vez de acercarte a tu cónyuge como juez para condenarlo, debes ser como un médico, que busca traer restauración y sanidad. Además, debemos estar dispuestos a recibir humildemente la corrección de otros.

PREGUNTAS PARA REFLEXIONAR

1. ¿Cuáles problemas se deberían pasar por alto y cuáles se deben confrontar?
2. ¿Por qué la afirmación es importante y bíblica?
3. ¿De qué manera tu cónyuge puede aprender a dar más palabras de afirmación?
4. ¿Cuál es la forma correcta de reprender a tu cónyuge?
5. ¿Qué deberías hacer si tu cónyuge te reprende de una forma carnal?

18

¿CUÁNDO ES NECESARIO QUE UNA PAREJA BUSQUE AYUDA PARA RESOLVER SUS CONFLICTOS?

La mayoría de conflictos se pueden resolver cuando cada uno busca ser pacificador al quitar la viga de su propio ojo, restaurar con gentileza al otro y perdonarlo. Sin embargo, a veces las parejas se quedan atascadas, y el consejo externo les puede beneficiar en su deseo de resolver los conflictos y mejorar su matrimonio.

HABLA EN PRIVADO CON TU CÓNYUGE ANTES DE INVOLUCRAR A OTROS

Muchas relaciones matrimoniales se ven afectadas cuando un cónyuge habla con su familia y amigos sobre las faltas de su pareja. Esto puede hacer que la persona se sienta traicionada porque considera que ha sido calumniada injustamente. También puede perjudicar otras relaciones si los familiares y amigos escogen uno de los dos bandos. Además, puede que el cónyuge que fue expuesto por su pecado quiera evitar estar con ellos por vergüenza o ira. Jesús enseña que: "Si tu hermano peca contra ti, ve a solas con él y hazle ver su falta. Si te hace caso, has ganado a tu hermano" (Mt 18:15). Generalmente, los problemas se deben tratar en privado. El abuso conyugal es una situación excepcional en la que se puede involucrar a otros de forma inmediata por seguridad.

PUEDE QUE NECESITEN AYUDA EXTERNA

Existen al menos dos circunstancias en las que se puede requerir ayuda externa. El primer caso en el que tienes la obligación de involucrar a otros es si tu cónyuge está practicando un pecado grave y no se arrepiente. Jesús dice: "Pero, si no, lleva contigo a uno o dos más, para que todo asunto se resuelva mediante el testimonio de dos o tres testigos" (Mt 18:16). Por ejemplo, un esposo que ha tratado de confrontar a su esposa por beber demasiado alcohol ve que el comportamiento de ella se sigue deteriorando. O una esposa puede haber intentado corregir a su esposo por usar pornografía, pero él no se arrepiente y le pide que no se entrometa. En tales casos, la Escritura enseña que el cónyuge que fue ofendido tiene derecho a ir con una o dos personas a exhortar al cónyuge desobediente para que se arrepienta. El cónyuge que fue ofendido solo debe involucrar a dos personas que sean espiritualmente maduras (Gá 6:1). Lo ideal es que el cónyuge que confronta escoja personas que tengan la confianza y el respeto del cónyuge desobediente. El propósito en esta etapa es la restauración. La esperanza es que la persona se arrepienta, y si esto ocurre, todos se alegrarán. Sin embargo, Jesús nos enseña que si el cónyuge desobediente no se arrepiente, el problema requerirá de la disciplina de la iglesia (Mt 18:17-20).[1]

La otra situación en la que se requiere ayuda externa es cuando hay una disputa en la que los cónyuges se culpan el uno al otro. Cuando dos mujeres en Filipos tuvieron un conflicto grave, Pablo las animó a vivir en armonía. Además, animó a alguien, a quien llamó "fiel compañero", a que las ayudara a reconciliarse (Fil 4:2-3). Por ejemplo, una pareja puede atascarse en un conflicto porque el esposo ahorra cuidadosamente y la esposa tiende a gastar más de lo debido. Los consejeros pueden servir como mediadores que traen paz, ayudando a la pareja en medio del conflicto a que se confiesen sus pecados el uno al otro, se restauren con gentileza y se perdonen. Por lo general, tales consejeros pueden ayudarles a entender mejor la perspectiva del otro (Fil 2:3-4; 1P 3:7) y animarlos en formas prácticas a que den con gracia un amor como el Cristo (1Co 13:4-7). Una buena opción puede ser una pareja de esposos piadosos y maduros que sirvan como mediadores y mentores para una pareja que tenga un matrimonio complicado. De esta forma tendrán tanto la perspectiva femenina como la masculina, para que ninguno de los cónyuges aconsejados sienta que se están aliando contra él, algo que sucede cuando una pareja es aconsejada únicamente por un hombre.

---

[1] En esta situación se asume que el cónyuge culpable es creyente.

TIENES DERECHO A BUSCAR AYUDA

Es común que uno de los cónyuges se resista a involucrar a otros en sus problemas matrimoniales. Por lo general, los hombres abusivos quieren esconder su pecado y tratan de intimidar a sus esposas para evitar que hablen del tema con alguien más. Algunas personas son excesivamente privadas y prefieren sufrir en silencio en vez de dejar que otros se enteren de sus faltas. Muchos hombres están en negación y afirman que todo está bien cuando sus esposas tratan de persuadirlos de recibir consejería. Nosotros animamos a las parejas en consejería prematrimonial a que se pongan de acuerdo en que ambos buscarán consejería si alguno de los dos piensa que el matrimonio está en problemas. Incluso si un cónyuge se resiste a recibir consejo, el otro tiene derecho a buscar un consejo piadoso.

Hace muchos años estuve molesto con mi esposa (no recuerdo por qué), y por mucho tiempo (lo digo con vergüenza) me negué a hablar con ella e incluso a hacer contacto visual. Finalmente, después de dos días, me dijo: "Quiero que nos reconciliemos. Si no me hablas, voy a llamar a otro de los ancianos de la iglesia para que venga y hable con nosotros". Rápidamente decidí cambiar de actitud y resolver las cosas. En otra ocasión, tuvimos un desacuerdo fuerte acerca de lo que debíamos hacer respecto a uno de nuestros hijos jóvenes adultos. Cuando sentimos que estábamos atascados, contactamos a otro líder de la iglesia y a su esposa para que nos ayudaran a entendernos mejor el uno al otro y a encontrar una solución con la que los dos estuviéramos de acuerdo.

¿DÓNDE DEBES BUSCAR AYUDA?

Los consejeros tienen diferentes métodos para aconsejar a matrimonios. Es importante que los cristianos busquen un consejo que esté basado en la Escritura. En 2 Timoteo 3:16-17, Pablo nos dice que la Escritura no solo es inerrante e infalible —"inspirada por Dios"— sino que también es plenamente suficiente, "a fin de que el siervo de Dios esté enteramente capacitado para toda buena obra". La Biblia define el pacto matrimonial y explica el diseño de Dios para los roles del esposo y la esposa. Además, la Biblia explica que nuestro amor por otros debe basarse en el amor bondadoso que Dios nos da (1Jn 4:19) y revela cómo podemos reconciliarnos por medio del evangelio, así como Dios nos reconcilió consigo mismo (Ef 4:31-32). El consejo que no esté arraigado en la Palabra de Dios es imperfecto e inefectivo.

Además de encontrar a alguien que les dé un consejo completamente bíblico, es importante que identifiques a alguien que esté calificado para ayudarte. Comienza buscando la ayuda de los ancianos o pastores de tu iglesia, quienes son llamados a tener un nivel alto de madurez espiritual (1Ti 3:1-7) y están encargados de pastorear (lo que incluye aconsejar) al rebaño de Dios (1P 5:1-5). La Biblia explica que cada iglesia necesita mujeres mayores que sean piadosas, que sean buenos ejemplos y que estén preparadas para ayudar a las mujeres jóvenes a amar a sus esposos y a sus hijos (Tit 2:3-5). Aunque lo ideal es que encuentres consejeros calificados por medio de tu iglesia local, también puedes buscar un consejo piadoso a través de organizaciones tales como la Coalición de Consejería Bíblica (CCB), *Christian Counseling and Educational Foundation* (CCEF) y la Asociación de Consejeros Bíblicos Certificados (ACBC).

NO SIEMPRE ES POSIBLE ESTAR EN PAZ

Pablo nos exhorta: "Si es posible, y en cuanto dependa de ustedes, vivan en paz con todos" (Ro 12:18), lo que implica que algunas veces la paz no se podrá alcanzar. Un cónyuge puede hacer todo lo que esté a su alcance para buscar la reconciliación, mientras que el otro se niega completamente a participar en el proceso. Pablo habla del caso en el que un cónyuge no creyente se va a pesar de todos los esfuerzos del cónyuge creyente de salvar el matrimonio: "Sin embargo, si el cónyuge no creyente decide separarse, no se lo impidan. En tales circunstancias, el cónyuge creyente queda sin obligación; Dios nos ha llamado a vivir en paz" (1Co 7:15). Si tu matrimonio está fracasando, puede que no tengas la capacidad de salvarlo por tu cuenta, pero es bueno que puedas decir que hiciste todo lo posible por ser un pacificador para la gloria del que hizo posible que estuvieras en paz con Dios.

RESUMEN

Aunque la mayoría de conflictos de pareja se pueden resolver si los cónyuges se dedican a ser pacificadores de forma individual, Dios también nos ha dado Su provisión para conseguir ayuda externa cuando fallen los esfuerzos individuales. Casi todas las parejas van a necesitar un consejo externo de vez en cuando. Es importante tener el apoyo de una iglesia bíblica fuerte con líderes que estén comprometidos con el pastoreo del rebaño de Dios, para que la ayuda más eficaz esté disponible cuando surja la necesidad.

PREGUNTAS PARA REFLEXIONAR

1. ¿Por qué es importante que los cónyuges traten de resolver su problema juntos antes de buscar ayuda externa?
2. ¿En qué situaciones es necesario que una pareja busque ayuda o consejo externo?
3. ¿Qué se debería hacer si un cónyuge se resiste a buscar consejo?
4. ¿Dónde se debe buscar el consejo externo?
5. ¿Puede un solo cónyuge lograr la paz por su cuenta? ¿Por qué?

19

¿CÓMO PUEDEN LAS PAREJAS RESOLVER SUS PROBLEMAS SEXUALES?

El sexo es una bendición creada por Dios para que la disfruten el esposo y la esposa dentro del matrimonio, pero como dice Eclesiastés 7:29: "Dios hizo perfecto al género humano, pero este se ha buscado demasiadas complicaciones". La humanidad ha usado mal y ha pervertido el regalo de Dios convirtiéndolo en un ídolo. A pesar de eso, la unión sexual en el matrimonio puede ser redimida por la gracia de Dios.

¿POR QUÉ CREÓ DIOS EL SEXO?

El sexo hace parte de la creación perfecta de Dios, quien nos creó como seres sexuales —masculino y femenino.[1] Desde el comienzo, Él diseñó el matrimonio, incluyendo la unión sexual, como una imagen de la relación santa de pacto que tiene con Su pueblo (Ef 5:32). La Escritura revela tres propósitos de la unión sexual en el matrimonio.

1. **La unión sexual entre el esposo y la esposa expresa y realza la unidad del pacto matrimonial.** Aunque nuestra cultura usa un anillo como señal del pacto matrimonial, Dios diseñó la unión sexual como la señal del compromiso único entre el esposo y la esposa. Génesis 2:24 declara que cuando un hombre hace un pacto con su esposa, se convierten "en un solo ser". Esta unidad física es una imagen de la unión personal entre el

---

[1] La Caída no representó un despertar sexual, pues antes de la misma Dios ya había ordenado a los seres humanos que fueran fecundos y se multiplicaran. Sin embargo, la Caída sí causó pecados y dificultades sexuales.

esposo y la esposa, en la que cada uno se compromete delante de Dios a amar a su cónyuge y a cumplir con su rol en el matrimonio. Tim Keller escribe: "El sexo posiblemente sea lo más poderoso que Dios haya creado para ayudarte a entregarle todo tu ser a otro ser humano. Es el medio que Dios diseñó para que dos personas se digan el uno al otro: 'Te pertenezco completa, permanente y exclusivamente'. El sexo no se debe usar para decir algo diferente".[2] El anhelo por la intimidad personal y física lleva a las personas a comprometerse en matrimonio, ya que es el único lugar en el que se puede experimentar esta intimidad legítimamente. La unión personal crece con el paso de los años de matrimonio, lo que hace que la unión sexual traiga más alegría y sea más significativa.

2. **La unión sexual entre el esposo y la esposa produce hijos.** En el jardín, Dios le habló a Adán y a Eva diciendo: "Sean fructíferos y multiplíquense; llenen la tierra" (Gn 1:28). El diseño de Dios es que los hijos sean concebidos como el producto del amor entre sus padres y que sean criados en un hogar en el que tanto su padre como su madre estén comprometidos de por vida con su matrimonio. Ya que nuestra cultura ha desvinculado el sexo del matrimonio, cada vez hay más hijos que nacen fuera de este pacto. Estos tienen una mayor probabilidad de experimentar pobreza y de involucrarse en crímenes. Otra forma en la que nuestra cultura ha cambiado es que muchas personas ven a los hijos como una carga y no como una bendición. No siempre ha sido así. A lo largo de la historia, los cónyuges piadosos han honrado el diseño de Dios y se han deleitado en los hijos que Él les da. La Escritura enseña: "Los hijos son una herencia del Señor, los frutos del vientre son una recompensa. Como flechas en las manos del guerrero son los hijos de la juventud. Dichosos los que llenan su aljaba con esta clase de flechas" (Sal 127:3-5a).
3. **La unión sexual en el matrimonio está diseñada por Dios para que el esposo y la esposa la disfruten.** Este es el aspecto del diseño de Dios que el mundo reconoce. El sexo es placentero. Sin embargo, Dios desea que el placer se experimente exclusivamente en el contexto de un compromiso de pacto de por vida y con la esperanza de que Dios bendiga la

[2] Timothy Keller y Kathy Keller, *The Meaning of Marriage* [*El significado del matrimonio*] (Nueva York: Penguin, 2011), 224.

unión del esposo y la esposa dándoles hijos. Cuando el padre sabio le advierte a su hijo que no caiga en inmoralidad sexual, le dice que más bien disfrute su matrimonio: "Bebe el agua de tu propio pozo, el agua que fluye de tu propio manantial... ¡Bendita sea tu fuente! ¡Goza con la esposa de tu juventud! Es una gacela amorosa, es una cervatilla encantadora. ¡Que sus pechos te satisfagan siempre! ¡Que su amor te cautive todo el tiempo!" (Pro 5:15, 18-19).[3] Aunque la Escritura no suele aprobar la desinhibición, la euforia del amor matrimonial es una feliz excepción. La unión sexual fue diseñada por Dios para el deleite físico y emocional del esposo y la esposa, tal como lo describe la canción de Salomón: "Ah, si me besaras con los besos de tu boca... ¡grato en verdad es tu amor, más que el vino!" (Cnt 1:2). Cada cónyuge debe deleitarse apasionadamente en el cuerpo del otro (4:12-15) con todos los sentidos físicos que Dios les ha dado (1:2; 2:3, 6, 14; 4:9, 14; 5:1).

CUALQUIER EXPRESIÓN SEXUAL FUERA DEL MATRIMONIO ES PECADO

Dios desea que la actividad sexual se dé solamente entre un esposo y una esposa dentro del matrimonio. El autor de Hebreos declara: "Tengan todos en alta estima el matrimonio y la fidelidad conyugal, porque Dios juzgará a los adúlteros y a todos los que cometen inmoralidades sexuales" (13:4). Cualquier expresión de este tipo fuera del matrimonio representa de forma pecaminosa lo que la sexualidad debería declarar, y le roba a uno mismo y a otros el gozo de la unión sexual en el matrimonio. La Biblia nos advierte sobre pecados como el adulterio (la infidelidad matrimonial, Éx 20:14), la fornicación (el sexo antes del matrimonio, 1Co 6:9: Heb 13:4), la homosexualidad (Lv 18:22; Ro 1:26-27), la lujuria (incluyendo la pornografía y la autogratificación,[4] Mt 5:27-28; 2Ti 2:22) y cualquier otra expresión sexual fuera del matrimonio (Lv 18:23; 20:15-16). Dios juzga los pecados sexuales,

---

3 Ray Ortlund escribe: "El sexo es como el fuego. En la chimenea nos da calor pero fuera de ella, quema toda la casa... Proverbios 5 básicamente dice: 'Mantengan el fuego dentro de la chimenea matrimonial y avívelo tanto como sea posible'". *Marriage and the Mystery of the Gospel* [*El matrimonio y el misterio del evangelio*] (Wheaton, IL: Crossway, 2016), 65.

4 1 Corintios 7:3-5 enseña que la sexualidad de cada persona ha sido dada por Dios con el propósito de servir y satisfacer al cónyuge (o el futuro cónyuge). Por lo tanto, usar el sexo para autogratificarse (masturbación) va en contra del diseño de Dios (es un mal uso de la sexualidad) y es perjudicial para el matrimonio (sea presente o futuro). Los hombres y las mujeres deben volverse hábiles para complacer

tanto en el juicio final como por medio de las consecuencias presentes: "No se engañen: de Dios nadie se burla. Cada uno cosecha lo que siembra. El que siembra para agradar a su naturaleza pecaminosa, de esa misma naturaleza cosechará destrucción" (Gá 6:7-8a).

MÁS QUE EL ADULTERIO, EL PROBLEMA ES LA IDOLATRÍA

El pecado sexual es principalmente un problema teológico. Las personas cometen pecados sexuales porque convierten la gratificación sexual en un ídolo, que es cualquier cosa que uno valora y sirve por encima de Dios mismo. Como Pablo exhorta a los tesalonicenses: "La voluntad de Dios es que sean santificados; que se aparten de la inmoralidad sexual; que cada uno aprenda a controlar su propio cuerpo de una manera santa y honrosa, sin dejarse llevar por los malos deseos como hacen los paganos, que no conocen a Dios" (1Ts 4:3-5). Incluso las cosas que son buenas, como el sexo o la comida, se pueden convertir en ídolos cuando los deseamos más de lo que deseamos a Dios. Sabrás que un deseo se ha vuelto idolátrico si descubres que estás dispuesto a pecar para conseguirlo, o si reaccionas pecaminosamente cuando no lo consigues. La idolatría es esclavizante y destructiva. Tal como escribe Pedro: "... seducen con los instintos naturales desenfrenados a quienes apenas comienzan a apartarse de los que viven en el error. Les prometen libertad, cuando ellos mismos son esclavos de la corrupción, ya que cada uno es esclavo de aquello que lo ha dominado" (2P 2:18-19). Los anhelos idolátricos nunca podrán satisfacerse completamente, y con frecuencia resultan en la pérdida total de lo que se deseaba.

La idolatría sexual puede existir incluso dentro del matrimonio. Una persona es idólatra cuando tiene pensamientos como: "*Tengo* que tener una relación sexual emocionante con mi cónyuge"; "*Tengo* que tener sexo cada vez que quiera hacerlo"; "Mi cónyuge *tiene* que mantener cierta apariencia física"; "Mi cónyuge *debe* estar tan interesado como yo en el sexo"; "Mi cónyuge *tiene* que realizar los actos sexuales que me agradan (y *tienen* que gustarle)"; "*Cada* experiencia sexual *tiene* que ser maravillosa"; "Mi cónyuge *tiene* que dejarme dormir y no pedirme que tengamos relaciones sexuales"; etc. Si

---

a sus cónyuges, no para satisfacerse a sí mismos.

estás obsesionado con tus deseos sexuales personales y te enojas cuando no obtienes lo que crees que necesitas, te has convertido en un idólatra sexual.

La idolatría sexual conduce a peleas y conflictos en el matrimonio (ver Stg 4:1-2) cuando uno espera que su cónyuge, no Dios, supla las necesidades más profundas. La esposa del idólatra sexual se frustra porque se da cuenta de que no hay nada que pueda hacer para satisfacerlo totalmente. También puede verse tentada a pensar que él solo está usando su cuerpo para satisfacerse a sí mismo, no para expresarle amor y compromiso. Cuando los idólatras sexuales ven que no están totalmente satisfechos en el matrimonio, es común que recurran al pecado sexual (el adulterio, la pornografía o incluso la homosexualidad) con la vana esperanza de encontrar la felicidad.

La Escritura enseña que si buscas la satisfacción suprema a través del sexo o de cualquier otro ídolo (la comida, la bebida, el dinero o las posesiones), seguirás insatisfecho. C. S. Lewis describe este proceso como una "sed que nunca deja de aumentar por un placer que nunca deja de disminuir".[5] El gozo real y los placeres duraderos solo se pueden encontrar en el Señor. Por medio del profeta Isaías, el Señor nos invita: "¡Vengan a las aguas todos los que tengan sed! ¡Vengan a comprar y a comer los que no tengan dinero! Vengan, compren vino y leche sin pago alguno. ¿Por qué gastan dinero en lo que no es pan, y su salario en lo que no satisface? Escúchenme bien, y comerán lo que es bueno, y se deleitarán con manjares deliciosos" (Is 55:1-2). Isaías le da esperanza a toda clase de idólatras: "Busquen al Señor mientras se deje encontrar, llámenlo mientras esté cercano. Que abandone el malvado su camino, y el perverso sus pensamientos. Que se vuelva al Señor, a nuestro Dios, que es generoso para perdonar, y de Él recibirá misericordia" (55:6-7). Cuando una persona acude en arrepentimiento al Señor, Él le ofrece Su perdón gratuito y lleno de gracia.

Debes aprender a encontrar tu satisfacción completa en Cristo, quien es nuestra agua viva y el pan de vida. Si pones toda tu esperanza en lo que el hombre puede hacer por ti, serás como la zarza en el desierto porque las personas te fallarán (Jer 17:5-6). Pero si pones tu confianza en el Señor, serás como un árbol plantado junto a las aguas, que no se marchita en el año de

---

[5] C. S. Lewis, *The Screwtape Letters* [*Cartas del diablo a su sobrino*] (Nueva York: Macmillan, 1944), 112.

la sequía (17:7-8). Aun cuando tu cónyuge no satisfaga tus deseos sexuales, tienes al Señor. Cuando tienes a Dios como Señor de tu vida, te das cuenta de que, como escribe Tim Keller: "El matrimonio... apunta al verdadero Matrimonio que nuestras almas necesitan... El matrimonio más perfecto que pudiera existir no puede por sí solo llenar el vacío de nuestras almas, pues solo Dios puede llenarlo".[6] Con esta perspectiva, la unión sexual en el matrimonio se puede experimentar con gozo y para la gloria del Dador de toda buena dádiva. Ray Ortlund señala: "Las promesas de Dios pueden sobrepasar la diversión e incluso las terapias que nos da este mundo para mantener vivas nuestras almas y nuestros matrimonios. La clave para el romance permanente no es el sexo interminable, sino que el corazón de los cónyuges confíe en Dios".[7]

LA MAYORÍA DE PROBLEMAS SEXUALES SON PROBLEMAS RELACIONALES

La mayoría de problemas matrimoniales son el resultado de la debilidad espiritual de uno o ambos cónyuges. Lo mejor que puedes hacer por tu vida sexual es procurar la intimidad en tu relación con Dios. Mientras Él sea tu mayor deleite, no estarás esperando que tu cónyuge supla necesidades que solo el Señor puede satisfacer. Cuando la Palabra de Dios está renovando tu mente de forma continua (Ro 12:1-2) y tu corazón está lleno del evangelio, tienes una mayor capacidad de reflejar la gracia de Dios en tu matrimonio. Tim Keller le llama a esto la "economía del amor".[8] Cuando tu cuenta está llena del amor de Dios, puedes entregarte a otros (1Jn 4:10).

La segunda clave para fortalecer la intimidad sexual es fortalecer la intimidad personal en tu relación matrimonial. Una vez un consejero experimentado me dijo que la vida sexual de una pareja siempre revela la calidad de su relación personal. Cuando hay una relación física estable, de entrega y mutuamente satisfactoria, hay una relación personal saludable. "La calidad de nuestra intimidad relacional determinará nuestra intimidad sexual", escribe Winston Smith.[9] Y continúa: "Cuando no nos relacionamos bien en lo

[6] Keller y Keller, *The Meaning of Marriage* [*El significado del matrimonio*], 198.

[7] Ortlund, *Marriage and the Mystery of the Gospel* [*El matrimonio y el misterio del evangelio*], 53-54.

[8] Keller y Keller, *The Meaning of Marriage* [*El significado del matrimonio*], 58.

[9] Winston Smith, *Marriage Matters* [*El matrimonio importa*] (Greensboro, NC: New Growth Press,

interno, es poco probable que nos relacionemos bien en lo externo".[10] Paul Tripp también ha señalado esta correlación. Explica que "lo que desvía y destruye la sexualidad física es la falta de amor… Si tu cónyuge no te ha amado fuera del lecho matrimonial, ¿qué te hace pensar que te amará cuando estén en el lecho matrimonial?".[11]

Se requiere un esfuerzo permanente para mantener la intimidad personal y sexual. El sexo es emocionante cuando es nuevo, por lo cual el pecado sexual, incluyendo la infidelidad, puede ser seductor (ver Pro 7). Pero para mantener una relación se requiere compromiso y gracia, y es por eso que las aventuras amorosas suelen diluirse con el paso del tiempo.[12] Dios desea que el sexo se disfrute dentro del contexto seguro del compromiso profundo de un pacto de compañerismo de por vida, en el que cada cónyuge sirve y honra al otro mientras busca cumplir el rol que Dios le dio. En este tipo de relación no existe la presión mundana de actuar para ganar la devoción del otro. Cuando los cónyuges comparten sus vidas y construyen una amistad que es cada vez más profunda, la unión sexual se vuelve más y más significativa. Esto lo vemos cuando la mujer de Cantar de los cantares lo describe de una forma hermosa, relacionando su deseo sexual por su esposo con la amistad que disfrutan: "Su paladar es la dulzura misma; ¡él es todo un encanto! ¡Tal es mi amado, tal es mi amigo!" (Cnt 5:16). Incluso el compartir las dificultades tiene el potencial de unir más a una pareja. Como dice Proverbios: "En todo tiempo ama el amigo; para ayudar en la adversidad nació el hermano" (17:17). Algunos esposos pasan por alto o se descuidan en cultivar una amistad así con sus esposas. Como resultado, la unión sexual se vuelve más difícil porque la mujer se ve tentada a sentir que él solo está usando su cuerpo, y que en realidad no se interesa por su personalidad. Tristemente, también he tenido que aconsejar

2010), 221.

[10] Ibíd.

[11] Paul David Tripp, *What Did You Expect? Redeeming the Realities of Marriage* [*¿Qué estabas esperando? Redimiendo las realidades del matrimonio*] (Wheaton, IL: Crossway, 2010), 173.

[12] En uno de mis primeros casos de consejería, conocí a una mujer que había tenido una aventura amorosa y había abandonado a su aburrido esposo cristiano por el hombre emocionante que conoció en el trabajo. Sin embargo, cuando ella y su amante se casaron, la relación comenzó a derrumbarse de todas las formas. Ella me dijo: "No entiendo por qué cuando estábamos en la aventura amorosa no podíamos dejar de tocarnos, éramos como dos salvajes. Pero ahora que estamos casados, no nos soportamos". Ahora quería saber si podía regresar con su antiguo esposo "aburrido".

a parejas que casi nunca tienen relaciones sexuales debido a conflictos sin resolver que han llevado a la amargura y la distancia en la relación.

Un aspecto final a resaltar es la importancia de seguir cultivando el romance en tu matrimonio. Muchas parejas se ocupan de su carrera laboral y de sus hijos, pero se descuidan el uno al otro. Algunos se vuelven perezosos y pasan su tiempo libre viendo televisión, en sus pasatiempos, en internet, mientras que descuidan la comunicación y el romance. Algunos se vuelven perezosos sexualmente, esperan hasta que están exhaustos para ir a la cama, y luego no quieren esforzarse por traerle satisfacción sexual al otro. Una esposa se dio cuenta de que pasaba horas preparando comidas saludables para su esposo, al punto de que jamás se le ocurriría servirle un sándwich de mantequilla de maní y mermelada de cena. Sin embargo, se declaró culpable de estar ofreciendo sexo de mantequilla de maní y mermelada. Pero, por la gracia de Dios, se propuso esforzarse en su relación sexual tanto como lo hacía en la cocina.

EL SEXO Y LA GRACIA

Muchas parejas viven en el campo de la ley, usando el sexo como recompensa o castigo según lo que crean que merece su cónyuge. La esposa puede llegar a pensar que si su esposo ayuda en la casa y la trata con respeto, ella estará disponible sexualmente. Si él no está a la altura de sus expectativas, le da la espalda y le dice que debe dormir. Los esposos airados también niegan el afecto sexual para castigar a sus esposas. Esta perspectiva del sexo no refleja la gracia.

La alternativa es practicar el sexo junto con la gracia, de manera que cada uno le dé al otro algo mejor de lo que se merece, así como Dios nos ha mostrado gracia de manera gratuita y abundante. También se debe tratar amablemente con la debilidad del cónyuge cuando él o ella tenga imperfecciones físicas o defectos personales (hábitos incómodos, si es malhumorado o no es lo suficientemente comunicativo). Sea que tu cónyuge luche con un deseo excesivo por el sexo (idolatría sexual) o que le falte el deseo, lucha por ayudarlo en vez de juzgarlo.

Otro aspecto del sexo acompañado de la gracia es que uno debe estar dispuesto a recibir gracia. Algunos cónyuges, debido al orgullo o la culpa, pueden desear el sexo pero se niegan a recibir la bendición sexual porque sienten que no la merecen. Así como el evangelio nos obliga a humillarnos a nosotros mismos para recibir los regalos de Dios que no nos podríamos ganar, el matrimonio nos da la oportunidad no solo de dar gracia sino de recibir gracia con humildad. En un buen matrimonio, cada cónyuge se maravillará de que el otro lo ame a pesar de que no lo merece por ser un pecador. Recibir un amor así nos ayuda a entender la forma en la que el misterio del matrimonio refleja el misterio del evangelio (Ef 5:32).

DE ÍDOLO A BENDICIÓN

La gracia te enseña a pensar primeramente en cómo traerle bienestar y satisfacción sexual a tu cónyuge, en vez de simplemente buscar la gratificación personal. Pablo les enseña a los corintios: "El hombre debe cumplir su deber conyugal con su esposa, e igualmente la mujer con su esposo. La mujer ya no tiene derecho sobre su propio cuerpo, sino su esposo. Tampoco el hombre tiene derecho sobre su propio cuerpo, sino su esposa" (1Co 7:3-4). Como tu sexualidad le pertenece a tu cónyuge, tu objetivo es descubrir qué es lo que más le agrada y esforzarte por hacerlo tan feliz como sea posible en esta área. El que ama como Dios ama se deleita grandemente en darle placer al ser amado. Cuando cada uno está tratando de superar al otro en servicio y amor, hay un gran gozo y se cumple el ideal de Dios para la unión sexual.

RESUMEN

Dios diseñó el sexo para que fuera una bendición para la humanidad y una expresión del pacto matrimonial, para la procreación y el placer mutuo. Muchos han convertido este regalo de Dios en un ídolo. La idolatría sexual es autodestructiva y le hace un gran daño a los matrimonios en términos de pérdida de confianza/unidad y de expectativas poco realistas. El evangelio de la gracia nos libera de la idolatría para que podamos encontrar nuestra satisfacción suprema en el conocimiento de Dios. Solo entonces seremos capaces de disfrutar los regalos de Dios en su contexto correcto. La unión sexual en el matrimonio le da a cada cónyuge la oportunidad de servir con gracia al otro, con un amor que refleja el amor de Dios por nosotros.

PREGUNTAS PARA REFLEXIONAR

1. ¿Por qué Dios solo permite el sexo dentro del matrimonio?
2. ¿Qué tiene de malo la idolatría sexual?
3. ¿Cómo puede el evangelio redimir el sexo?
4. ¿Qué daño produce el sexo que depende de la ley (o el que no da gracia) en el matrimonio?
5. ¿Cómo es el sexo que se acompaña de gracia?

20

¿CÓMO ABORDA LA BIBLIA LAS PREGUNTAS DIFÍCILES SOBRE EL SEXO?

El sexo puede ser complicado. Muchas parejas enfrentan preguntas difíciles, pero la Palabra de Dios es totalmente suficiente y nos da respuestas y pautas para que podamos vivir en gozo y libertad.

¿CUÁLES SON LAS DIFERENCIAS ENTRE LA PERSPECTIVA MASCULINA Y LA PERSPECTIVA FEMENINA DEL SEXO?

Es cierto lo que dicen respecto a que los hombres son más visuales y las mujeres tienden a enfocarse más en la relación. No es extraño que un hombre, sin haber tenido una conversación significativa con su esposa en todo el día, quiera tener sexo con ella al verla desvestirse para ir a dormir, mientras que ella puede que responda: "¿Cómo puedes siquiera sugerirlo?". Una mujer anhela un hombre que esté interesado en ella en todos los sentidos. He visto que las mujeres tienden a caer en infidelidad no por causa de lujuria sexual, sino porque se sienten descuidadas o maltratadas por sus esposos. Una esposa puede llegar a sentirse juzgada y criticada constantemente por un esposo al que nunca puede agradar, y eso la hace vulnerable cuando llega otro hombre que es atento, la acepta y la anima. Por otra lado, un hombre que cae en adulterio suele mentirle a la otra mujer, diciéndole que hará un compromiso con ella (y dejará a su esposa) para poder tener sexo con ella.

Un esposo sabio se esfuerza por entender a su esposa en todos los aspectos (1P 3:7), incluyendo el área sexual, en vez de estar enfocado en sí mismo o de asumir que ella es como él. La mayoría aprenderá que la necesidad sexual más grande de su esposa es ser el deleite de su esposo en todos los sentidos. Ella se goza grandemente en saber que él todavía la considera atractiva, aun después de muchos años (y de haber dado a luz), y que ella lo puede satisfacer. Los hombres aprenderán que la mayoría de esposas tienen menos deseo sexual que sus esposos, lo cual demanda que tengan paciencia. Muchas esposas son más sensibles en cuanto a asuntos de higiene y privacidad/ruido. Las mamás de niños pequeños necesitan desesperadamente más horas de sueño. Además, un esposo atento se esforzará por aprender qué es lo que hace feliz y satisface sexualmente a su esposa, y será paciente cuando no todas las experiencias sexuales sean extraordinarias. También tratará de entender cómo la afectan su ciclo, el embarazo y la menopausia.

Una esposa debe luchar por entender cómo su esposo ve el sexo. Esta es un área en la que puede ayudarlo bastante (Gn 2:18), y la mayoría de esposos necesitan mucha ayuda en este sentido, pues tienden a pensar más en el sexo que sus esposas.[1] Vivimos en una cultura bastante sexualizada, y esto suele aumentar el nivel de tentación que experimenta un hombre. Proverbios 5 reconoce que el hombre experimenta una sed sexual, pero le advierte que solo debe beber de su propio manantial (v 15). La esposa debe alegrarse cuando su esposo busque satisfacer su sed exclusivamente en ella. Aunque es apropiado que una esposa inicie las relaciones sexuales, el diseño general de Dios en el matrimonio es que el esposo lidere y la esposa responda. A veces, puede que a ella le sorprenda su iniciativa ("Pensé que sería mañana en la noche"). Su respuesta en esos momentos debe reflejar su amor y su compromiso con él. La esposa también debe entender que muchos esposos se toman el rechazo, o incluso la falta de interés, de sus esposas de una forma muy personal. Los esposos pueden verse tentados a reaccionar pecaminosamente, ya sea enojándose o apartándose. La esposa amorosa puede mostrar gracia, especialmente cuando su esposo está luchando en esta área. Además, una esposa debe darse cuenta de que el sexo no es simplemente un acto físico para su esposo, sino que él también anhela la cercanía personal que Dios diseñó como resultado de la unión sexual.

---

[1] Cuando estaba trabajando en este material, recuerdo que llegamos a casa y encendimos la televisión para ver una miniserie que habíamos comenzado a ver antes acerca de los monarcas británicos, desde Alfredo el Grande hasta el presente. Mi esposa comentó: "Llevo todo el día pensando en la serie y esperando este momento". Yo le informé gentilmente que eso *no* era lo que *yo* había estado esperando todo el día, especialmente a la luz de lo que había estado estudiando.

¿CON CUÁNTA FRECUENCIA DEBERÍA UNA PAREJA CASADA TENER SEXO?

Algunas parejas se preocupan demasiado y se preguntan si la frecuencia con la que tienen sexo está por encima o por debajo del promedio, o si es normal. En general, la Escritura enseña que las parejas casadas deben tener relaciones sexuales con regularidad. Pablo escribe: "No se nieguen el uno al otro, a no ser de común acuerdo, y solo por un tiempo, para dedicarse a la oración. No tarden en volver a unirse nuevamente; de lo contrario, pueden caer en tentación de Satanás, por falta de dominio propio" (1Co 7:5). Teniendo en cuenta el hecho de que el cuerpo de cada uno (la sexualidad) le pertenece a su cónyuge, tanto el esposo como la esposa deben intentar asegurarse de que el otro esté totalmente satisfecho sexualmente. Incluso si un cónyuge no tiene deseo sexual, debe tener en cuenta los deseos y la necesidad de su cónyuge, por el bien de su matrimonio, para que ambos se expresen su amor de esta manera con regularidad.[2]

Ningún cónyuge debe usar sus derechos sexuales de manera egoísta o impositiva. Algunas veces lo más amoroso y sacrificial que puede hacer un esposo es dejar que su esposa duerma después de haber tenido un día agotador. El sexo nunca se debe lograr bajo coacción. Si una pareja no puede ponerse de acuerdo en cuanto a la frecuencia de sus relaciones sexuales, sería sabio que busquen el consejo de una pareja piadosa y madura.

¿Y SI A UN CÓNYUGE NO LE GUSTA EL SEXO?

Es común que los cónyuges no tengan el mismo nivel de deseo sexual.[3] Puede que la falta de interés sexual de uno de ellos se deba a un problema en la relación, y podría solucionarse si se mejora la comunicación,[4] el romance o la ayuda en casa. Algunas veces hay problemas de dolor o incomodidad física. Algunos de estos problemas se pueden abordar cuando la pareja habla

---

2 Se ha dicho que si las parejas solo hacen el amor cuando todo es perfecto y ambos están llenos de pasión, muchos no tendrían sexo con frecuencia (lo cual es malo).

3 En los muchos años que tengo aconsejando a parejas cristianas, he encontrado que las esposas se preocupan más que los esposos por la poca frecuencia en la unión sexual. Las razones por las que un cónyuge puede desear el sexo más que el otro pueden variar. Por ejemplo, una esposa puede querer sexo más frecuentemente porque desea cercanía personal con su esposo y anhela saber que él está totalmente satisfecho con ella.

4 Se ha dicho que la estimulación previa al acto sexual comienza temprano en la mañana y se da durante todo el día. Una esposa escribe: "Me encanta cuando mi esposo me elogia, y cuando me ayuda durante el día me hace sentir más amorosa hacia él". Otra dice: "Me encanta cuando mi esposo me escucha y me mira a los ojos".

abiertamente sobre el sexo y cada uno aprende lo que le agrada o hiere al otro. Algunos de estos problemas pueden requerir soluciones médicas. No esperen, busquen ayuda. He visto situaciones en las que un cónyuge decidió que no habrá sexo, y eso no es conforme al pacto matrimonial. Es probable que se necesite ayuda externa y consejería. El cónyuge que no tiene tanto deseo sexual puede aprender a ver el sexo como una oportunidad para servir y traerle bienestar de forma amorosa a su pareja. El que ama se complace en darle placer al amado. Aun cuando te preocupe que tu cónyuge esté haciendo del sexo un ídolo, debes darte cuenta de que tu trabajo no es arreglar a la persona juzgándola o negándote a tener sexo con ella. En cambio, al entender que solo el Señor puede satisfacer totalmente a tu cónyuge, harás todo lo que puedas por darle bienestar, reflejando así la gracia de Dios y esperando que tu gentileza, semejante a la de Cristo, lo lleve al arrepentimiento (Ro 2:4).

¿ES LÍCITO PARA LOS CRISTIANOS EVITAR LA CONCEPCIÓN?

La Escritura revela que el diseño general de Dios para el matrimonio incluye tener hijos (Gn 1:27-28).[5] Una pareja piadosa reconocerá que una parte importante del diseño de Dios para el sexo es la procreación, y creerán que los hijos son una bendición (Sal 127). Sin embargo, la Biblia no nos demanda que tengamos tantos hijos como sea posible físicamente. Una pareja tiene la libertad, por medio de ciertos métodos de planificación, de tratar de determinar el momento en el que tendrán hijos o de limitar la cantidad de hijos que tendrán. Los que usan estos métodos deben reconocer que Dios es soberano sobre la matriz. Tal vez una pareja no pueda concebir para el tiempo en que lo tenían planeado. Algunas parejas conciben a pesar de sus esfuerzos por no hacerlo. Proverbios nos recuerda: "El corazón del hombre traza su rumbo, pero sus pasos los dirige el Señor" (16:9).

Algunos argumentan que las parejas no deben usar métodos anticonceptivos, sino que simplemente deben recibir la cantidad de hijos que el Señor les dé. Aunque esta perspectiva suena piadosa, la Biblia no prohíbe que una pareja evite la concepción de forma legítima bajo ciertas circunstancias (por ejemplo, si la salud de la esposa se pone en riesgo con un embarazo, o si la

---

[5] Algunas parejas no pueden tener hijos por cuestión de providencia y eso no le resta valor a su matrimonio.

pareja decide que su capacidad física o financiera no les permite tener más hijos). Un argumento en contra de la anticoncepción viene del ejemplo de Onán, a quien el Señor le quitó la vida porque derramó su semen en la tierra para que Tamar no pudiera concebir (Gn 38:6-10). Sin embargo, la situación de Onán es particular. El propósito de su unión sexual con Tamar era cumplir su deber según el orden del antiguo pacto de darle descendencia a su difunto hermano. Al derramar su semen en la tierra, estaba disfrutando de los placeres de la unión sexual al tiempo que se negaba a cumplir con su responsabilidad. Este caso era todavía más importante porque Onán era hijo de Judá, por medio de quien vendría el Mesías. Ese incumplimiento descarado de Onán fue una agresión a la línea mesiánica, no un comentario sobre el uso de anticonceptivos.

No todos los métodos de planificación son permitidos. La Biblia enseña que la vida humana, la cual refleja la imagen de Dios y está bajo Su protección, comienza en la concepción (Sal 51:5; 139:13), y eso significa que cualquier método de planificación que sea abortivo está prohibido para los cristianos.[6] Los métodos que buscan evitar la concepción están en el terreno de la libertad cristiana. Aunque algunos de estos métodos (por ejemplo, los preservativos) son temporales, otros están diseñados para ser permanentes (por ejemplo, la vasectomía). La decisión de que un cónyuge se haga una cirugía de esterilización se debe tomar con mucho cuidado.[7] Debido a que nuestro cuerpo le pertenece a nuestro cónyuge (1Co 7:3-4), él o ella debe tomar parte en la decisión. Algunas personas se han arrepentido de por vida de haberse esterilizado porque más adelante desearon tener hijos.[8]

Algunas veces las parejas no pueden ponerse de acuerdo respecto a cuántos hijos quieren tener.[9] Un cónyuge puede resistirse a tener hijos por razones egoístas. En tales casos, deben buscar entenderse el uno al otro, poniendo primero los intereses del otro (Fil 2:3-4) y aplicando los principios bíblicos

---

[6] Algunos métodos de planificación en realidad son abortivos ya que, en vez de evitar la concepción, no permiten que un óvulo fertilizado se desarrolle.

[7] En un caso, un hombre decidió hacerse la vasectomía para cuidar la salud de su esposa, a quien le habían diagnosticado un problema de corazón que pondría en riesgo su vida si quedaba embarazada. Este fue un acto de sacrificio personal que refleja el carácter de Jesús (Ef 5:25).

[8] Por ejemplo, este podría ser el caso si muere uno de los hijos, o si un cónyuge que quedó viudo luego quiere volverse a casar y tener hijos con su nuevo cónyuge.

[9] Este es uno de los problemas que se deben resolver durante el cortejo.

de resolución de conflictos. En muchos casos, un esposo necesita darse cuenta de lo mucho que significa para su esposa tener hijos, y que es una gran parte de su identidad (1Ti 2:15). Si se estancan en una discusión como esta, pueden pedir un consejo externo.

¿QUÉ ACTIVIDADES SEXUALES SON LÍCITAS ENTRE ESPOSOS?

Las parejas son libres para explorar y complacerse el uno al otro sexualmente, sin embargo, ninguno debe pedirle al otro que haga algo que sea desagradable o doloroso, ya que el esposo y la esposa están llamados a servirse el uno al otro en esta área. Pablo dice: "Todo lo que no se hace por convicción es pecado" (Ro 14:23), lo que implica que cualquier acto sexual que vaya en contra de la conciencia de alguno de los cónyuges es malo. Hay intereses sexuales inapropiados que surgen por el uso de la pornografía y por la idolatría sexual.[10] No está bien realizar actos sexuales antinaturales, dañinos o impúdicos.

¿QUÉ MEDIDAS MÉDICAS PUDIERAN ADOPTAR LOS CRISTIANOS PARA ENRIQUECER LA RELACIÓN SEXUAL EN EL MATRIMONIO?

Así como la Biblia nos da libertad en el uso de métodos anticonceptivos, también tenemos libertad en el uso de medicamentos que ayudan en casos de disfunción sexual. El asunto crucial es la motivación. ¿Él quiere tomar este medicamento para poder cumplir con su deber conyugal con amor y suplir las necesidades de su esposa? ¿O es una expresión de idolatría sexual por la cual quiere mejorar su desempeño sexual simplemente para su propio placer?

De forma similar, es posible que un cónyuge quiera tomar otras medidas para ser más atractivo, como perder peso, enderezar sus dientes, hacerse una cirugía estética, etc. De nuevo, la motivación es el punto clave. He conocido a hombres que han presionado a sus esposas para que se realicen cirugías de aumento de senos, cuando el problema real era que estaban viendo

[10] Una noche, mi esposa y yo recibimos una llamada de una mujer joven que estaba llorando porque su esposo la estaba presionando para que realizara un acto sexual que ella consideraba doloroso y desagradable. El deseo del esposo había salido de algo que vio en pornografía y, en su lujuria egoísta e idólatra, pensó que no podría estar satisfecho sexualmente a menos que su esposa realizara esta actividad en particular. No hace falta decir que lo reprendí fuertemente por su actitud egoísta, y le dije que debería estar agradecido de que Dios le haya dado una esposa y de que ella estuviera dispuesta a tener intimidad física con él de otras maneras.

demasiados senos que no le pertenecían. Si un esposo solo tuviera ojos para su esposa, estaría más contento con lo que Dios le ha dado. También he conocido a mujeres que quieren hacerse cirugías estéticas, no para ser más atractivas para sus esposos, sino para sentirse mejor con ellas mismas y, en algunos casos, para ser atractivas para otros hombres.

¿CÓMO SE DEBE ENSEÑAR A LOS NIÑOS SOBRE EL SEXO?

No importa cuánto queramos protegerlos, nuestros hijos reciben mucha información sexual mala de fuentes externas. En el libro de Proverbios, la educación sexual se da en casa (5:1-4; 6:20-24; 7:1-5). Los padres deben enseñar a sus hijos desde una edad temprana a ver el sexo como Dios lo ve: un regalo maravilloso que un esposo y su esposa pueden disfrutar en el matrimonio. Los padres también deben preparar a sus hijos para que luchen contra la tentación sexual (ver 5:8; 7:6-27) y para que pidan ayuda si alguien actúa de forma inapropiada hacia ellos (Dt 22:23-27). Una de las mejores enseñanzas que los padres pueden dar a sus hijos es transmitirles de forma genuina que todavía encuentran deleite sexual el uno en el otro.[11] El mundo dice que el mejor sexo se da entre personas atractivas que no están casadas. La Escritura dice que el regalo de Dios del sexo se disfruta más plenamente en el matrimonio. Ten un matrimonio que refleje esa verdad, que fomente en tus hijos un deseo de algún día disfrutar lo que tienen sus padres, y que afirme que vale la pena esperar lo que Dios dice que es mejor.

RESUMEN

Aunque la Escritura no trata todos los temas sexuales de forma explícita, los principios generales aplican de una forma muy útil para los asuntos que enfrentan las parejas cristianas. Los cónyuges deben servirse el uno al otro con amor en el área sexual, y cada uno se debe esforzar por entender y satisfacer los deseos del otro. Aunque tenemos libertad en muchas áreas, debemos usar nuestra libertad de una forma que considere tanto las necesidades como la conciencia de los demás.

---

[11] No estoy diciendo que una pareja casada deba actuar impúdicamente frente a sus hijos, sino que los hijos deben ser capaces de darse cuenta por la forma en la que actúan sus padres (toques, besos, miradas) que le queda suficiente electricidad a su matrimonio.

PREGUNTAS PARA REFLEXIONAR

1. ¿Cómo debe una pareja casada decidir en cuanto a la frecuencia con la que tendrán relaciones sexuales?
2. ¿Cómo debe una pareja casada determinar cuántos hijos tratarán de tener y cuándo?
3. ¿Qué se debe hacer si un esposo y su esposa no se pueden poner de acuerdo en cuanto a tener hijos?
4. ¿Qué actividades sexuales no son apropiadas para las parejas cristianas?
5. ¿Cómo se debe enseñar a los hijos sobre el sexo?

PARTE 2

EL DIVORCIO Y EL NUEVO MATRIMONIO

A

LOS FUNDAMENTOS DEL DIVORCIO Y EL NUEVO MATRIMONIO

21

¿POR QUÉ LA MAYORÍA DE PREGUNTAS SOBRE EL DIVORCIO Y EL NUEVO MATRIMONIO SON FÁCILES DE RESPONDER CON LA ESCRITURA?

Por lo general, cuando los cristianos consideran los temas del divorcio y el nuevo matrimonio, piensan en las preguntas interpretativas más difíciles en las que muchos creyentes no están de acuerdo y que, por necesidad, ocupan gran parte del resto de este libro. Sin embargo, la realidad es que la mayoría de los cristianos que creen en la Biblia están totalmente de acuerdo respecto al ideal bíblico de que el pacto matrimonial solo debe terminar con la muerte y a la forma en la que se deben aplicar los principios de la Escritura en la gran mayoría de casos.

EL DISEÑO DE DIOS ES EL MATRIMONIO PARA TODA LA VIDA

Cuando los fariseos pusieron a prueba a Jesús tratando de involucrarlo en sus disputas sobre las razones para un divorcio, Él les recordó el diseño que Dios estableció desde la Creación para el matrimonio.

> Algunos fariseos se le acercaron y, para ponerlo a prueba, le preguntaron: "¿Está permitido que un hombre se divorcie de su esposa por cualquier motivo?". "¿No han leído —replicó Jesús— que en el principio el Creador 'los hizo hombre y mujer', y dijo: 'Por eso dejará el hombre a su padre y a su madre, y se unirá a su esposa, y los

> dos llegarán a ser un solo cuerpo'? Así que ya no son dos, sino uno solo. Por tanto, lo que Dios ha unido, que no lo separe el hombre" (Mt 19:3-6).

Todos los cristianos que creen en la Biblia están de acuerdo en que el divorcio va en contra del diseño de Dios para el matrimonio. Sabemos que tanto el esposo como la esposa son responsables de hacer todos los esfuerzos posibles por permanecer fieles al pacto matrimonial, el cual fue diseñado por Dios como una imagen de Su relación de pacto con nosotros, Su pueblo. También reconocemos que todo divorcio ocurre por causa del pecado, aunque puede que las dos partes no tengan el mismo nivel de culpa.

Además, nos duele que en nuestra cultura el pacto matrimonial se tome de una forma tan ligera, como algo que se desecha fácilmente por medio del "divorcio sin culpa". Algunas personas incluso hacen celebraciones cuando terminan sus matrimonios. Aún más, nos inquieta cómo estas ideas mundanas están influenciando a muchos que profesan ser cristianos (Ro 12:2). Vemos el impacto negativo que sufren individuos y familias cuando miembros de iglesias evangélicas se divorcian y se vuelven a casar por causas que todos sabemos que no son bíblicas. Lamentamos los casos en los que las personas quebrantan de forma egoísta y pecaminosa sus votos de pacto con un cónyuge fiel, tal como en Malaquías 2:14-16, cuando los hombres de Judá abandonaron a sus esposas judías para casarse con mujeres impías más jóvenes. Nos rompe el corazón ver que las personas se rinden cuando su matrimonio tiene dificultades, en vez de sobrellevar los problemas en el poder del Espíritu y buscando la ayuda de Dios y de la iglesia. Nos preocupa que muchos que dicen ser cristianos afirman que el divorcio no es correcto hasta que les afecta personalmente o afecta a personas cercanas, que es cuando deciden comprometer los principios bíblicos.

RAZONES ILEGÍTIMAS PARA UN DIVORCIO

Aunque existen desacuerdos entre los eruditos bíblicos acerca de si la infidelidad sexual o el abandono de un no creyente le da al cónyuge inocente motivos para divorciarse, coincidimos en que hay muchas razones que se usan popularmente para divorciarse que no son bíblicas, incluyendo:

1. "Mi cónyuge no es cristiano"; "Yo no era cristiano cuando me casé". Algunos de los creyentes en Corinto enfrentaban esta misma situación y Pablo les mandó que permanecieran casados si su cónyuge estaba dispuesto (1Co 7:12-13). Dios puede usarte para traer a la fe a tu esposo o esposa (1P 3:1-2).
2. "No nos casamos en la iglesia". No hay nada en la Biblia que indique que debes casarte en el edificio de una iglesia o que un pastor cristiano deba oficiar la boda. Si has hecho un pacto de matrimonio en cualquier contexto, Dios te ha unido en matrimonio y espera que cumplas tu promesa (Mt 19:6).
3. "Necesito salir de este matrimonio por el bien de mis hijos". Es lógico que te preocupe la influencia de tu cónyuge no creyente sobre tus hijos, pero Pablo dice que incluso si tu cónyuge no es creyente, debes permanecer casado y confiar en que tu cónyuge y tus hijos serán santificados en algún sentido por medio de tu presencia en tu matrimonio (1Co 7:14). Tu testimonio al soportar un matrimonio difícil puede ser una influencia profundamente positiva para tus hijos. Sin embargo, si existe el riesgo de que tu cónyuge abuse física o sexualmente de alguno de ustedes, debes asegurarte de que tú y tus hijos estén a salvo.
4. "Mi cónyuge es una gran decepción". "Es un fracasado (un mal proveedor)". "Ella no se ha cuidado en su aspecto físico". "Nunca me habría casado con esta persona si hubiera sabido en qué me estaba metiendo". "Yo merezco algo mejor". Los votos tradicionales de matrimonio, que dicen "en las buenas y en las malas, en riqueza y en pobreza", son profundos. Cuando te casaste, prometiste que ibas a serle fiel a esa persona incluso si él o ella cambia en formas que no te gustan. No se puede negar que algunos matrimonios son muy difíciles. Muchos creyentes permanecen casados, no porque crean que es un gran beneficio para ellos mismos, sino porque quieren honrar a Dios y confiar en que Sus caminos son mejores (Pro 3:5-6). Amar y servir con gracia a un cónyuge que es difícil de amar te da la oportunidad de reflejar el amor que Cristo ha mostrado a pecadores como nosotros, que no lo merecíamos (Ro 5:8). Es posible que la recompensa para un cónyuge tan fiel como este no llegue en esta vida sino en la venidera (Mt 25:23).

5. "Ya no estamos enamorados". Estar "enamorado" no se encuentra dentro del criterio bíblico de las razones por las que uno debe permanecer casado. Una esposa que no era feliz me dijo: "No queda nada en nuestro matrimonio, ya no vale la pena intentar". Yo le respondí: "Sí, queda algo. Hiciste un pacto delante de Dios, y Él quiere que lo intentes". En la Escritura, el amor no es solo un sentimiento romántico o apasionado. El amor requiere un compromiso intencional por el bien de otro. Pablo dice a los efesios: "... lleven una vida de amor, así como Cristo nos amó y se entregó por nosotros como ofrenda y sacrificio fragante para Dios" (Ef 5:2). Puedes decidir amar a otra persona haciendo lo que le beneficia y orando por ella. Si no puedes sentir amor romántico o incluso el amor de la amistad, recuerda que Jesús te llama a "amar a tus enemigos" (Mt 5:44). Cuando comienzas a amar a tu cónyuge por amor y obediencia a Cristo, Dios puede ayudarte a amar de corazón a tu cónyuge, incluso de forma romántica.
6. "Me casé con la persona equivocada"; "Éramos muy jóvenes". Algunas personas miran atrás y se dan cuenta de que tomaron una mala decisión al casarse. Puede que se den cuenta de que no estaban listos para el matrimonio, o de que la persona con la que se casaron no cumple con los criterios bíblicos de un cónyuge piadoso. Algunos incluso se preguntan si, al casarse con la "persona incorrecta", perdieron la oportunidad de estar con su "alma gemela" (o, en otras palabras, con la que Dios realmente quería que se casaran). Primero, es bueno confesarle a Dios cualquier pecado que hayas cometido al casarte de forma pecaminosa o insensata (1Jn 1:8-9). Sin embargo, no debes agravar este pecado con más pecados. Ahora que estás casado, es la voluntad de Dios que hagas todo lo que esté a tu alcance para que tu matrimonio funcione. No existe un respaldo bíblico para la idea de que al casarte con tu cónyuge perdiste la oportunidad de estar con tu "alma gemela" o "la persona correcta" que Dios quería para ti. Esta forma de pensar es un misticismo mundano sin ninguna base bíblica. Tu cónyuge es el plan de Dios para ti. Confía en que Dios hará que incluso tu elección insensata o pecaminosa sea para tu bien y para Su gloria (Ro 8:28).
7. "Merezco ser feliz. Dios no quiere que yo sea infeliz". El deseo de ser feliz, o el temor de ser infeliz, es tal vez la causa principal por la que se

divorcian los no creyentes. Por desgracia, muchos matrimonios entre personas que dicen ser cristianas se terminan simplemente porque uno o ambos cónyuges son infelices y han perdido la esperanza de ser felices con el otro. Es como si hubieran decidido que la respuesta a la primera pregunta del Catecismo Menor de Westminster, "¿Cuál es el fin principal del hombre?", es "Ser feliz" —en vez de "El fin principal del hombre es el de glorificar a Dios, y gozar de Él para siempre".[1] Así como nuestro Señor Jesús glorificó a Dios por medio de Su sufrimiento, algunas veces seremos llamados a seguir Sus pasos mientras sufrimos para darle la gloria a Dios (1P 2:21). Algunos sufrirán persecución en manos de gobiernos humanos que son hostiles. Algunos puede que sufran en matrimonios difíciles. Algunos matrimonios pueden ser difíciles porque un cónyuge está incapacitado física o mentalmente, de tal forma que el otro recibe pocos beneficios o ninguno en el matrimonio, tal como la compañía, la provisión y el afecto físico. A pesar de esto, no existe la opción de buscar dichos beneficios en otro lugar, porque el pacto matrimonial todavía está vigente. Otros pueden sufrir en matrimonios que son difíciles porque sus cónyuges son egoístas e inmaduros, así que no tienen el gozo que otros experimentan en el matrimonio.

8. Sin embargo, en cualquiera de estos casos, los creyentes pueden seguir siendo fieles a los votos que hicieron delante del Señor, en quien pueden encontrar gozo (Fil 4:4) aun cuando su matrimonio sea una lucha. Tienen la capacidad de perseverar en la esperanza de que Dios puede actuar por medio de Su Palabra y el evangelio para renovar el amor y el gozo en su matrimonio. También reconocen que al creer que serán más felices yendo en contra los mandatos de Dios (por ejemplo, divorciándose o volviéndose a casar en contra de la voluntad de Dios como se reveló en Su Palabra), desafían tanto la sabiduría de Dios (la verdad de que Él sabe qué es lo mejor para ti —Pro 3:5-6) como Su soberanía (la verdad de que Él bendecirá la obediencia y traerá consecuencias por la desobediencia). "No se engañen: de Dios nadie se burla. Cada uno cosecha lo que siembra" (Gá 6:7). ¿En realidad crees que puedes pelear contra Dios y ganar?

---

[1] http://www.shortercatechism.com/resources/wsc/wsc_001.html.

9. "Todos mis amigos dicen que debo dejar a mi cónyuge". Es común que los amigos y familiares no creyentes den consejos matrimoniales basándose en razones que no tienen fundamento bíblico. Con frecuencia, la familia y los amigos piensan que deben ponerse de nuestro lado y decirnos lo que queremos escuchar. Sin embargo, la Escritura dice que esta clase de halagos no trae ningún beneficio real al final: "A fin de cuentas, más se aprecia al que reprende que al que adula" (Pro 28:23). Por lo general, sus errores se intensifican por el hecho de que no conocen toda la información de ambas partes del conflicto. "El primero en presentar su caso parece inocente, hasta que llega la otra parte y lo refuta" (Pro 18:17). Los que aconsejan a otros a abandonar su matrimonio están en grave peligro de quedar bajo el juicio de Dios por contribuir a la separación de lo que Dios ha unido (Mt 19:9). Todos debemos tener cuidado para escoger consejeros sabios y piadosos (Sal 1:1; 1Co 15:33).
10. "Dios me perdona". En más de una ocasión he escuchado a cristianos decir: "Sé que es malo que me divorcie de mi cónyuge y que no tengo ningún motivo bíblico, pero sé que la sangre de Jesús cubrirá mi pecado y podré continuar con mi vida". A veces decían esto para poder estar con alguien que creían los podía hacer más felices. En otros casos, solo querían salir de un matrimonio difícil. Aunque es cierto que la gracia de Dios es muy grande, los creyentes verdaderos no se aprovechan de ella. Como dice Pablo en Romanos 6:1-2: "¿Qué concluiremos? ¿Vamos a persistir en el pecado para que la gracia abunde? ¡De ninguna manera! Nosotros, que hemos muerto al pecado, ¿cómo podemos seguir viviendo en él?". Luego, el apóstol explica que Jesús no murió para que nosotros pudiéramos seguir pecando, sino que murió para que ya no tengamos que ser esclavos del pecado (ver también Tito 2:14). La Escritura nos dice que debemos cuestionar la conversión de alguien que se hace llamar cristiano y desobedece intencionalmente la Palabra de Dios. Jesús dice: "Si ustedes me aman, obedecerán Mis mandamientos" (Jn 14:15). Juan escribe: "¿Cómo sabemos si hemos llegado a conocer a Dios? Si obedecemos Sus mandamientos. El que afirma: 'Lo conozco', pero no obedece Sus mandamientos, es un mentiroso y no tiene la verdad" (1Jn 2:3-4). Aunque solo Dios conoce el estado real del alma de esta persona, él o ella

está sujeto a la disciplina de la iglesia (ver Mt 18:15-20) y está en riesgo de que la iglesia lo expulse por considerarlo un no creyente.

HAY UN ACUERDO GENERALIZADO ACERCA DE OTROS TEMAS BÁSICOS

1. Los eruditos que creen en la Biblia afirman que, comúnmente, el pacto matrimonial termina con la muerte de uno de los cónyuges. Es en ese momento que el cónyuge que sobrevive es libre para volverse a casar (Ro 7:2-3; 1Co 7:39; 1Ti 5:14).
2. Los que se han divorciado sin razones bíblicas correctas pecan si se casan con otra persona (Mt 19:9).
3. Si un creyente se divorcia de otro creyente sin motivos bíblicos válidos, no es libre de casarse con alguien más (1Co 7:10-11).

RESUMEN

Aunque entre los cristianos que creen en la Biblia hay mucha controversia y desacuerdos respecto a algunos de los puntos delicados sobre el divorcio y el nuevo matrimonio, existe un acuerdo generalizado respecto al ideal bíblico establecido desde la Creación, de que el pacto matrimonial está diseñado por Dios para que dure toda la vida. En la abrumadora mayoría de casos reales, las personas están de acuerdo en que el divorcio no es una opción bíblica (no es permitido que te divorcies solo porque eres infeliz) y en que se deben hacer todos los esfuerzos posibles para mantener unido lo que Dios ha unido.

PREGUNTAS PARA REFLEXIONAR

1. Cuando le preguntan a Jesús acerca del matrimonio, ¿a qué pasaje recurre primero? ¿Por qué?
2. ¿Cuáles son las razones más comunes por las que hay divorcios y por qué no son válidas?
3. ¿Qué efecto ha tenido en nuestra cultura el “divorcio sin culpa”?
4. ¿Qué efecto ha tenido en la iglesia el “divorcio sin culpa”?
5. ¿Qué le dirías a alguien que tiene un matrimonio muy difícil y está considerando salir de él?

22

¿POR QUÉ SON TAN DIFÍCILES ALGUNAS PREGUNTAS SOBRE EL DIVORCIO Y EL NUEVO MATRIMONIO?

El pueblo de Dios ha estado debatiendo los asuntos relacionados con el divorcio y el nuevo matrimonio durante miles de años. En el primer siglo, los fariseos trataron de involucrar a Jesús en el debate entre los seguidores de Hilel y Shamai acerca de lo que constituye una razón legítima para el divorcio (Mt 19:3). A lo largo de la historia de la iglesia, las diferentes ramas del cristianismo han promovido y aplicado distintas perspectivas. En nuestra época, eruditos que están de acuerdo en casi todos los demás temas cruciales de la fe a veces tienen diferencias marcadas respecto a las razones bíblicas (si es que consideran que las hay) para el divorcio y el nuevo matrimonio. La importancia que tiene entender estos temas es aún mayor debido al impacto práctico que tienen en la vida de cristianos en cada una de nuestras iglesias.

LOS ERUDITOS QUE CREEN EN LA BIBLIA ESTÁN EN DESACUERDO

Cristianos fieles que creen en la Biblia y se dedican a estudiarla han llegado a distintas conclusiones acerca de las razones bíblicas para un divorcio y un nuevo matrimonio. Al igual que en la época de Jesús, las interpretaciones son muy variadas, desde la más estricta hasta la más permisiva. Hay pastores y teólogos confiables, como John Piper y James Montgomery Boice, que están de acuerdo en que la Escritura no permite el divorcio ni el nuevo matrimonio bajo ninguna circunstancia. Otros eruditos creen que el divorcio es permitido en pocos casos, pero que no es correcto volverse a casar. La mayoría de los demás —incluyendo a John MacArthur, John Murray y la mayoría de teólogos reformados— creen que el divorcio y el nuevo matrimonio están permitidos en casos limitados (el pecado sexual y el abandono de un no creyente), pero tienen desacuerdos en cuanto a la forma de determinar estos casos. Varios representantes de cada punto de vista han publicado libros y artículos, examinando los textos bíblicos junto con datos históricos y culturales. También se ha publicado volúmenes útiles en los que interactúan personas con diferentes opiniones.[1] Puede ser abrumador examinar las interpretaciones opuestas de los distintos textos bíblicos y el argumento que presentan. Un ejemplo de lo complicados que son estos temas es lo que le ocurrió a William Heth, quien escribió a favor de la posición "divorcio sin nuevo matrimonio" en 1990, pero cambió su perspectiva y después fue invitado a escribir a favor de la postura del "nuevo matrimonio en casos de adulterio o abandono" en el 2006.[2]

LAS REPERCUSIONES PRÁCTICAS SON EXTREMADAMENTE IMPORTANTES

¿En realidad es necesario todo este debate? Veamos el ejemplo de Ester, una joven de veintitrés años que ha estado casada con Julio durante dos años y tiene un hijo pequeño de dieciséis meses llamado Benjamín.[3] Aunque antes de su matrimonio Julio aseguraba que era cristiano, parece que perdió interés en Ester y en asistir a la iglesia después del nacimiento de Benjamín. Finalmente, resultó que Julio estaba siendo infiel con una compañera de trabajo. Cuando Ester lo confrontó él se enojó, fue violento con ella y la amenazó diciéndole que les haría daño a ella y a Benjamín. Ella llamó a la policía y obligaron a Julio a que se fuera a vivir a otro lugar, así que él decidió mudarse con su compañera de trabajo. Julio no quiere hablar con las personas de la iglesia y ya no se identifica como cristiano.

¿Qué le aconsejarías a Ester respecto a las opciones que tiene? ¿Puede tomar la iniciativa para divorciarse de Julio? ¿O debe esperar a que él se divorcie

---

1 Ver H. Wayne House, ed., *Divorce and Remarriage: Four Christian Views* [*El divorcio y el nuevo matrimonio: Cuatro perspectivas cristianas*] (Downers Grove, IL: InterVarsity Press, 1990); Mark L. Strauss, ed., *Remarriage after Divorce in Today's Church: 3 Views* [*El nuevo matrimonio después del divorcio en la iglesia actual: Tres perspectivas*] (Grand Rapids: Zondervan, 2006).

2 Ibíd.

3 Este ejemplo es una compilación de varios casos reales con los que he tratado.

de ella? Si se divorcian, ¿ella es libre de volver a casarse? ¿O debe esperar hasta que Julio se case (lo que puede que nunca pase si decide simplemente seguir viviendo con su novia)? ¿O debe esperar hasta que Julio muera para poderse volver a casar? ¿Qué dice en realidad la Escritura sobre su situación?

Una situación como esta nos lleva a pensar en la advertencia de Santiago: "Hermanos míos, no pretendan muchos de ustedes ser maestros, pues, como saben, seremos juzgados con más severidad" (Stg 3:1), y la de Jesús: "Si alguien hace pecar a uno de estos pequeños que creen en Mí, más le valdría que le colgaran al cuello una gran piedra de molino y lo hundieran en lo profundo del mar" (Mt 18:6). No es nuestro deseo animar a las personas a que hagan lo que Dios prohíbe, y debemos tener en cuenta la advertencia de Jesús de no separar ilegítimamente lo que Dios ha unido (Mt 19:6). Los que defienden la posición más estricta (la permanencia) sobre el divorcio y el nuevo matrimonio dirían que Ester no puede tomar la iniciativa para divorciarse y tampoco puede volverse a casar hasta que Julio muera. Si ellos tienen la razón y nosotros animamos a Ester a que se divorcie y se vuelva a casar, estaríamos animándola a pecar y compartiríamos parte de la responsabilidad por un divorcio y un nuevo matrimonio pecaminosos (Mr 10:12). Algunos argumentan en contra de la postura de la permanencia diciendo que sería demasiado difícil que una mujer joven pase el resto de su vida sola, sin un esposo que la ayude. Sin embargo, no podemos permitir que los argumentos emocionales o las historias de las personas nos hagan dudar, porque de esa forma terminaremos permitiendo el divorcio y el nuevo matrimonio en casi cualquier caso.[4] Como dice Proverbios: "Hay caminos que al hombre le parecen rectos, pero que acaban por ser caminos de muerte" (14:12). Debemos seguir lo que dice la Palabra de Dios y confiar en que Él se encargará de los que le son fieles.

Por otra parte, no queremos prohibirles a las personas cosas que Dios permite. Por ejemplo, si la Biblia enseña que Ester es libre para divorciarse de su cónyuge infiel y violento y casarse si así lo quiere, no sería correcto

[4] El cambio rápido de actitud respecto a la aceptación de la homosexualidad, incluso entre evangélicos, ha sido en gran parte el resultado de que las personas se dejan influenciar por historias emocionales de amigos o familiares. Con todo, debemos sostener que la Palabra de Dios tiene la autoridad sobre nuestros sentimientos y experiencias.

prohibirle que lo haga. Es posible que los líderes de la iglesia le hagan daño al prohibirle tener un nuevo matrimonio, ya que este podría ser de bendición y ayuda tanto para Ester como para su hijo pequeño, Benjamín. De nuevo, estos temas se deben determinar bíblicamente, no pragmáticamente.

EL PECADO COMPLICA LA VIDA

En el caso del matrimonio, es muy cierto el dicho de que "Dios hizo perfecto al género humano, pero este se ha buscado demasiadas complicaciones" (Ec 7:29). Jesús les recordó a los fariseos que el matrimonio, tal y como fue diseñado por Dios en el jardín, es muy sencillo: un hombre con una mujer para toda la vida (Mt 19:4-6). Pero la entrada del pecado al mundo afectó nuestra relación con Dios y nuestras relaciones con los demás, y eso incluye las relaciones matrimoniales. Después de más de treinta años de ministerio pastoral y consejería, nunca dejan de sorprenderme los desastres en los que se meten las personas y la complejidad de las preguntas que surgen en situaciones relacionadas con el divorcio y el nuevo matrimonio. Es casi imposible abordar todos los escenarios imaginables, o incluso todas las situaciones que he visto personalmente, en el espacio que queda de este libro. Sin embargo, puedo declarar confiadamente que la Palabra de Dios es suficiente para tratar cualquier problema que enfrentes (2Ti 3:16-17), y puedo ofrecerte principios bíblicos que te ayudarán a enfrentar las crisis reales que encontrarás al aconsejar.

DEBEMOS SER HUMILDES Y DEBEMOS SER REDENTORES

Abordar un tema tan difícil como este —y en el que tantos creyentes buenos, sabios y piadosos están en desacuerdo— nos debe llevar a ser humildes. A pesar de nuestros mejores esfuerzos, es posible que cada uno de nosotros esté equivocado en algo. Puede que existan asuntos particulares en los que las personas deben admitir que no están seguras o situaciones en las que llegan a una conclusión tentativa, pero deben permanecer abiertas a la posibilidad de que después deban reconsiderarla. Puede haber circunstancias en un contexto de iglesia en las que los líderes toman ciertas posiciones sobre algunas de las preguntas más difíciles en cuanto al divorcio y el nuevo matrimonio, pero están de acuerdo en no imponérselas a los miembros de la iglesia que han llegado a conclusiones diferentes.[5] También puede haber situaciones en las que líderes de una misma denominación o iglesia local no estén de acuerdo en ciertos puntos, pero deciden trabajar juntos a pesar de sus diferencias. Cada uno debe suponer que el otro ama al Señor, respeta las Escrituras, busca honrar el matrimonio y está haciendo lo mejor que puede para ser bíblico en su posición. El amor "todo lo espera" (1Co 13:7).[6] Köstenberger escribe: "Teniendo en cuenta los desacuerdos entre creyentes ortodoxos respecto a este tema, los animamos a todos a que mantengan su posición sobre el divorcio y el nuevo matrimonio de una forma amable pero con convicción, estando abiertos al diálogo honesto con personas que sostienen opiniones diferentes".[7]

Queremos mantener nuestro enfoque en la esperanza que trae el evangelio para los matrimonios quebrantados, y también para los individuos quebrantados. Muchos se rinden en sus matrimonios porque olvidan que Dios tiene el poder para reconciliar a personas que han vivido en conflicto y para transformar a los que han sido esclavos del pecado. Aunque debemos esforzarnos por entender lo que dice la Biblia sobre la posibilidad de que un matrimonio termine en divorcio y en qué casos, y sobre la posibilidad de que una persona divorciada se vuelva a casar y cuándo, es más importante que nos esforcemos por aprender que el evangelio puede sanar relaciones que han sido destrozadas. Jay Adams escribe que "el divorcio nunca es deseable y (entre cristianos) siempre se puede evitar".[8]

RESUMEN

Durante siglos se ha debatido si el divorcio y el nuevo matrimonio son permitidos y en qué casos, y son temas complicados tanto a nivel teórico como práctico. Aunque debemos ser comprensivos con el dolor que experimentan

---

[5] No estoy diciendo que los miembros de la iglesia pueden tomar la decisión de divorciarse y volverse a casar por los motivos que quieran (consulta la pregunta anterior, en donde hay una lista de razones que se identifican de forma generalizada como inválidos). Estoy diciendo que hay algunas situaciones excepcionalmente difíciles, muchas de las cuales serán cubiertas en preguntas posteriores.

[6] Agradezco que varios autores hayan escrito con humildad apoyando sus propias posiciones y respondiendo de forma respetuosa y amable a los que están en desacuerdo con ellos.

[7] Andreas J. Köstenberger con David Jones, *God, Marriage, and Family: Rebuilding the Biblical Foundation* [*Dios, el matrimonio y la familia: Reconstruyendo el fundamento bíblico*], 2ª ed. (Wheaton, IL: Crossway, 2010), 232.

[8] Jay Adams, *Marriage, Divorce, and Remarriage in the Bible* [*El matrimonio, el divorcio y el nuevo matrimonio en la Biblia*] (Grand Rapids: Zondervan, 1980), 31.

las personas en relaciones rotas, no debemos permitir que la compasión en situaciones particulares determine nuestra posición. Tampoco podemos apoyarnos en la tradición de una iglesia en particular o simplemente seguir a nuestros héroes teológicos. Más bien, debemos basar nuestras conclusiones solamente en la Escritura.

PREGUNTAS PARA REFLEXIONAR

1. ¿Por qué es tan difícil que los eruditos que creen en la Biblia se pongan de acuerdo en sus posturas respecto a las razones legítimas, si creen que existe alguna, para un divorcio y un nuevo matrimonio?
2. ¿Por qué son tan complicados estos asuntos en la práctica?
3. ¿Puede haber situaciones en las que uno no está seguro de que la Biblia permita el divorcio o el nuevo matrimonio? ¿Qué se debe hacer en tales situaciones?
4. Cuando hablamos de personas que conforman una iglesia o denominación específica, ¿qué tanta libertad puede haber al lidiar con las diferencias de opinión respecto a las razones legítimas para el divorcio y el nuevo matrimonio?
5. ¿Cuál es la pregunta más difícil que has enfrentado respecto a las razones legítimas para un divorcio y un nuevo matrimonio?

23

¿QUÉ ES EL DIVORCIO?

El divorcio es la disolución de un pacto matrimonial. Por lo general, involucra tanto la suspensión de derechos y responsabilidades conyugales como la libertad de casarse con otra persona.

QUEDA POR ESCRITO

Según el pacto mosaico, el esposo que tomaba la iniciativa para divorciarse debía darle un certificado a su esposa liberándola de su obligación hacia él, lo que hacía que quedara disponible para otro hombre. Este procedimiento se describe en el pentateuco: "Si un hombre se casa con una mujer, pero luego deja de quererla por haber encontrado en ella algo indecoroso, solo podrá despedirla si le entrega un certificado de divorcio. Una vez que ella salga de la casa, podrá casarse con otro hombre" (Dt 24:1-2). Es de esto que se habla cuando el Señor, por medio de Jeremías, describe su divorcio de la adúltera Israel, diciendo que le dio una "carta de divorcio" (Jer 3:8; ver también Is 50:1).

SE PREVÉ QUE HABRÁ UN NUEVO MATRIMONIO DESPUÉS DEL DIVORCIO

En el caso en Deuteronomio 24, se asume que la mujer divorciada se volverá a casar. Gordon Wenham nos dice: "Todos los judíos en el primer siglo permitían el divorcio en ciertos casos, y un divorcio judío siempre implicaba el derecho a volverse a casar".[1] Los escritos judíos del primer siglo y anteriores incluían cartas de divorcio que decían: "Eres libre de casarte con cualquier

---

[1] Gordon J. Wenham, "No Remarriage after Divorce" ["No al recasamiento después del divorcio"], en *Remarriage after Divorce in Today's Church: 3 Views* [*El recasamiento después del divorcio en la iglesia actual: tres perspectivas*], ed. Mark L. Strauss (Grand Rapids: Zondervan, 2006), 33.

hombre (judío)".[2] Cuando Jesús habla sobre el divorcio, asume que la esposa divorciada se volverá a casar: "Se ha dicho: 'El que repudia a su esposa debe darle un certificado de divorcio'. Pero Yo les digo que, excepto en caso de inmoralidad sexual, todo el que se divorcia de su esposa la induce a cometer adulterio, y el que se casa con la divorciada comete adulterio también" (Mt 5:31-32). Sin embargo, el Nuevo Testamento contiene un ejemplo claro de una situación en la que se suspenden los derechos y las obligaciones conyugales, muy seguramente por medio del divorcio, sin la libertad de volverse a casar. Pablo escribe: "A los casados les doy la siguiente orden (no yo, sino el Señor): que la mujer no se separe de su esposo. Sin embargo, si se separa, que no se vuelva a casar; de lo contrario, que se reconcilie con su esposo. Así mismo, que el hombre no se divorcie de su esposa" (1Co 7:10-11).

¿SIEMPRE DEBE SER EL HOMBRE EL QUE TOME LA INICIATIVA PARA DIVORCIARSE?

Aunque la mayoría de ejemplos en la Biblia hablan de un hombre divorciándose de su esposa y dándole un certificado de divorcio (Dt 24:1-4; Jer 3:8; Mt 5:31-32; 19:3, 7-9; Mr 10:2; Lc 16:18), también hay casos en los que la mujer toma la iniciativa para divorciarse. Según la ley de Moisés, una mujer es libre de dejar el matrimonio si su esposo, después de casarse con otra mujer, no cumple con sus obligaciones conyugales básicas: "Si toma como esposa a otra mujer, no podrá privar a su primera esposa de sus derechos conyugales, ni de alimentación y vestido. Si no le provee esas tres cosas, la mujer podrá irse sin que se pague nada por ella" (Éx 21:10-11). Jesús también trata el tema de la mujer que se divorcia de su esposo: "El que se divorcia de su esposa y se casa con otra comete adulterio contra la primera. Y, si la mujer se divorcia de su esposo y se casa con otro, comete adulterio" (Mr 10:11-12). Finalmente, Pablo aborda la posibilidad de que sea la esposa quien termine con el vínculo del matrimonio: "Y, si una mujer tiene un esposo que no es creyente, y él consiente en vivir con ella, que no se divorcie de él" (1Co 7:13; ver también 1Co 7:10).

---

[2] Andreas J. Köstenberger con David Jones, *God, Marriage, and Family: Rebuilding the Biblical Foundation* [*Dios, el matrimonio y la familia: Reconstruyendo el fundamento bíblico*], 2ª ed. (Wheaton, IL: Crossway, 2010), 287.

¿CUÁL ES LA DIFERENCIA ENTRE EL DIVORCIO Y LA SEPARACIÓN LEGAL?

Algunas parejas que tienen conflictos deciden separarse legalmente en vez de divorciarse. Muchos solicitan la separación legal para proteger sus derechos (por ejemplo, para asegurar los derechos de visita o la manutención por parte del excónyuge, o para no verse obligados a cubrir deudas futuras del excónyuge), ya que estos asuntos no se pueden resolver sin intervención legal. Algunos solicitan la separación legal en vez del divorcio porque guardan la esperanza de que con el tiempo se restaure el matrimonio. Otros tienen pocas esperanzas de que la relación matrimonial se restaure, pero deciden solicitar la separación legal porque no quieren tener el estigma de ser divorciados o no quieren volver a casarse.

La Biblia no trata de forma explícita el tema de la separación legal, la cual parece ser un divorcio parcial en el que suspenden la mayoría de los derechos y obligaciones conyugales, pero que no libera a las dos partes para que se casen con otras personas. Cuando dos cristianos se separan legalmente, además del problema evidente de separar lo que Dios ha unido (Mt 19:6), es probable que también se viole el mandato de que los creyentes no deben ir a la corte uno en contra del otro (1Co 6:1-8).

¿CUÁL ES LA DIFERENCIA ENTRE EL DIVORCIO Y LA NULIDAD MATRIMONIAL?

Al igual que en el caso de la separación legal, el concepto de la nulidad no se enseña explícitamente en la Biblia, pero hay principios que aplican. Mientras que un divorcio termina un matrimonio, una nulidad declara que el matrimonio nunca existió. Aunque no conozco ningún ejemplo bíblico de una nulidad, hay varias situaciones a lo largo de la historia en las que ciertas autoridades civiles o eclesiales han concedido la nulidad. Estas circunstancias incluyen los matrimonios bígamos (debido a que uno de los cónyuges ya estaba casado, el segundo matrimonio no fue legal o válido); los matrimonios incestuosos; los matrimonios en los que una de las partes no dio su consentimiento libremente (por ejemplo, por discapacidad mental, o si forzaron a la persona en contra de su voluntad con amenazas); los matrimonios de menores; la falsedad (por ejemplo, la otra persona afirmaba que era una mujer pero en realidad era un hombre); o la decisión premeditada de no consumar el matrimonio. Se habla de otras posibles causales de nulidad, como pecados sexuales o enfermedades que se hayan ocultado de forma deshonesta antes del matrimonio y la renuencia a tener hijos.

La iglesia católica romana ve el matrimonio como un sacramento de la iglesia y sostiene que no es apropiado que un matrimonio sacramental termine con un divorcio. Los que se divorcian y se vuelven a casar serían considerados culpables de un pecado mortal. Sin embargo, los católicos romanos conceden la nulidad por varias razones, por ejemplo, si una o ambas partes afirman que no comprendían completamente el compromiso que estaban haciendo cuando comenzaron la unión matrimonial.[3] Cuando se anula un matrimonio, la iglesia considera que la pareja en realidad nunca estuvo casada, incluso si han estado juntos como esposo y esposa por muchos años y tienen varios hijos.[4] La experiencia demuestra que las razones para la nulidad, así como las razones que algunas personas usan para el divorcio, pueden estirarse para funcionar en varias situaciones.[5] Tales nulidades, como muchas separaciones legales, en realidad son divorcios, aunque no se use esa palabra. Esto ocurre a pesar de que la iglesia católica romana afirma que el matrimonio es indisoluble y que todos los matrimonios que se anulan en realidad nunca fueron válidos.

RESUMEN

El divorcio va en contra del diseño original de Dios para el matrimonio y existe en este mundo por causa del pecado humano. Comúnmente, el divorcio implica tanto la suspensión de los derechos y deberes conyugales como el derecho legal de casarse con alguien más.[6] Otros métodos, incluyendo la separación y la nulidad legal, tienen efectos similares.[7]

---

[3] Se podría argumentar que ninguno de nosotros entendía completamente en lo que se estaba metiendo el día de su boda.

[4] http://www.catholicbible101.com/annulments.htm; http://www.vatican.va/archive/ccc_css/archive/catechism/p2s2c3a7.htm.

[5] En el 2012, el 90% de las solicitudes de nulidad las concedió la iglesia católica romana. http://www.washingtontimes.com/news/2014/oct/15/annulments-plummet-among-us-catholics-amid-fewer-m/.

[6] Sin embargo, como veremos en las siguientes preguntas, muchos divorcios y nuevos matrimonios son pecaminosos.

[7] Comúnmente, la separación legal implica la suspensión de los derechos y deberes conyugales, pero no da el derecho legal de volverse a casar.

PREGUNTAS PARA REFLEXIONAR

1. ¿Cuál es la primera referencia bíblica al divorcio?
2. ¿Qué dice la Escritura en cuanto a los derechos que tienen las mujeres con respecto al divorcio?
3. ¿Cuál es la diferencia entre la separación legal y el divorcio?
4. ¿Qué es la nulidad?
5. ¿Existe alguna situación en la que la nulidad sea más conveniente que el divorcio?

24

¿POR QUÉ DIOS ODIA EL DIVORCIO?

"'Yo aborrezco el divorcio', dice el Señor, Dios de Israel" (Mal 2:16).[1] En esta situación particular, parece que los hombres de Judá se están divorciando de sus esposas israelitas para casarse con mujeres paganas más jóvenes. Al hacerlo, traen sobre sí mismos la ira de Dios. Al estudiar este texto, reconocemos que Dios tiene buenas razones para desaprobar el divorcio, ya que el divorcio ilícito va en contra de Su señorío y en contra de inocentes.

EL DIVORCIO QUEBRANTA UN PACTO HECHO DELANTE DE DIOS

Malaquías les recuerda a los hombres judíos: "El Señor actúa como testigo entre tú y la esposa de tu juventud, a la que traicionaste aunque es tu compañera, la esposa de tu pacto" (Mal 2:14). Este es un recordatorio de que el matrimonio es un pacto entre un hombre y una mujer con Dios como testigo. Es por esto que Jesús dice que es Dios quien une en matrimonio a un hombre y su esposa (Mt 19:6). Así como se espera que los testigos humanos de un pacto o un contrato le pidan cuentas a las partes respecto al cumplimiento de sus promesas, Dios pide cuentas a hombres y mujeres respecto a sus votos matrimoniales (ver también Ec 5:4-5). El quebrantamiento deliberado del pacto matrimonial es un pecado no solo en contra del cónyuge, sino en contra de Dios, quien es el juez del pacto. Es por esto que el que quebranta el pacto es objeto de Su ira.

La naturaleza horrenda del divorcio se intensifica con el hecho de que los matrimonios terrenales están diseñados por Dios para que reflejen Su relación

[1] Algunas traducciones como la PDT, la JBS y BLP, traducen la idea de Malaquías 2:16 como "el hombre que aborrece y se divorcia de su esposa", pero la idea de que Dios odia el divorcio sigue siendo clara en el texto, ya que describe al hombre que se divorcia como una persona desleal.

de pacto con Su pueblo. El esposo debe representar el amor sacrificial y fiel de Cristo por Su esposa, la iglesia (Ef 5:25-30). Jesús nos mostró un amor de pacto a un gran costo, sacrificándose a Sí mismo para que pudiéramos ser salvos. Un esposo que renuncia a la promesa de pacto que le hizo a su esposa no representa correctamente el compromiso de pacto del Señor con Su pueblo.

Los que están considerando el divorcio deben darse cuenta de que su decisión no es simplemente entre ellos y su cónyuge. Dios mismo estuvo involucrado como una parte en su matrimonio cuando este comenzó, y además es el defensor de todos los matrimonios. No puedes desafiarlo deliberadamente y ganar al final. Por otra parte, si te vuelves a Él, Él te ayudará a cumplir tus promesas de pacto y a reconstruir lo que parece haberse roto irremediablemente.

EL DIVORCIO LE HACE DAÑO AL CÓNYUGE INOCENTE

Dios, que es el protector del inocente y del débil (Sal 82:3), detesta el divorcio porque este perjudica al cónyuge que ha tratado de cumplir con su parte del pacto matrimonial. Lo que se describe en Malaquías 2:14-16 es una traición en contra de Dios y en contra de una esposa fiel. En este caso, ella le dio sus mejores años a su esposo, atendió sus necesidades y le dio hijos. Ella creía que envejecerían juntos como compañeros y amigos, disfrutando de sus nietos y compartiendo la vida. En cambio, él ha decidido dejar a un lado a la esposa de su juventud para estar con una mujer más joven, que ofrece la posibilidad de deleites sensuales mayores y más descendencia. Por si fuera poco, se está casando con una joven pagana (Mal 2:11), en rebeldía contra la ley de Dios (Dt 7:3). Dios todavía detesta que un cónyuge se divorcie del otro simplemente porque cree que le puede ir mejor si encuentra a alguien más joven, más atractivo o más adinerado, dejando al cónyuge inocente solo y abandonado. "Así que cuídense en su espíritu, y no sean traicioneros" (Mal 2:16b).

El divorcio también le hace daño al cónyuge porque es posible que lo lleve a un matrimonio pecaminoso. Según Deuteronomio 24:4, una mujer que se ha divorciado de su esposo y se casa con otra persona en cierto sentido se ha profanado. Jesús dice: "Excepto en caso de inmoralidad sexual, todo el que se divorcia de su esposa la induce a cometer adulterio, y el que se casa con la divorciada comete adulterio también" (Mt 5:32). Jesús asume que la esposa que se divorció ilícitamente se volverá a casar, tal vez por necesidad económica, y en ese caso su nuevo matrimonio será pecaminoso. John Frame escribe: "Por lo general, el divorcio y el nuevo matrimonio hacen que cuatro personas cometan adulterio".[2]

EL DIVORCIO LE HACE DAÑO A LOS HIJOS

En Malaquías, el Señor expresa Su preocupación de que los divorcios y los nuevos matrimonios pecaminosos pueden afectar la capacidad de los israelitas para producir una descendencia piadosa (Mal 2:15). Deuteronomio 7:4 nos advierte que, si los israelitas se casan con personas de otros grupos, "ellas los apartarán del Señor y los harán servir a otros dioses. Entonces la ira del Señor se encenderá contra ti y te destruirá de inmediato". Dios todavía detesta los efectos devastadores del divorcio sobre los hijos. El diseño de Dios es que a los niños los críen una madre y un padre que estén comprometidos a amarse para toda la vida. Cuando los cristianos se divorcian por razones que no son bíblicas, les dan un ejemplo terrible a sus hijos porque deciden desobedecer la enseñanza clara de la Escritura, y dicen de forma implícita que el evangelio no fue suficiente para resolver los problemas de su familia.

Los corazones de los hijos se rompen cuando ven que sus padres se separan. Sienten la presión de tomar un bando cuando sus padres están en conflicto. Algunas veces se preguntan si la separación de sus padres fue su culpa de alguna manera. La vida con familias rotas y mezcladas se vuelve muy complicada y dolorosa para los hijos porque van de un lado a otro. Deben ajustarse a los nuevos padrastros (y hermanastros), con los que puede que no se lleven bien, y puede que sean tentados a manipular la relación entre los padres (una tentación que tal vez no sean lo suficiente maduros para manejar con sabiduría). Los estudios demuestran que los hijos de padres divorciados son más propensos a experimentar abuso, a tener un bajo rendimiento académico, a involucrarse en actividades criminales y drogadicción, y a tener dificultades financieras cuando son adultos.[3] Aunque ser hijos de padres divorciados no garantiza estos resultados, el divorcio es una influencia muy negativa, y a la mayoría de los hijos les irá mejor si no viven esa experiencia.

---

[2] John M. Frame, *The Doctrine of the Christian Life* [*La doctrina de la vida cristiana*] (Phillipsburg, NJ: P&R Publishing, 2008), 773-74.

[3] http://peacemaker.net/project/the-effects-of-divorce-on-america/.

EL DIVORCIO TAMBIÉN PERJUDICA A LA COMUNIDAD

Mientras más se trivialice el pacto matrimonial y el divorcio se vuelva más accesible y común, peores serán los efectos sobre la comunidad general. El divorcio afecta a los demás miembros de la familia, incluyendo a padres y hermanos, que sufren durante la separación del ser amado y experimentan la pérdida de una relación con el anterior cónyuge a quien habían llegado a amar. Los efectos indirectos del divorcio también afectan la esfera civil con el aumento de abusos, crímenes, drogadicción y pobreza (lo que incrementa la dependencia de la asistencia social).[4] Una sociedad a la que le faltan matrimonios estables será juzgada por Dios y se deteriorará con el tiempo.

RESUMEN

Dios odia el divorcio porque este viola los dos grandes mandamientos: amar a Dios y amar a tu prójimo. El divorcio es un pecado de rebeldía que es contrario al amor que deberíamos tener por Dios, quien une al esposo y la esposa en el pacto matrimonial y los llama a seguir comprometidos y fieles hasta que la muerte los separe. El divorcio también es un pecado en contra del prójimo, a quien debemos amar como a nosotros mismos. Divorciarse del cónyuge por motivos indebidos es una traición y le hace daño no solo a la persona, sino a los hijos y a la comunidad en general.

PREGUNTAS PARA REFLEXIONAR

1. ¿En qué sentido el divorcio es un pecado contra Dios?
2. ¿Por qué los divorcios de los que habló Malaquías fueron particularmente malvados?
3. ¿Por qué son igual de perjudiciales los muchos divorcios en nuestra época?
4. ¿Cómo afecta el divorcio a los demás miembros de la familia?
5. ¿De qué forma el divorcio impacta la comunidad?

---

[4] http://www.heritage.org/research/reports/2000/06/the-effects-of-divorce-on-america.

25

¿POR QUÉ PERMITE DIOS EL DIVORCIO?

Hemos visto que el ideal de Dios es que un hombre y una mujer sean fieles a su pacto matrimonial hasta que la muerte los separe. Esto nos lleva a preguntarnos que, si Dios odia tanto el divorcio, ¿por qué lo permite y lo regula en el Antiguo Testamento?[1] ¿Por qué permite el divorcio en la actualidad?

"POR LA DUREZA DE SU CORAZÓN"

Cuando le preguntaron a Jesús por qué Moisés ordenó que el hombre le diera a su esposa un certificado de divorcio y la despidiera, Él les contestó: "Por la dureza de su corazón Moisés les permitió a ustedes divorciarse de sus mujeres; pero no ha sido así desde el principio" (Mt 19:8, NBLH). Antes de la Caída, los corazones de los seres humanos no se habían endurecido. No había necesidad de que existieran reglas para tratar con el asesinato, el robo o el divorcio. Pero cuando el pecado entró al mundo, Dios determinó que se mantuviera el orden social por medio de diversas leyes civiles, que servían para contener el pecado y sus efectos. Por ejemplo, el asesinato está en contra de la voluntad moral de Dios porque destruye una vida creada a Su imagen, y Dios regula lo que debe ocurrir cuando hombres de corazones endurecidos le quitan la vida a otro ser humano (Gn 9:5-6). El castigo por el asesinato refleja la gravedad del crimen. De la misma forma en que se puede incumplir la ley moral de Dios respecto a la vida del ser humano, sus leyes relacionadas con el matrimonio se pueden y se van a incumplir. Hombres y mujeres pecadores incumplirán el pacto matrimonial a través del adulterio

[1] En Esdras 9 – 10, los hombres de Judá expulsaron a las esposas extranjeras con las que se habían casado en rebeldía contra la ley de Dios. Parece que era preferible el mal de divorciarse de las mujeres paganas que permitir que siguieran influenciando al pueblo de Dios.

y el abandono. Por esto se dieron las normas bíblicas sobre el divorcio y el nuevo matrimonio —tanto para ponerle freno al incumplimiento del diseño de Dios para el matrimonio como para minimizar los efectos perjudiciales sobre las partes inocentes.

John Frame lo explica de esta manera: "Dios determinó que prohibir todos los divorcios en una sociedad de pecadores sería algo insoportable y, por tanto, contraproducente para el buen orden social. El pecado ciertamente lleva al divorcio; no se podía esperar que la ley lo evitara. Lo mejor que la ley podría lograr sería regular el divorcio, para disminuir la opresión que pudiera producir y mantener los derechos de los que son abandonados".[2]

NO PERMITIR UN DIVORCIO VÁLIDO LE PODRÍA HACER DAÑO AL INOCENTE

Cuando trabajé como pastor fabricante de tiendas en una iglesia clandestina de habla inglesa en el Medio Oriente, muchos de nuestros miembros eran de las Filipinas (un país con leyes que han sido bastante influenciadas por la iglesia católica romana), en donde no se permite el divorcio. Encontramos varios casos en los que hombres y mujeres cristianos habían sido abandonados por sus cónyuges. Aunque por lo general esos cónyuges ya estaban viviendo con alguien más (y en algunos casos teniendo hijos con ellos), los cónyuges inocentes no podían obtener el divorcio[3] y no eran libres para volverse a casar. Las leyes en contra del divorcio, que estaban diseñadas para proteger el matrimonio, en realidad no protegían a la parte inocente, sino que dejaban sin castigo a la parte culpable por el abandono del pacto matrimonial.

EL DIVORCIO PUEDE PROTEGER LOS DERECHOS DEL INOCENTE

En realidad, los estándares bíblicos para el divorcio están diseñados para proteger a la parte inocente. Por ejemplo, la ley de Moisés buscaba proteger a una esposa cuyo esposo se rehusaba a cumplir con sus responsabilidades hacia ella. En vez de quedar desamparada —vinculada legalmente a su esposo,

---

[2] John M. Frame, *The Doctrine of the Christian Life* [*La doctrina de la vida cristiana*] (Phillipsburg, NJ: P&R Publishing, 2008), 770.

[3] La ley de las Filipinas no permite la separación legal y la nulidad. Sin embargo, muchos cristianos tendrían un problema con la nulidad, ya que dice que, en efecto, el matrimonio de la pareja nunca fue válido. Además, las causales legales oficiales de nulidad (el fraude, la falta de capacidad mental en el momento del matrimonio, etc.) son muy limitadas y puede que no apliquen legítimamente.

quien quebrantó el pacto— podía ser libre, posiblemente para encontrar a otro hombre que la cuidara de una forma apropiada (Éx 21:11).

En el caso de una esposa que es despedida por su esposo (Dt 24:1-2), su certificado de divorcio dejaría claro a todos que su antiguo cónyuge ya no tiene ningún derecho sobre ella. En vez de dejarla en un estado de limbo conyugal con posibles obligaciones hacia su primer esposo si este decidiera regresar, era libre para volverse a casar con otro hombre. El hecho de que el primer esposo nunca pudiera volverse a casar con su antigua esposa (incluso si el segundo esposo moría o si se divorciaban), también podía servir para protegerla. Esto hacía que él tomara muy seriamente la decisión de despedirla, sabiendo que, si actuaba precipitadamente, lo más probable es que nunca volvería a estar con ella (Dt 24:3-4).

Las disposiciones del Nuevo Testamento para el divorcio, en el caso de adulterio conyugal sin arrepentimiento (Mt 9:9) o abandono de un cónyuge no creyente (1Co 7:15), también protegen a la parte inocente. Si, como argumentaré en las preguntas 28 y 29, la persona es libre para volverse a casar, puede ser bendecida con la oportunidad de tener un matrimonio con un cónyuge creyente y fiel. La situación de una joven que ha sido abandonada por su esposo infiel sería la de una viuda joven, que haría bien en volverse a casar y tener hijos (1Co 7:39; 1Ti 5:14). El nuevo matrimonio con un esposo piadoso puede ser la forma en la que Dios provee para ella y la cuida.

ALGUNOS DIVORCIOS Y NUEVOS MATRIMONIOS ESTABAN PROHIBIDOS

Según la ley de Moisés, algunos divorcios y nuevos matrimonios estaban absolutamente prohibidos. Por ejemplo, un hombre que acusara falsamente a su esposa de que no era virgen cuando se casó con ella debía ser sancionado por difamarla y no se le permitía divorciarse de ella (Dt 22:13-19). De la misma forma, cuando un hombre era obligado a casarse con una virgen que había seducido, no tenía derecho a divorciarse de ella (22:28-29). Adicionalmente, el hombre en Deuteronomio 24:1-4 que se había divorciado de su esposa no podía volver a casarse con ella después de que ella se hubiera casado con otro hombre, incluso después de que su segundo esposo muriera o se divorciara de ella.[4] A los sacerdotes se les prohibía casarse con una mujer divorciada (Lv 21:7, 14; Ez 44:22).

RESUMEN

Todos los divorcios implican una violación del diseño de Dios para el matrimonio, pero no todas las personas divorciadas son responsables del divorcio. Debido a que los pecadores incumplirán el pacto matrimonial, Dios regula el divorcio de una forma que busca contener el pecado y proteger al inocente.

PREGUNTAS PARA REFLEXIONAR

1. ¿Enseñó Jesús que ningún hombre puede separar lo que Dios ha unido? Explica tu respuesta.
2. ¿Por qué es inevitable el divorcio en un mundo caído?
3. ¿De qué forma el inocente es protegido por medio de la regulación de Dios del divorcio?
4. ¿Las personas divorciadas siguen estando casadas ante los ojos de Dios?
5. ¿Qué beneficio puede venir de un divorcio?

---

[4] Hay mucha discusión y debate acerca de Deuteronomio 24:1-4. Algunos intérpretes le dan una gran importancia a que el primer esposo de ella la despide por "indecencia" mientras que el otro "se vuelve contra ella" ("la odia"), implicando que el primero podía haberse divorciado por una razón justa mientras que el otro no tenía razones. Según un estudio de Raymond Westbrook, en ese entonces esto tendría un impacto financiero. Ella habría perdido su dote por haber sido despedida sin causa en el segundo matrimonio. Por tanto, esto podría exponer una motivación financiera malvada del primer esposo al volver a tomar a su esposa. Ver William A. Heth, "Remarriage for Adultery or Desertion" ["Volverse a casar por adulterio o abandono"], en *Remarriage after Divorce in Today's Church: 3 Views* [*El nuevo matrimonio después del divorcio en la iglesia actual: Tres perspectivas*], ed. Mark L. Strauss (Grand Rapids: Zondervan, 2006), 64, para consultar una discusión sobre esta perspectiva. Estoy de acuerdo con John Murray en que "es excesivamente difícil si no precario estar seguro de cuál era en realidad ese 'algo indecoroso'", en *Divorce* [*El divorcio*] (Philadelphia: Presbyterian and Reformed, 1961), 9. Además, Köstenberger escribe: "Es posible que también estuvieran involucrados los asuntos relacionados con la dote, pero no es seguro" (Andreas J. Köstenberger con David W. Jones, *God, Marriage, and Family: Rebuilding the Biblical Foundation* [*Dios, el matrimonio y la familia: Reconstruyendo el fundamento bíblico*], 2nd ed. [Wheaton, IL: Crossway, 2010], 224). También pienso que, a la luz de la pena de muerte descrita bajo la ley para el adulterio (Lv 20:10; Dt 22:22), es poco probable que "la indecencia" se refiera a inmoralidad sexual. No creo que haya suficientes pruebas de que las razones para los dos divorcios sean bastante diferentes o de que el motivo para volver a tomar a la esposa fuera financiero.

B

LAS CONTROVERSIAS RESPECTO AL DIVORCIO Y AL NUEVO MATRIMONIO

26

¿ENSEÑA JESÚS QUE NO EXISTEN RAZONES VÁLIDAS PARA DIVORCIARSE Y VOLVERSE A CASAR?

En un mundo que ha llegado a aceptar fácilmente el divorcio "sin culpa", y en el que la mayoría de cristianos evangélicos permiten el divorcio y el nuevo matrimonio bajo ciertas circunstancias limitadas, una sorprendente cantidad de eruditos evangélicos respetados creen que la Biblia no le permite a un cristiano tomar la iniciativa para divorciarse bajo ninguna circunstancia, ni volverse a casar mientras su cónyuge esté vivo. Esta perspectiva se conoce generalmente como la postura de la permanencia.

Un defensor destacado de la postura de la permanencia es J. Carl Laney, quien define el matrimonio como "el acto de Dios de unir a un hombre y una mujer en una relación permanente de pacto, de una sola carne".[1] Además, afirma: "Creo que la Escritura enseña que el matrimonio fue diseñado por Dios como algo permanente, hasta la muerte, y que el divorcio y el nuevo matrimonio constituyen el pecado del adulterio".[2] Adicionalmente, John Piper llega a la conclusión de que "el Nuevo Testamento prohíbe todos los matrimonios después del divorcio, excepto en el caso de que el cónyuge haya muerto".[3] Según Wingerd et al.: "En la Biblia se habla del nuevo

---

[1] J. Carl Laney, "No Divorce and No Remarriage" ["No al divorcio y al nuevo matrimonio"], en *Divorce and Remarriage: Four Christian Views* [*El divorcio y el nuevo matrimonio: Cuatro perspectivas cristianas*], ed. H. Wayne House (Downers Grove, IL: InterVarsity Press, 1990), 20.

[2] Ibíd., 16.

[3] John Piper, *Divorce and Remarriage: A Position Paper* [*El divorcio y el nuevo matrimonio: Un ensayo sobre mi posición*] (http://www.desiringgod.org/articles/divorce-remarriage-a-position-paper).

matrimonio de una persona divorciada como un acto de adulterio, indicando que la unión creada por Dios cuando comienza un matrimonio no se termina con el divorcio. Solo la muerte puede deshacer esta unión".[4] Su perspectiva tiene algo en común con la de la iglesia católica romana —que ningún poder humano puede deshacer la unión marital, aunque sus razones para defender esta idea son diferentes.

EL DIVORCIO EN EL ANTIGUO TESTAMENTO

Los que argumentan que el pacto matrimonial es un vínculo inquebrantable encuentran respaldo en varios pasajes del Antiguo Testamento. Ellos recurren a Génesis 2:24 y a la referencia de Jesús a este pasaje cuando le preguntan por el divorcio en Mateo 19, y argumentan que cuando el matrimonio convierte a la pareja en una sola carne, se convierten en familiares cercanos cuya relación "perdura sin importar los cambios que le ocurran a los individuos involucrados".[5] Además, hay un estigma relacionado con el divorcio a lo largo del Antiguo Testamento. La ley prohíbe que un sacerdote se case con una mujer divorciada (Lv 21:7), y el profeta Malaquías nos dice que Dios odia a los que actúan de forma desleal al divorciarse (Mal 2:13-17). Se dice que la mujer que se divorcia y se casa de nuevo es deshonrada por su nuevo matrimonio (Dt 24:4). Piper asegura que esto "enseña que la relación de una sola carne que establece el matrimonio no se rompe con el divorcio ni con el nuevo matrimonio".[6]

LA ENSEÑANZA DE JESÚS

Los partidarios de la postura de la permanencia también encuentran justificación bíblica en las enseñanzas de Jesús. Comienzan con los textos en los que Jesús califica al divorcio y al nuevo matrimonio como adulterio sin mencionar ninguna excepción: "Todo el que se divorcia de su esposa y se casa con otra comete adulterio; y el que se casa con la divorciada comete adulterio"

---

[4] Daryl Wingerd et al., *Divorce & Remarriage: A Permanence View* [*El divorcio y el nuevo matrimonio: Una postura de permanencia*] (Kansas City: Christian Communicators Worldwide, 2009), 9.

[5] Gordon J. Wenham, "No Remarriage after Divorce" ["No al nuevo matrimonio después del divorcio"], en *Remarriage after Divorce in Today's Church: 3 Views* [*El nuevo matrimonio después del divorcio en la iglesia actual: Tres perspectivas*], ed. Mark L. Strauss (Grand Rapids: Zondervan, 2006), 20.

[6] Piper, *Divorce and Remarriage* [*El divorcio y el nuevo matrimonio*], 8.

(Lc 16:18; ver también Marcos 10:11-12). Piper asegura que "debido a que en el versículo no se mencionan excepciones y a que Jesús está rechazando claramente la noción cultural común de que el divorcio incluye el derecho a volverse a casar, los primeros lectores de este Evangelio habrían estado en aprietos si argumentaran a favor de cualquier excepción basándose en que Jesús compartía la suposición cultural de que el divorcio por infidelidad o deserción le daba libertad a un cónyuge para que se volviera a casar".[7] Además, Piper afirma que cuando Jesús declara: "... excepto en caso de inmoralidad sexual, todo el que se divorcia de su esposa la induce a cometer adulterio" (Mt 5:32), nuestro Señor "dice claramente que el nuevo matrimonio de una esposa que fue despedida a pesar de ser inocente, sigue siendo adulterio".[8] Por consiguiente, está prohibido que tanto el cónyuge inocente como el culpable se vuelvan a casar con otras personas.

Cuando los fariseos desafían a Jesús y tratan de hacer que se una a uno de los bandos en sus debates sobre las razones legítimas para el divorcio y el nuevo matrimonio, Él les recuerda que el divorcio no forma parte del diseño original de Dios (Mt 19:3-6).[9] Piper menciona que "lo que se implica es que Jesús rechaza la forma en la que los fariseos usan Deuteronomio 24:1, y dice a Sus discípulos que el estándar para el matrimonio es el diseño original de Dios en la Creación".[10] En otras palabras, este es el estándar del Nuevo Testamento: "Por tanto, lo que Dios ha unido, que no lo separe el hombre" (Mt 19:6). Wenham escribe: "La declaración humana (que suele salir en los decretos de divorcio) 'Eres libre de casarte con cualquier hombre' no tiene efecto legal alguno ante los ojos de Dios, pues es Dios quien une a una pareja en matrimonio. Él considera que el matrimonio después de un divorcio es adulterio".[11] Según ellos, Jesús no está tomando un bando en los debates entre los fariseos,[12] sino que está estableciendo un estándar más alto que cualquiera que pudieran haber imaginado.

---

[7] Ibíd., 1.3.

[8] Ibíd., 4.2.

[9] Laney, "No Divorce and No Remarriage" ["No al divorcio y al nuevo matrimonio"], 32.

[10] Piper, *Divorce and Remarriage* [*El divorcio y el nuevo matrimonio*], 3.5.

[11] Wenham, "No Remarriage after Divorce" ["No al nuevo matrimonio después del divorcio"], 26-27.

[12] Wingerd et al. argumentan en *Divorce & Remarriage* [*El divorcio y el nuevo matrimonio*] que "si la cláusula de excepción en Mateo 5:32 permite el divorcio en casos de adulterio, la doctrina del divorcio

¿QUÉ HAY DE LA CLÁUSULA DE EXCEPCIÓN?

Los que defienden la postura de la permanencia afirman que la claridad de los textos que dicen que el divorcio y el nuevo matrimonio están prohibidos debería determinar la interpretación de los textos más difíciles (tales como Mateo 5:32), el cual se usa para permitir excepciones.[13] En Mateo 19:9, Jesús afirma: "Les digo que, excepto en caso de inmoralidad sexual, el que se divorcia de su esposa, y se casa con otra, comete adulterio". Los defensores de la postura de la permanencia insisten en que se debe encontrar una interpretación que sea coherente con su perspectiva de que hay textos más claros que prohíben el divorcio y el nuevo matrimonio. Dicen: "A menos que haya razones exegéticas convincentes para creer que la prohibición de Jesús del divorcio no es absoluta, debemos interpretar Mateo 19:9 de forma que conserve la naturaleza categórica de Su respuesta original a la pregunta de los fariseos",[14] la cual es una prohibición absoluta del divorcio.

En este texto, la palabra griega traducida como "inmoralidad" es *porneia.* El significado de *porneia* es importante para la argumentación de los que defienden la postura de la permanencia, ya que parece que hace una excepción a la regla general en contra del divorcio y el nuevo matrimonio. La mayoría de los que defienden esta posición, incluyendo a Piper y Wingerd et al.,[15] dicen que *porneia* se refiere al pecado sexual durante el periodo del compromiso. Afirman que esto era lo que José planeaba usar como la causal de la ruptura de su compromiso con María cuando supo que estaba embarazada antes del matrimonio, asumiendo que esto solo hubiera podido pasar por medio de la fornicación (Mt 1:19). Muchos ven una acusación implícita de los oponentes de Jesús que se basaba en rumores de dicha fornicación prematrimonial de María. "Nosotros no somos hijos nacidos de prostitución. Un solo Padre tenemos, y es Dios mismo" (Jn 8:41). Declaran que si Jesús hubiera querido decir que el adulterio es una razón legítima para el divorcio, habría usado la palabra griega más precisa para el adulterio, que es *moicheia*

---

de Jesús no se habría diferenciado tan sustancialmente de la de los fariseos Shamai", 57.

[13] Ibíd., 30.

[14] Ibíd., 21.

[15] Piper, *Divorce and Remarriage* [*El divorcio y el nuevo matrimonio*], 11.1; Wingerd et al., *Divorce & Remarriage* [*El divorcio y el nuevo matrimonio*], 33.

(que es lo que ocurre en el contexto de Mt 5:32; 19:9). Por tanto, debe haber querido decir algo diferente al adulterio.

Otros, incluyendo a Laney, limitan el término *porneia* a las relaciones sexuales o matrimoniales prohibidas (incestuosas) con familiares cercanos, descritas en Levítico 18:6-18, diciendo con esto que estos matrimonios ilícitos no pueden considerarse genuinos.[16] Esto se parece bastante a lo que ahora se llama nulidad, que trata un matrimonio como si nunca hubiera ocurrido. Laney presenta el caso del hombre que tuvo una relación incestuosa (*porneia*) con la esposa de su padre (1Co 5:1), y señala que el concilio de Jerusalén se refiere a tales relaciones en su carta a las iglesias gentiles (Hch 15:20, 29). Laney también sugiere que la referencia al matrimonio incestuoso encajaría con las circunstancias de Mateo 19, en donde los fariseos pueden haber intentado arrastrar a Jesús a la controversia sobre la relación ilícita de Herodes Antipas con la esposa de su hermano.[17] Las declaraciones de Juan el bautista sobre este tema lo llevaron a morir decapitado (Mt 14:1-12).

Tanto los que creen que *porneia* se refiere a la fornicación antes del matrimonio como los que creen que se refiere a un matrimonio incestuoso piensan que es significativo que la cláusula de excepción aparezca solamente en el Evangelio de Mateo, el cual fue escrito principalmente para una audiencia judía que habría estado acostumbrada a la práctica del divorcio por inmoralidad durante el tiempo de compromiso.

Algunos intérpretes, incluyendo a Wenham, reconocen que *porneia* podría referirse al adulterio y consideran que la separación permanente se podría permitir después del adulterio, pero no habría derecho a volverse a casar en tales casos. Ellos buscan argumentar gramaticalmente que la excepción en Mateo 19:9 solo se refiere al divorcio por *porneia*, pero no al nuevo matrimonio.[18] Además, proponen que la exclamación de sorpresa de los discípulos —"Si tal es la situación entre esposo y esposa, es mejor no casarse" (Mt 19:10)— tiene más sentido en el contexto de que Jesús los haya sorprendido con la enseñanza de que el divorcio y el nuevo matrimonio no se permiten en ningún caso, y de que Su respuesta implica que el hombre cuya

---

[16] Laney, "No Divorce and No Remarriage" ["No al divorcio y al nuevo matrimonio"], 35.

[17] Ibíd., 37.

[18] Wenham, "No Remarriage after Divorce" ["No al nuevo matrimonio después del divorcio"], 34.

esposa ha sido despedida es como aquellos que, por la providencia de Dios, están destinados a permanecer solteros.

RESUMEN

Los que creen que la Escritura enseña que un creyente no debe tomar la iniciativa para divorciarse ni volverse a casar después del divorcio entienden que el matrimonio, según el diseño de Dios en la Creación, constituye una unión indisoluble que el hombre no puede romper. Creen que Jesús enseña claramente que todos los divorcios y los nuevos matrimonios constituyen adulterio.

PREGUNTAS PARA REFLEXIONAR

1. ¿Qué es la postura de la permanencia en el matrimonio?
2. ¿Cómo argumentan los que defienden la postura de la permanencia desde los orígenes del matrimonio en la Creación?
3. ¿Cuál de las afirmaciones de Jesús parece respaldar la posición de "no al divorcio y al nuevo matrimonio"? ¿Cómo explicarías estas declaraciones?
4. ¿Cómo explican las aparentes excepciones en Mateo 5:32 y 19:9 aquellos que creen que no hay razones válidas para volverse a casar después del divorcio?
5. ¿En qué se parecen la postura de la permanencia en el matrimonio y la posición que tiene la iglesia católica romana respecto al divorcio?

27

¿ENSEÑA PABLO QUE NO EXISTEN RAZONES VÁLIDAS PARA DIVORCIARSE Y VOLVERSE A CASAR?

Los que apoyan la postura de la permanencia creen que la enseñanza de Pablo es coherente con la de Jesús en que no le permite a un creyente tomar la iniciativa para divorciarse ni volverse a casar después del divorcio. También afirman que la historia de la iglesia respalda en gran manera su perspectiva, y que las ideas más permisivas se comenzaron a enseñar ampliamente en el siglo dieciséis.

LA INSTRUCCIÓN DE PABLO EN CUANTO AL DIVORCIO Y EL NUEVO MATRIMONIO

Pablo explica claramente y amplía la enseñanza de Jesús de que las personas casadas no se deben divorciar y de que las personas divorciadas no se deben volver a casar. Escribe: "A los casados les doy la siguiente orden (no yo, sino el Señor): que la mujer no se separe de su esposo. Sin embargo, si se separa, que no se vuelva a casar; de lo contrario, que se reconcilie con su esposo. Así mismo, que el hombre no se divorcie de su esposa" (1Co 7:10-11). No se contemplan otras opciones ni excepciones.[1] Según estos versículos, parece que la persona divorciada solo tiene dos opciones: o se reconcilia con su cónyuge o se queda soltero permanentemente (al menos hasta que su cónyuge muera). Cuando Pablo habla del caso de un matrimonio mixto (entre un creyente y un no creyente), vuelve a prohibirle al creyente que tome la iniciativa para divorciarse (7:12-14).

---

[1] John Piper, *Divorce and Remarriage: A Position Paper* [*El divorcio y el nuevo matrimonio: Un ensayo sobre mi posición*] (http://www.desiringgod.org/articles/divorce-remarriage-a-position-paper), 5.3.

Pero ¿qué ocurre en caso de que el cónyuge no creyente abandone el matrimonio? Pablo agrega: "Sin embargo, si el cónyuge no creyente decide separarse, no se lo impidan. En tales circunstancias, el cónyuge creyente queda sin obligación; Dios nos ha llamado a vivir en paz" (1Co 7:15). Los que apoyan la postura de la permanencia afirman que el creyente no tiene otra opción más que dejar que suceda lo inevitable pero, aun así, está prohibido que se vuelva a casar. Argumentan que "quedar sin obligación" significa que la prohibición de Cristo del divorcio ya no aplica para el creyente, o que ya no está obligado a aferrarse al matrimonio si el no creyente insiste en irse.[2] Aun así, no significa que la persona queda libre para casarse con alguien más (lo cual es coherente con la enseñanza de Jesús en Mateo 5:32, donde dice que está prohibido volverse a casar después del divorcio).[3] Ahora el creyente es libre para encontrar la paz en su estado de soltería.[4]

HASTA QUE LA MUERTE LOS SEPARE

Además, los que apoyan la postura de la permanencia sostienen que Pablo afirma de forma definitiva que solo la muerte deja libre a una persona del pacto matrimonial, permitiéndole en ese caso volverse a casar, y que cualquier otro matrimonio que se celebre mientras el cónyuge siga vivo es adulterio. Pablo dice a los corintios: "La mujer está ligada a su esposo mientras él vive; pero, si el esposo muere, ella queda libre para casarse con quien quiera, con tal de que sea en el Señor" (1Co 7:39). En otro lugar dice: "Por ejemplo, la casada está ligada por ley a su esposo solo mientras este vive; pero, si su esposo muere, ella queda libre de la ley que la unía a su esposo. Por eso, si se casa con otro hombre mientras su esposo vive, se la considera adúltera. Pero, si muere su esposo, ella queda libre de esa ley, y no es adúltera aunque

---

2 Daryl Wingerd et al., *Divorce & Remarriage: A Permanence View* [*El divorcio y el nuevo matrimonio: Una postura de permanencia*] (Kansas City: Christian Communicators Worldwide, 2009), 72.

3 Los que apoyan la postura de la permanencia señalan que la palabra griega traducida como "sin obligación" (*douloō*) en 1 Corintios 7:15 no se usa en ningún otro lugar para describir el vínculo del matrimonio, y es diferente a la palabra griega usada en 1 Corintios 7:39 (que explica que una mujer está "ligada" [*deō*] a su esposo mientras él viva, pero es libre para volverse a casar después de que él muera), y sostienen que estas palabras no son intercambiables. Ver Piper, *Divorce and Remarriage* [*El divorcio y el nuevo matrimonio*], 9.12; Wingerd et al., *Divorce & Remarriage* [*El divorcio y el nuevo matrimonio*], 72.

4 J. Carl Laney, "No Divorce and No Remarriage" ["No al divorcio y al nuevo matrimonio"], en *Divorce and Remarriage: Four Christian Views* [*El divorcio y el nuevo matrimonio: Cuatro perspectivas cristianas*], ed. H. Wayne House (Downers Grove, IL: InterVarsity Press, 1990), 45.

se case con otro hombre" (Ro 7:2-3). En este pasaje, no existen excepciones a la regla de que solo la muerte libera a un cónyuge del pacto matrimonial. En resumen, los que están de acuerdo con la permanencia dicen que el ser humano no puede terminar la relación de una sola carne y que solo Dios puede hacerlo por medio de la muerte de uno de los cónyuges.

ARGUMENTANDO A PARTIR DE LA HISTORIA

Los que están de acuerdo con la postura en contra del divorcio y del nuevo matrimonio afirman que la iglesia, desde los antiguos padres hasta el tiempo de la Reforma, defendía la misma posición.[5] Wenham escribe: "Casi unánimemente, los primeros escritores cristianos —a quienes se les conoce por lo general como los padres de la iglesia— rechazaban la idea de un nuevo matrimonio luego del divorcio".[6] Se argumenta que, ya que estaban "mucho más cerca [de Jesús y los apóstoles] en cuestiones de tiempo, lugar, idioma y presuposiciones"[7], podían haber entendido más claramente el significado de su enseñanza. Además, Wenham sostiene que, a la luz de las reglas más permisivas en cuanto al divorcio y el nuevo matrimonio tanto en la cultura judía como en la romana, es muy poco probable que los cristianos del segundo siglo hubieran tomado una posición tan estricta en contra del nuevo matrimonio a menos que esta fuera la tradición de los apóstoles.[8]

¿CÓMO FUNCIONA ESTO EN LA PRÁCTICA?

Los que promueven la postura de la permanencia en cuanto al divorcio y el nuevo matrimonio enfrentan preguntas prácticas difíciles. Por ejemplo, los que se oponen a esta posición les podrían preguntar: "¿No es irrazonable sugerir que el cónyuge inocente pase el resto de su vida solo?". Cabe notar a su favor que los que están de acuerdo con la permanencia buscan responder estas preguntas con integridad y compasión. Señalan que las personas con

---

[5] Ibíd., 38.

[6] Gordon J. Wenham, "No Remarriage after Divorce" ["No al matrimonio después del divorcio"], en *Remarriage after Divorce in Today's Church: 3 Views* [*El matrimonio después del divorcio en la iglesia actual: Tres perspectivas*], ed. Mark L. Strauss (Grand Rapids: Zondervan, 2006), 23.

[7] Ibíd., 24.

[8] Ibíd., 36. Los que están de acuerdo con la postura que se tomó después de la Reforma argumentarían que los padres de la iglesia primitiva estaban equivocados en bastantes aspectos.

ideas menos restrictivas respecto al divorcio y el nuevo matrimonio también reconocen que existen situaciones en las que la obediencia a Dios y a Su Palabra produce sufrimiento en esta vida, y reconocerían que es común que la voluntad de Dios para un creyente sea que este permanezca en un matrimonio difícil[9] o que renuncie a la idea del matrimonio porque no tiene la oportunidad de casarse con un creyente. En cada caso debemos confiar en que el Señor le da a la persona piadosa la gracia para soportar y servirle fielmente, y que Él le ayudará a sobreponerse a la soledad.

Otra pregunta que se le hace a los que están de acuerdo con la permanencia es: "¿Deben divorciarse o separarse de sus nuevos cónyuges aquellos que se han vuelto a casar de forma ilegítima?". Laney habla de la posibilidad de que una pareja que se haya casado de forma ilegítima decida terminar su matrimonio porque se consumó ilegítimamente, pero deja espacio para que las personas resuelvan estas situaciones según sus propias conciencias.[10] Piper dice que el hecho de que a una mujer divorciada que está en un nuevo matrimonio se le prohíba volver con su primer esposo en Deuteronomio 24:1-4 "apunta claramente a que hoy no se debería terminar un segundo matrimonio para restaurar el primero".[11] Además, recomienda confesar los pecados pasados, tanto a Dios como a las personas afectadas, y reconoce que "aunque no es una situación ideal, la voluntad de Dios para una pareja no es que termine su segundo matrimonio, y su relación actual no debe considerarse adulterio".[12]

Además, está la cuestión de cómo funciona este aspecto en la vida de la iglesia. Algunas personas que están de acuerdo con la postura de la permanencia deciden trabajar en iglesias y otras organizaciones que permiten distintas perspectivas y prácticas entre sus miembros y el liderazgo, dándoles la opción de que cada uno siga su propia conciencia. Por ejemplo, John Piper sirvió en una iglesia que tenía una posición oficial diferente a la suya y, a pesar de eso, respetaba la posición de la iglesia como una guía en términos

---

9 Por ejemplo, estar casado con un no creyente que se burla de tu fe o con alguien que esté discapacitado física o mentalmente, lo que a su vez lleva a la pérdida de los beneficios matrimoniales comunes del afecto y la compañía.

10 Laney, "No Divorce and No Remarriage" ["No al divorcio y al nuevo matrimonio"], 40.

11 Piper, *Divorce and Remarriage* [*El divorcio y el nuevo matrimonio*], 8.2.

12 Ibíd., "Conclusions and Applications" ["Conclusiones y aplicaciones"]. Ver también Wingerd et al., *Divorce & Remarriage* [*El divorcio y el nuevo matrimonio*], 7.

de membresía y disciplina. Otras iglesias cuyos líderes están de acuerdo con la postura de la permanencia practican la disciplina eclesial con los que se divorcian o se vuelven a casar en contra del consejo del liderazgo.[13]

RESUMEN

Los que están de acuerdo con la postura de la permanencia creen que el divorcio, en todos los casos, va en contra de la voluntad moral de Dios —reflejada en Su diseño desde la Creación— y que solo es permitido volverse a casar después de la muerte del cónyuge. Argumentan que las declaraciones claras y absolutas del Nuevo Testamento que prohíben el divorcio y el nuevo matrimonio proporcionan el marco que debemos usar para llegar a nuestras conclusiones.[14] Es posible que algunos cristianos se vean forzados a divorciarse legalmente porque vivimos en un mundo caído, y algunas personas decidirán abandonar el pacto matrimonial, pero el cónyuge cristiano no debe ser el que cause o inicie el divorcio. La persona que se divorcia debe permanecer soltera o reconciliarse con su cónyuge. El nuevo matrimonio es considerado adulterio siempre que el primer cónyuge de una persona siga vivo.

Piper deja en claro su posición: "En el Nuevo Testamento, la cuestión del matrimonio después del divorcio no se determina por:

1. La culpa o inocencia de alguno de los cónyuges,
2. El hecho de que alguno de los cónyuges sea creyente o no,
3. El hecho de que el divorcio se diera antes o después de la conversión de alguno de los cónyuges,
4. Lo fácil o difícil que pueda ser vivir como madre soltera o padre soltero por el resto de la vida en la tierra,
5. Que hubiera adulterio o abandono,
6. La realidad actual de la dureza del corazón humano,
7. La permisividad cultural de la sociedad circundante".[15]

---

[13] Wingerd et al., *Divorce & Remarriage* [*El divorcio y el nuevo matrimonio*], 5-6.

[14] Ibíd., 27–28.

[15] Piper, *Divorce and Remarriage* [*El divorcio y el nuevo matrimonio*], "Conclusions and Applications" ["Conclusiones y aplicaciones"].

PREGUNTAS PARA REFLEXIONAR

1. ¿Cómo explican los que están de acuerdo con la postura de la permanencia el hecho de que el cónyuge abandonado queda sin obligación en 1 Corintios 7:15?
2. ¿Cómo argumentan los que creen en esta postura a favor de la permanencia desde el punto de vista de la historia de la iglesia?
3. ¿Qué le dirían los que están de acuerdo con la postura de la permanencia a los que creen que sería demasiado difícil que un joven divorciado, siendo la parte inocente, no se vuelva a casar por el resto de su vida?
4. ¿Cuál es la única circunstancia en la cual los que apoyan la postura de la permanencia creen que es permitido volverse a casar, según lo que dice Pablo?
5. ¿Cómo tratan los que están de acuerdo con la postura de la permanencia a los que se vuelven a casar después del divorcio?

28

¿ENSEÑA LA ESCRITURA QUE EL PECADO SEXUAL ES UNA RAZÓN VÁLIDA PARA DIVORCIARSE Y VOLVERSE A CASAR?

Aunque la causa de todos los divorcios es el pecado, no todas las personas divorciadas son responsables de separar lo que Dios ha unido. Muchos evangélicos conservadores, entre los cuales me incluyo, creen que la Escritura enseña que el pecado sexual es una violación tan grave del pacto matrimonial que le da una razón válida al cónyuge inocente para divorciarse. En ese caso, el cónyuge inocente tendría la libertad de volverse a casar con un creyente y esto no sería pecado. Esta ha sido la opinión de la mayoría de protestantes desde la Reforma, y es lo que enseña la Confesión de fe de Westminster (24.5-24.6). Esta postura es conocida por algunos como la perspectiva de Erasmo, por Erasmo de Rotterdam —uno de los primeros en promover esta interpretación en el siglo dieciséis.

EL PACTO MATRIMONIAL NO ES IRROMPIBLE

El pacto matrimonial hace que dos personas sean una, pero es posible que el pecado los separe. En Mateo 19:6, Jesús dice: "Así que ya no son dos, sino uno solo. Por tanto, lo que Dios ha unido, que no lo separe el hombre". Jesús no dice que los hombres no pueden separar lo que Dios ha unido, sino que enseña que esto no debería ocurrir. En los siguientes versículos, nuestro Señor reconoce la posibilidad de que el pacto se rompa pecaminosamente debido a la dureza de los corazones humanos (Mt 19:8).

Además, las relaciones de "una sola carne" no siempre son permanentes —por ejemplo, el caso de un hombre que se une a una prostituta, formando así una sola carne con ella. Pablo explica: "¿No saben que el que se une a una prostituta se hace un solo cuerpo con ella? Pues la Escritura dice: 'Los dos llegarán a ser un solo cuerpo'" (1Co 6:16). Aquí es relevante que Pablo cita Génesis 2:24 para describir una relación temporal de una sola carne entre un hombre y una prostituta. Este es el mismo versículo en el que se basan los que están de acuerdo con la postura de la permanencia para afirmar que el vínculo matrimonial es indisoluble humanamente.

Adicionalmente, el hecho de que una persona quede impura después de haberse divorciado (Dt 24:4) no significa que todavía esté casada con su primer cónyuge o que sigan unidos.[1] Cuando Jesús habla de los divorcios y los nuevos matrimonios pecaminosos, se refiere a personas que están totalmente divorciadas (una relación rota) y que se han casado de nuevo (Mt 19:9; Mr 10:11-12; Lc 16:18). Ya no están casados con sus antiguos cónyuges.[2]

DIOS MISMO SE DIVORCIÓ DE ISRAEL POR ADULTERIO

Una de las debilidades más grandes de la postura de la permanencia es el hecho de que el Señor mismo se divorció: "... y vio también que Yo había repudiado a la apóstata Israel, y que le había dado carta de divorcio por todos los adulterios que había cometido. No obstante, su hermana, la infiel Judá, no tuvo ningún temor, sino que también ella se prostituyó" (Jer 3:8; ver también Is 50:1).[3] El patrón del divorcio del Señor es el mismo que el de los divorcios humanos que son válidos. La parte culpable era culpable de actos flagrantes que quebrantaron el pacto, y la parte inocente decide usar

[1] Si las personas todavía estuvieran "casadas ante los ojos de Dios" o fueran "una sola carne" después del matrimonio, ¿por qué no podía la mujer de Deuteronomio 24:1-4 volver a estar con su primer esposo?

[2] Algunos de los que promueven la postura de la permanencia reconocen las posibles consecuencias de su idea de que el vínculo matrimonial no se puede romper. ¿Significaría esto que luego de volverse a casar uno estaría casado con dos personas al mismo tiempo? "Cuando un matrimonio termina con el divorcio, la unión que permanece intacta ya no se puede identificar correctamente como un matrimonio", según dice Daryl Wingerd et al, *Divorce & Remarriage: A Permanence View* [*El divorcio y el nuevo matrimonio: Una postura de permanencia*] (Kansas City: Christian Communicators Worldwide, 2009), 112.

[3] Los que están a favor de la postura de la permanencia tratan de responder a esto señalando que el divorcio entre el Señor e Israel es metafórico (ibíd., 46). Sin embargo, la metáfora es significativa debido a que corresponde a un matrimonio literal. Además, los que apoyan la postura de la permanencia no dudan en usar la metáfora cuando parece que se ajusta a su propósito (por ejemplo, al argumentar a favor de su posición a partir de la fidelidad del Señor con Su pueblo).

estas razones para formalizar la disolución del matrimonio (en este contexto, por medio de una orden judicial de divorcio). Jay Adams escribe: "Si Dios mismo se divorcia de Israel, seguramente es incorrecto condenar todos los divorcios sin pensarlo dos veces".[4]

JESÚS ENSEÑA QUE EL DIVORCIO Y EL NUEVO MATRIMONIO GENERALMENTE CONSTITUYEN ADULTERIO

En la época de Jesús, así como ahora, el divorcio era demasiado común. Los rabinos judíos debatían sobre las razones lícitas para uno divorciarse. Muchos sostenían que un hombre se podía divorciar de su esposa "por cualquier motivo". Otros eran un poco más restrictivos.[5] En Mateo 19, los fariseos intentaron involucrar a Jesús en su debate (19:3). Él les responde recordándoles primero el ideal de Dios desde la Creación, de que los dos se volvieran uno solo y que nunca se separaran (19:4-6). Entonces, los fariseos le preguntan a Jesús por las instrucciones respecto al divorcio en Deuteronomio 24:1-4 (Mt 19:7). La respuesta inicial de Jesús señala un error dentro de la pregunta. Moisés no le *ordenó* a nadie que se divorciara de su esposa, sino que lo *permitió*, y solo por la dureza de sus corazones (19:8). Luego, Jesús condena los divorcios frívolos que se dan "por cualquier causa", los cuales eran comunes entre los judíos, diciendo que estos divorcios y los matrimonios posteriores a ellos constituyen adulterio (19:9). Eso es similar a lo que Él enseña en otras partes (Mt 5:32; Mr 10:11-12; Lc 16:18) y es lo que enfatiza en Mateo 19.

JESÚS DECLARA UNA EXCEPCIÓN A LA REGLA GENERAL

Sin embargo, Jesús menciona una condición: "... excepto en caso de inmoralidad sexual" (también en Mt 5:32). Por tanto, afirma que un pecado "viola

---

[4] Jay Adams, *Marriage, Divorce, and Remarriage in the Bible* [*El matrimonio, el divorcio y el nuevo matrimonio en la Biblia*] (Grand Rapids: Zondervan, 1980), 23.

[5] La Mishná (200 d. C.) describe las posturas de las distintas escuelas rabínicas. "La escuela de Shamai dice que un hombre no se puede divorciar de su esposa a menos que haya encontrado impureza en ella, pues escrito está: '... porque ha encontrado algo reprochable en ella' (Dt 24:1 NBLH). Y la escuela de Hilel dice que se puede divorciar de ella incluso en caso de que ella le prepare mal un plato, pues escrito está: '... porque ha encontrado algo reprochable en ella' (mishná Gittin 9:10)". Ver Andreas J. Köstenberger con David Jones, *God, Marriage, and Family: Rebuilding the Biblical Foundation* [*Dios, el matrimonio y la familia: Reconstruyendo el fundamento bíblico*], 2ª ed. (Wheaton, IL: Crossway, 2010), 228.

el principio de 'una sola carne' que es la base del matrimonio"[6] de una forma tan grave que le da una razón válida a la parte inocente para divorciarse del cónyuge adúltero. Los que están en contra del divorcio en todos los casos tratan de argumentar que, al permitir esta excepción, el pacto matrimonial no se percibe tan seriamente porque se puede romper.[7] Pero en realidad, el castigo por la violación de un mandamiento demuestra que para el Señor es muy grave el incumplimiento de Su ley. Por ejemplo, en el antiguo pacto, el sexto mandamiento —"No mates" (Éx 20:13)— fue dado para proteger la vida. El hecho de que Dios instituyera la pena de muerte por el asesinato demuestra el valor de la vida humana creada a imagen de Dios (Gn 9:5-6). De forma similar, el séptimo mandamiento —"No cometas adulterio" (Éx 20:14)— fue dado para proteger el matrimonio. La pena de muerte por el adulterio demuestra la gravedad del pecado y tiene un efecto disuasivo (Lv 20:10; Dt 22:22). La consecuencia del adulterio bajo el nuevo pacto (que la parte inocente se pueda divorciar de forma justa de la parte culpable) también es bastante seria, especialmente al tener en cuenta que Dios odia el divorcio. Se podría decir que este castigo es misericordioso comparado con el castigo del Antiguo Testamento.[8] Otra razón por la que la parte inocente tendría derecho a divorciarse y volverse a casar bajo el nuevo pacto es que, según el antiguo pacto, el cónyuge adúltero debía ser castigado con la pena de muerte. Entonces, la parte inocente quedaba libre para volverse a casar (por ser viudo o viuda).[9]

¿CUÁL ES LA EXCEPCIÓN (*PORNEIA*)?

Así que ¿cómo debemos entender la excepción que enseña Jesús? Los que argumentan a favor de la postura de la permanencia (en contra del divorcio y del nuevo matrimonio) reconocen que todo su argumento depende del significado de la palabra griega *porneia*, que se traduce como "inmoralidad".

---

6 Ibíd., 275.

7 Contrariamente a su posición de que ni siquiera el pecado sexual se puede usar como una razón para ponerle fin al pacto.

8 John Murray afirma que: "Él (Jesús) anuló el castigo mosaico para el adulterio e hizo legítimo el divorcio por causa del adulterio". *Divorce* [*El divorcio*] (Philadelphia: Presbyterian and Reformed, 1961), 27.

9 La Confesión de fe de Westminster (24.5) se refiere a este razonamiento de que la parte inocente es libre de volverse a casar "como si la parte ofensora hubiera muerto".

Afirman que debe significar algo diferente al adulterio; o se refiere a la fornicación antes del matrimonio o a un matrimonio que no es válido por ser incestuoso. Un problema fatal de creer que Jesús está hablando de fornicación durante el compromiso es que Mateo 19 habla de motivos para el divorcio y el nuevo matrimonio, no de razones para terminar un compromiso.[10] Los textos de los que habla Jesús (Gn 1 – 2; Dt 24) también se refieren claramente al matrimonio. Jesús está condenando las acciones pecaminosas y adúlteras de los judíos que abandonaron a sus esposas y se volvieron a casar de forma ilegítima.[11]

De la misma forma, no existe un fundamento en el contexto para limitar el significado de *porneia* a los matrimonios incestuosos que se prohiben en Levítico 18.[12] *Porneia* es una palabra amplia para la inmoralidad sexual, la cual incluye el adulterio, el incesto, la homosexualidad y varios otros pecados sexuales.[13] Su significado puede ser determinado de forma más precisa por el contexto. En la Septuaginta (la traducción griega del Antiguo Testamento), algunas veces se usa *porneia* de forma intercambiable con la palabra más específica para divorcio, *moichaō* (Jer 3:8-10; Os 2:2-5). El hecho de que el Señor mismo se haya divorciado de Israel y de Judá por causa del adulterio (Jer 3:8) también respalda la idea de que esta es la excepción a la que Jesús se está refiriendo, y en la que los estudiantes de la Escrituras habrían entendido fácilmente que esto era lo que quería decir. Además, existen razones de peso para creer que a la luz de los debates que había en ese tiempo sobre el divorcio,[14] Jesús se está refiriendo a la inmoralidad sexual adúltera como una razón legítima para divorciarse.

---

10 Además, la palabra *porneia* no se encuentra en Mateo 1:18-25, donde José considera terminar el compromiso.

11 Ver también Proverbios 2:17, que describe a la adúltera como alguien que actúa "olvidándose de su pacto con Dios".

12 La probabilidad de que alguien se case con alguien sin saber que es un familiar cercano es extremadamente remota.

13 Es decir, "de varias clases de 'actos sexuales prohibidos'", de acuerdo con W. Bauer, F. W. Danker, W. F. Arndt y F. W. Gingrich, *A Greek-English Lexicon of the New Testament and Other Early Christian Literature* [*Léxico griego-inglés del Nuevo Testamento y otra literatura cristiana primitiva*], 3ª ed. (Chicago: University of Chicago Press, 2000), 854. De aquí en adelante nos referiremos a este libro como BDAG. Ver también Murray, *Divorce* [*El divorcio*], 21.

14 Además de los debates entre los seguidores de Hilel y Shamai respecto a las causales de divorcio, estaba el problema inmediato del matrimonio ilegítimo de Herodes con Herodías, la exesposa de su hermano (Mt 14:3-4).

¿QUÉ HAY DE LOS TEXTOS QUE NO MENCIONAN LA EXCEPCIÓN?

¿Por qué las demás declaraciones de Jesús que prohíben el divorcio y el nuevo matrimonio (Mr 10:11-12; Lc 16:18) no incluyen la excepción? Las afirmaciones de Cristo en los otros pasajes incluyen brevemente la regla general de que el divorcio y el nuevo matrimonio (especialmente en la forma en que se practicaba en esa época por medio del "divorcio por cualquier causa") son una violación del diseño de Dios para el matrimonio. Sin embargo, las reglas generales pueden tener excepciones que se mencionen en otra parte.[15] La excepción no niega la regla general, ni la regla general niega la excepción.[16] Por ejemplo, la regla general de la ley de Dios es que no debemos asesinar a otro ser humano (Éx 20:13). Sin embargo, existen situaciones excepcionales tales como la promulgación de la justicia civil y la guerra, en la que Dios permitía el asesinato (Gn 9:5-6; Ro 13:4). Otro ejemplo sería que, aunque Mateo 5:22 condena la ira sin ninguna excepción explícita, Jesús algunas veces se enojó justamente (Mr 3:5; Jn 2:15-17). Otra ilustración serían las señales de límite de velocidad que muestran la regla general (por ejemplo, no conducir a una velocidad mayor de setenta kilómetros por hora en cierta carretera) pero no hacen una lista de las excepciones (como que los vehículos que atienden emergencias pueden ir más rápido si es necesario).

También se argumenta que las excepciones que Jesús menciona "eran obvias y bien conocidas para la audiencia original".[17] Los que lo escuchaban habrían asumido, tanto por la práctica del momento como por el ejemplo del Antiguo Testamento (incluyendo el divorcio del Señor con Israel), que el pecado sexual constituye una razón justa para uno divorciarse sin que eso se hubiera declarado de forma explícita.[18] Además, Murray señala que por sí

---

[15] John MacArthur escribe: "Para que algo sea verdad, Dios solo tiene que decirlo una vez… Dios no nos dice todo sobre un tema cada vez que lo menciona". *The Divorce Dilemma* [*El dilema del divorcio*] (Leominster, Inglaterra: Day One Publications, 2009), 23.

[16] Como dice Edgar: "No estoy de acuerdo con que se considere que un pasaje que no da una excepción niega una excepción que se haya declarado claramente en otro pasaje". Thomas R.Edgar, "Respuesta" al ensayo de J. Carl Laney en *Divorce and Remarriage: Four Christian Views* [*El divorcio y el nuevo matrimonio: Cuatro perspectivas cristianas*], ed. H. Wayne House (Downers Grove, IL: InterVarsity Press, 1990), 63.

[17] William A. Heth, "Remarriage for Adultery or Desertion" ["El nuevo matrimonio por causa de adulterio o abandono"], en *Remarriage after Divorce in Today's Church: 3 Views* [*El matrimonio después del divorcio en la iglesia actual: Tres perspectivas*], ed. Mark L. Strauss (Grand Rapids: Zondervan, 2006), 73.

[18] Aunque entender el contexto cultural puede ser útil al interpretar los textos bíblicos, los argumentos

misma, la frase que presenta la excepción "le da prominencia a la ilegitimidad de cualquier otra razón",[19] lo cual refuta las perspectivas permisivas del divorcio que eran famosas tanto en la cultura judía como en la romana.

¿PERMITE JESÚS EL DIVORCIO PERO NO EL NUEVO MATRIMONIO?

Algunos han tratado de argumentar que, aunque el divorcio se pueda permitir por inmoralidad sexual, el nuevo matrimonio seguiría estando prohibido. En efecto, la excepción permitiría que la parte inocente se separe pero no le daría el derecho a volverse a casar. Un problema de esta perspectiva es que habría sido un cambio fundamental en el significado del divorcio, el cual casi siempre se realizaba dando el derecho a volverse a casar.[20] Aún más importante, como han mostrado Murray y otros, la estructura gramatical de la frase en Mateo 19:9 favorece firmemente la interpretación de que la cláusula de excepción aplica tanto al "que se divorcia de su esposa" como al que "se casa con otra", frases que están coordinadas en el texto.[21] Murray escribe: "Por tanto, el tema que se trata es el divorcio y el nuevo matrimonio en coordinación, y esta coordinación no debe perturbarse de ninguna manera".[22] Debido a que ambos verbos (*divorciarse* y *casarse* [*de nuevo*]) aplican en el caso de la regla general, cuya violación resulta en adulterio, la excepción (*excepto en caso de inmoralidad sexual*) debe aplicar para ambos verbos.

RESUMEN

Según Jay Adams: "Aunque todos los divorcios son el resultado del pecado, no todos los divorcios son pecaminosos".[23] Cuando Jesús aborda la pregunta relacionada con el divorcio, se opone fuertemente a la idea del "divorcio por cualquier razón" que tenían los rabinos más liberales. Aunque Su posición de permitir el divorcio y el nuevo matrimonio en el caso del pecado sexual es

culturales no son definitivos. Me inquieta ver que parece que algunos eruditos ven el contexto cultural como un aspecto definitivo para la interpretación del texto.

19 Murray, *Divorce* [*El divorcio*], 21.

20 Heth, "Remarriage for Adultery or Desertion" ["El nuevo matrimonio por causa de adulterio o abandono"], 71.

21 Murray, *Divorce* [*El divorcio*], 36-43.

22 Ibíd., 41.

23 Adams, *Marriage, Divorce, and Remarriage in the Bible* [*El matrimonio, el divorcio y el nuevo matrimonio en la Biblia*], 30.

similar a la posición de los rabinos más estrictos, su perspectiva es más misericordiosa. Los rabinos asumían que el divorcio *debía* darse en tales circunstancias, mientras que Jesús *permite* el divorcio sin descartar la posibilidad del arrepentimiento, el perdón y la reconciliación. Jesús no enseña que el acto de infidelidad sexual en sí mismo rompe el pacto matrimonial, pero sí enseña que es una violación del pacto lo suficientemente grave como para que la parte inocente tenga derecho a divorciarse si así lo decide.

PREGUNTAS PARA REFLEXIONAR

1. ¿De qué forma el divorcio entre Dios e Israel bajo el antiguo pacto respalda la idea de que el adulterio es una razón legítima para divorciarse?
2. ¿Por qué la cláusula que menciona la excepción por inmoralidad sexual no está incluida en los pasajes que prohíben el divorcio y el nuevo matrimonio en los libros de Marcos y Lucas?
3. ¿Por qué es poco probable que Mateo 19:9 se refiera a la ruptura de un compromiso?
4. ¿Cómo refutarías la afirmación de que Jesús permite el divorcio en casos de adulterio pero no permite que las personas se vuelvan a casar?
5. ¿De qué forma la enseñanza de Jesús difiere de la de los rabinos judíos más estrictos?

29

¿ES EL ABANDONO DE UN NO CREYENTE UNA RAZÓN VÁLIDA PARA DIVORCIARSE Y VOLVERSE A CASAR?

La mayoría de los eruditos evangélicos que creen que Jesús enseña que la infidelidad sexual es una razón válida para el divorcio y el nuevo matrimonio también creen que Pablo enseña que el abandono por parte de un cónyuge no creyente es una razón válida para un cristiano divorciarse y volverse a casar sin cometer pecado. Además, esto está escrito en la Confesión de Westminster (24.7).[1]

PABLO NO INCENTIVA EL DIVORCIO; JESÚS TAMPOCO

En 1 Corintios 7, Pablo responde varias preguntas relacionadas con la soltería, el matrimonio y el sexo en el matrimonio. Aunque Jesús habla principalmente de prácticas matrimoniales judías, Pablo escribe teniendo también en cuenta las leyes y prácticas grecorromanas de ese tiempo, en las que el divorcio y el nuevo matrimonio eran prácticas desenfrenadas.

Respecto a la decisión de si casarse o no, Pablo piensa que las personas solteras, como él, tienen la ventaja de poder servir al Señor sin distracciones (1Co 7:7-8, 33-35), pero reconoce que la mayoría no tiene el don de la soltería y que es mejor que se casen (7:2, 9). Además, les recuerda a los esposos y las esposas que se esmeren por cumplir sus deberes conyugales el uno con el otro (7:3-5; ver también Éx 21:10-11).

---

[1] http://www.reformed.org/documents/wcf_with_proofs/.

Pablo luego habla a los casados y reitera con firmeza la regla general que enseñó Jesús de que los esposos y las esposas no se deben divorciar, y que si se divorcian agravan su pecado al volverse a casar (1Co 7:10-11). Es evidente que aquí Pablo habla del divorcio, porque la palabra griega *chorizō*, que se traduce como "separar" en 1 Corintios 7:10-11, es la misma palabra griega que usa Jesús en Mateo 19:6 cuando Cristo prohíbe el divorcio, diciendo: "Por tanto, lo que Dios ha unido, que no lo separe (*chorizō*) el hombre". El hecho de que Pablo prohíba el matrimonio después de un divorcio indebido coincide con las declaraciones de Jesús en Mateo 19:9 (y en otras partes) de que volverse a casar después de un divorcio ilícito es adulterio. Comúnmente, una pareja cristiana que está separada o divorciada debe hacer todos los esfuerzos posibles para buscar la reconciliación por medio de los principios y el poder del evangelio.[2]

NO TERMINES TU MATRIMONIO AUNQUE ESTÉS CASADO CON UN NO CREYENTE

Luego, Pablo aborda una situación diferente, una que Jesús no trata: "A los demás les digo yo (no es mandamiento del Señor)" (1Co 7:12a).[3] ¿Qué ocurre si un creyente está casado con un no creyente? Aunque los que ya eran cristianos debían saber que solo podían casarse en el Señor (7:39), muchos se convertían después de haberse casado con impíos. Esta habría sido una pregunta importante al tener en cuenta los mandatos del Antiguo Testamento de no casarse con los que no formaban parte del pueblo del pacto: "Tampoco te unirás en matrimonio con ninguna de esas naciones; no darás tus hijas a sus hijos ni tomarás sus hijas para tus hijos, porque ellas los apartarán del Señor y los harán servir a otros dioses. Entonces la ira del Señor se encenderá contra ti y te destruirá de inmediato" (Dt 7:3-4). Casarse con no judíos era un pecado tan grande que en el libro de Esdras los hombres israelitas expulsaron a sus esposas extranjeras (paganas) (Esd 10:3, 11). ¿Debían los nuevos creyentes que estuvieran casados con no creyentes preocuparse por la influencia que sus cónyuges paganos tendrían sobre ellos o sobre sus hijos? ¿Sería mejor apartar a los hijos de sus padres no creyentes? ¿Deberían divorciarse como lo hicieron los hombres de la época de Esdras?

---

[2] Las preguntas 38 y 39 tratarán este tema.

[3] Pablo no está diciendo que su instrucción tiene menos autoridad, sino que él —como apóstol de Jesucristo y con la guía del Espíritu Santo (1Co 7:40)— trata un tema del que Jesús no habla.

La respuesta de Pablo es que las diferencias espirituales por sí solas no son una razón para terminar un matrimonio: "Si algún hermano tiene una esposa que no es creyente, y ella consiente en vivir con él, que no se divorcie de ella. Y, si una mujer tiene un esposo que no es creyente, y él consiente en vivir con ella, que no se divorcie de él" (1Co 7:12b-13). En otras palabras, esa persona debe permanecer casada y no tomar la iniciativa para divorciarse. Como dice Köstenberger: "Un matrimonio mixto... es preferible al divorcio".[4] Pablo también habla sobre la preocupación que pueden tener los creyentes por la influencia que pudieran ejercer sobre ellos y sobre sus hijos: "Porque el esposo no creyente ha sido santificado por la unión con su esposa, y la esposa no creyente ha sido santificada por la unión con su esposo creyente. Si así no fuera, sus hijos serían impuros, mientras que, de hecho, son santos" (7:14). Pablo no está prometiendo que el cónyuge no creyente (ver 7:16) y los hijos serán salvos, sino que está diciendo que la unión matrimonial es legítima y tiene la bendición de Dios. Puedes confiarle tus hijos a Dios.

DE NUEVO, HAY UNA EXCEPCIÓN

Así como Jesús enfatizó la regla general (que el divorcio y el nuevo matrimonio son pecaminosos) antes de hablar de la excepción del pecado sexual, Pablo también enfatizó primero que los creyentes deben permanecer en su matrimonio, y luego habló de la excepción. Él agrega: "Sin embargo, si el cónyuge no creyente decide separarse, no se lo impidan. En tales circunstancias, el cónyuge creyente queda sin obligación; Dios nos ha llamado a vivir en paz" (1Co 7:15). Esta idea se relaciona con la enseñanza de Jesús de que, aunque el creyente no debería ser el que separe lo que Dios ha unido en matrimonio (Mt 19:6), la otra parte puede actuar unilateralmente para ponerle fin al pacto matrimonial. Pablo usa la palabra griega, *chorizō*, para "separarse" en 1 Corintios 7:15, la misma que usa Jesús para "separar" en Mateo 19:6, demostrando de esta forma que Pablo se refiere al cónyuge no creyente que se divorcia (no simplemente al que se separa físicamente) del creyente.[5]

---

[4] Andreas J. Köstenberger con David Jones, *God, Marriage, and Family: Rebuilding the Biblical Foundation* [*Dios, el matrimonio y la familia: Reconstruyendo el fundamento bíblico*], 2ª ed. (Wheaton, IL: Crossway, 2010), 234.

[5] El término *chorizō* también se usaba en la cultura grecorromana para referirse al divorcio (BDAG, 1095).

El panorama más probable es que el cónyuge no creyente decida abandonar el matrimonio por causa de la fe del cónyuge creyente.[6] Es probable que en la iglesia primitiva existieran casos, así como los tenemos en la actualidad, en los que al cónyuge no creyente no le gustan los cambios en la vida del nuevo creyente. Tal vez el creyente dejó de participar en algunas de las actividades pecaminosas que la pareja realizaba antes. Tal vez al cónyuge incrédulo no le agrada que el creyente no practique sus propias costumbres religiosas. Esta persona podría decir: "¡Yo no esperaba esto cuando me casé contigo!". Aunque el creyente no debe provocar de forma deliberada que el no creyente se vaya, Pablo manda al creyente a no aferrarse a un cónyuge que insiste en irse.[7] Aunque el divorcio no es la solución ideal, es la mejor que se puede dar bajo estas circunstancias. En otra parte, Pablo comenta: "Si es posible, y en cuanto dependa de ustedes, vivan en paz con todos" (Ro 12:18). Aunque es bueno tener la esperanza de que un cónyuge puede cambiar, no es posible saber si eso ocurrirá: "¿Cómo sabes tú, mujer, si acaso salvarás a tu esposo? ¿O cómo sabes tú, hombre, si acaso salvarás a tu esposa?" (1Co 7:16).

¿PUEDE EL CÓNYUGE ABANDONADO VOLVER A CASARSE?

Los que están de acuerdo con la postura de la permanencia creen que, aunque el cónyuge abandonado queda libre de las obligaciones matrimoniales comunes (como el apoyo financiero [aparte del que requiere la ley], la compañía y los derechos conyugales), su vínculo de una sola carne permanece de cierta manera, así que el creyente no es libre para volverse a casar. Su argumento es que Pablo ya había dicho que todo nuevo matrimonio está prohibido (1Co 7:11). También afirman que la palabra griega *douloō*, traducida como "sin obligación", no puede significar que el cónyuge creyente es libre para casarse de nuevo, sino que significa que tiene la libertad de vivir como soltero.

Dado que la Escritura permite que la parte inocente se vuelva a casar en el caso de ciertos divorcios (por ejemplo, por inmoralidad sexual), es razonable suponer que el mismo principio aplica para la parte inocente en caso

---

6 Regresando a los versículos 12-13, que describen a un cónyuge no creyente que decide permanecer casado a pesar de las diferencias religiosas, este parece ser un caso en el que el cónyuge no creyente no está dispuesto a seguir casado debido a las diferencias religiosas.

7 "No se lo impidan" es una frase imperativa (en tiempo presente).

de abandono por un no creyente. John MacArthur escribe: "Dicho de forma simple, cuando se permite el divorcio, se permite el nuevo matrimonio; cuando se prohíbe el divorcio, se prohíbe el nuevo matrimonio".[8] Si alguien es libre para volverse a casar después de un divorcio válido por causa de inmoralidad, se le debería permitir volverse a casar por otras razones válidas. Si la persona sigue teniendo alguna obligación hacia el cónyuge anterior porque siguen en esa relación de una sola carne (como sostienen los que apoyan la postura de la permanencia), entonces no es libre. La palabra *douloō*, que se traduce como "sin obligación" (1Co 7:15), implica la libertad de todas las obligaciones del matrimonio anterior y, por tanto, se permite que la persona divorciada asuma nuevas obligaciones en un nuevo matrimonio.[9] Murray y otros argumentan que el uso de *douloō* en 1 Corintios 7:15 ocurre de una forma que se puede comparar con el uso de *deo* en 1 Corintios 7:39, donde se habla de una viuda que estaba obligada (*deo*) previamente por su matrimonio ya no tiene obligación y, por tanto, es libre para volverse a casar.[10] O, como propone Köstenberger: "Es posible que Pablo esté usando una analogía diciendo que cuando un no creyente abandona a su cónyuge, es como si la persona muriera".[11] El hecho de que tanto las cartas de divorcio de los judíos como las de los grecorromanos declararan explícitamente la libertad del divorciado para volverse a casar también apoyaría este significado de "sin obligación".[12] Finalmente, en la afirmación de Pablo: "¿Estás libre de mujer? No busques mujer. Y si te casas, no has pecado" (1Co 7:27b-28a, NBLH),

---

[8] John MacArthur, *The Divorce Dilemma* [*El dilema del divorcio*] (Leominster, Inglaterra: Day One Publications, 2009), 81.

[9] Jay Adams, *Marriage, Divorce, and Remarriage in the Bible* [*El matrimonio, el divorcio y el nuevo matrimonio en la Biblia*] (Grand Rapids: Zondervan, 1980), 48.

[10] John Murray, *Divorce* [*El divorcio*] (Philadelphia: Presbyterian and Reformed, 1961), 75. Köstenberger dice: "Aunque no son idénticos, sí parece que los términos *douloō* y *deō* habitan en el mismo campo semántico… Así que parece que 1 Corintios 7:39 es aceptable como un paralelo relevante de 1 Corintios 7:15" (*God, Marriage, and Family* [*Dios, el matrimonio y la familia*], 286). Además, *douloō* se usa en Romanos 6:18, 22 para hablar de la forma en que hemos sido liberados del pecado, lo que en el contexto significa que ya no tenemos más obligación con el pecado ni estamos unidos a él, sino que ahora estamos unidos a Cristo.

[11] Köstenberger, *God, Marriage, and Family* [*Dios, el matrimonio y la familia*], 287. Además, Köstenberger señala que el lenguaje que se usa con respecto a la libertad de la viuda para volverse a casar en 1 Corintios 7:39 es muy similar al lenguaje de la carta judía estándar de divorcio.

[12] William A. Heth, "Remarriage for Adultery or Desertion" ["El nuevo matrimonio por causa de adulterio o abandono"], en *Remarriage after Divorce in Today's Church: 3 Views* [*El matrimonio después del divorcio en la iglesia actual: Tres perspectivas*], ed. Mark L. Strauss (Grand Rapids: Zondervan, 2006), 75.

la palabra *libre* contiene la misma raíz griega que la palabra traducida como "sin obligación" en 1 Corintios 7:15. Esto sugiere de forma significativa que alguien que ha sido liberado de forma apropiada de un cónyuge es libre para volverse a casar.[13]

Según Charles Hodge: "Si el no creyente termina el matrimonio, el cónyuge cristiano es liberado del contrato. Esta es la interpretación que la mayoría de los protestantes le han dado a este versículo. Es un pasaje de gran importancia porque es la base de la doctrina protestante de que el abandono deliberado es una razón legítima para divorciarse".[14]

¿QUÉ OCURRE EN CASO DE QUE AL CÓNYUGE CREYENTE LO ABANDONE OTRO CREYENTE?

Es común que haya casos en los que alguien que profesa ser cristiano abandone a otro creyente. En tales casos, el cónyuge que fue abandonado no es libre de tomar la iniciativa para divorciarse o volverse a casar (1Co 7:10-11). Sin embargo, la iglesia puede tratar esta situación por medio del proceso de la disciplina eclesial (Mt 18:15-20). Jesús dice que si el cónyuge desobediente no se arrepiente, debe ser tratado como un no creyente: "Y si rehúsa escucharlos, dilo a la iglesia; y si también rehúsa escuchar a la iglesia, sea para ti como el gentil (el pagano) y el recaudador de impuestos" (Mt 18:17). En ese punto, el cónyuge inocente podría considerar que fue abandonado por un no creyente, y en tal caso sí aplicaría 1 Corintios 7:15.[15]

RESUMEN

Pablo repite la regla general de Jesús de que normalmente el divorcio y el nuevo matrimonio son pecaminosos. Luego aborda una situación que Jesús no mencionó al dirigirse a creyentes que están casados con no creyentes. Incluso entonces aplica la regla general de no divorciarse, pero si el cónyuge no

---

[13] Adams, *Marriage, Divorce, and Remarriage in the Bible* [*El matrimonio, el divorcio y el nuevo matrimonio en la Biblia*], 84.

[14] Charles Hodge, *Commentary on 1 and 2 Corinthians* [*Comentario de 1 y 2 Corintios*] (Edimburgo: Banner of Truth, 1983), 118.

[15] Adams, *Marriage, Divorce, and Remarriage in the Bible* [*El matrimonio, el divorcio y el nuevo matrimonio en la Biblia*], 89. Reconozco que algunos eruditos entienden que aquí se habla de ser libre del matrimonio (no de ser libre por medio del divorcio). Aunque creo que la interpretación que se le da anteriormente es preferible, no es esencial para mi conclusión de que el cónyuge abandonado por un no creyente es libre para volverse a casar.

creyente abandona el matrimonio forzando al creyente a divorciarse, entonces el cristiano queda libre de las obligaciones hacia su antiguo cónyuge y se puede volver a casar.

PREGUNTAS PARA REFLEXIONAR

1. ¿Tiene la enseñanza de Pablo sobre el matrimonio, el divorcio y el nuevo matrimonio una autoridad diferente a la de Jesús (1Co 7:10)?
2. ¿Cuál es la situación nueva de la que habla Pablo?
3. ¿Por qué es posible que los creyentes pensaran que debían dejar a sus cónyuges no creyentes?
4. ¿Cuáles son las obligaciones y libertades de un creyente si su cónyuge no creyente ya no quiere seguir casado?
5. ¿Qué debería hacer un creyente si su cónyuge, siendo alguien que profesa ser cristiano, lo abandona?

30

¿JUSTIFICA LA ESCRITURA EL DIVORCIO POR CAUSAS DIFERENTES AL PECADO SEXUAL Y EL ABANDONO?

Aunque la infidelidad sexual y el abandono por parte de un no creyente son razones ampliamente aceptadas por la mayoría de evangélicos como motivos para divorciarse y volverse a casar, algunos creen que hay otras razones legítimas para divorciarse.

¿PODRÍAN EXISTIR MÁS EXCEPCIONES?

Algunos argumentan que si Jesús enseña una excepción a la regla general en contra del divorcio y el nuevo matrimonio, y si Pablo es capaz de enseñar sobre otra excepción, ¿por qué no podemos, usando un razonamiento similar, agregar más excepciones? ¿Podrían otras razones encajar en categorías similares? Afirman que si el incumplimiento de las responsabilidades del pacto por medio del adulterio es una razón legítima para divorciarse, otras fallas en el cumplimiento del pacto matrimonial también deberían ser causales para terminar un matrimonio. Algunos, incluyendo a David Instone-Brewer, han declarado que no cumplir con las expectativas del pacto matrimonial descritas en Éxodo 21:10-11 (la provisión y los derechos conyugales) es otra razón legítima para uno divorciarse, y que Pablo la tenía en mente en 1 Corintios 7.[1]

[1] David Instone-Brewer, *Divorce and Remarriage in the Church* [*El divorcio y el nuevo matrimonio en la iglesia*] (Downers Grove, IL: InterVarsity Press, 2003), 98. Ver también David Instone-Brewer, *Divorce and Remarriage in the Bible* [*El divorcio y el nuevo matrimonio en la Biblia*] (Grand Rapids: Eerdmans, 2002), capítulo 7.

Un problema con esta postura es que debido a que todos somos pecadores, todos nos quedamos cortos en nuestro cumplimiento del pacto matrimonial. ¿Cuál estándar de provisión es suficiente? ¿Cuánta frecuencia y calidad en las relaciones sexuales se necesita para cumplir con las obligaciones del pacto?[2] John Piper —escribiendo en contra de la postura que defiende David Instone-Brewer— advierte: "Para decirlo sin rodeos, este artículo implica que todos los matrimonios que conozco ya habrían podido terminar en divorcio *de forma legítima*".[3]

¿ENTENDER LA CULTURA DEL SIGLO PRIMERO AMPLÍA LAS CAUSALES DE DIVORCIO?

Algunos defienden la idea de que hay más causales de divorcio basándose en lo que entienden respecto a la forma en que la cultura judía y la grecorromana percibían el matrimonio, el divorcio y el nuevo matrimonio, diciendo que la audiencia y los lectores originales habrían asumido que Pablo y Jesús tenían en cuenta ciertas prácticas. Aunque puede ser un beneficio entender mejor las prácticas del siglo primero, debemos ser cuidadosos de no imponerlas de forma indebida al significado de la Escritura. David Instone-Brewer comenta que no entender correctamente la práctica del matrimonio y el divorcio en el siglo primero explica por qué la iglesia se perdió en cuanto a este tema después del siglo segundo. Además, afirma que algunos descubrimientos recientes de la cultura del siglo primero son clave para recuperar la perspectiva correcta.[4] Estos descubrimientos también lo llevaron a concluir que los motivos para divorciarse y volverse a casar son más que solamente el pecado sexual y el abandono por parte de un no creyente.[5] Piper

---

2 Instone-Brewer dice que los rabinos debatían acerca de "las cantidades mínimas de alimento y vestido que se debían proveer y la cantidad de 'amor conyugal' que era necesaria para no ser acusado de negligencia con el cónyuge". *Divorce and Remarriage in the Church* [*El divorcio y el nuevo matrimonio en la iglesia*], 97.

3 http://www.desiringgod.org/articles/tragically-widening-the-grounds-of-legitimate-divorce.

4 Instone-Brewer, *Divorce and Remarriage in the Church* [*El divorcio y el nuevo matrimonio en la iglesia*], capítulos 12-15.

5 Incluso cuando Instone-Brewer argumenta a favor de los motivos más aceptados (la inmoralidad sexual y el abandono de un no creyente), parece que se basa más en su perspectiva de cómo habrían entendido las personas en el siglo primero las palabras de Jesús y de Pablo (teniendo en cuenta sus leyes y prácticas de la época) y no lo suficiente en las palabras de la Escritura, las cuales parece que considera imprecisas sin su información externa. "¿Qué hay del matrimonio después del divorcio? El Nuevo Testamento es bastante impreciso en este tema tan importante, pero el capítulo 9 señaló que los creyentes del siglo primero no habrían tenido dudas, ya que el derecho de volver a casarse se daba por sentado. Era un derecho legal que se registraba en todos los certificados de divorcio judíos, y en la ley romana

advierte de nuevo: "Tengan cuidado de que nadie use su autoridad académica para convencerlos. Por ejemplo, Brewer dice: 'Yo he leído casi todos los escritos existentes de los rabinos de la época de Jesús, sé cómo pensaban'. Así que cuando se trata de los textos del Nuevo Testamento, dice: 'Ahora los leo como los hubiera leído un judío del siglo primero, y esta vez los pasajes confusos tienen mucho más sentido'".[6]

NOS DEBE CONVENCER LA ESCRITURA, NO SIMPLES HISTORIAS

También he visto varios casos en los que un cónyuge que no está feliz en su matrimonio busca razones para justificarse al finalizarlo, en vez de buscar formas en las que la pareja pudiera trabajar para salvar su matrimonio.[7] Otros se han dejado influenciar de forma excesiva por sus propias experiencias personales o por historias de personas cercanas. Para ellos es difícil creer que Dios no permita que uno de sus hijos tome una decisión que lo saque de un matrimonio difícil y le ofrezca la posibilidad de encontrar felicidad en el futuro. Cuando escuchamos la historia de otra persona es bueno recordar que hay otra parte: "El primero en presentar su caso parece inocente, hasta que llega la otra parte y lo refuta" (Pro 18:17).

Lo que creemos en cuanto a las razones para alguien divorciarse y volverse a casar debe basarse en el estudio cuidadoso de la Palabra infalible y suficiente de Dios. Tenemos que estar preparados para cuando encontremos palabras que desafíen nuestras acciones y sentimientos actuales, y debemos someter nuestra voluntad a la del Señor y confiar en que Sus caminos son mejores (Pro 3:5-6). Incluso debemos estar preparados para renunciar temporalmente a cierta medida de felicidad terrenal al considerar a Jesús, quien dejó la gloria celestial para rescatarnos de la ira.

EL PELIGRO DE UNA PENDIENTE RESBALADIZA

Cuando basamos nuestras convicciones respecto al divorcio y el nuevo matrimonio en algo que no sea la Escritura, se pueden justificar casi todas las

---

el nuevo matrimonio era un deber legal". Instone-Brewer, *Divorce and Remarriage in the Church* [*El divorcio y el nuevo matrimonio en la iglesia*], 163.

6 http://www.desiringgod.org/articles/tragically-widening-the-grounds-of-legitimate-divorce.

7 No estoy diciendo que un cónyuge debe permanecer en un hogar en el que está siendo abusado. Trataré este tema más adelante.

situaciones. John Frame reconoce el peligro que "podría abrir las compuertas a toda clase de causales de divorcio".[8] Parece que algunos maestros y eruditos se pasaron radicalmente al otro extremo, aparentemente en respuesta a situaciones en las que ciertas iglesias han juzgado de forma equivocada a los que se han divorciado y se han vuelto a casar por razones bíblicas. Creen que las iglesias deben abstenerse completamente de declarar si un divorcio y un nuevo matrimonio son pecaminosos, y de tomar acciones disciplinarias en contra de los que se divorcian y se vuelven a casar de forma ilícita.

Un erudito que comparte esta opinión es Larry Richards. Él anula incorrectamente el derecho de la iglesia de adoptar una postura respecto a las causales de divorcio, y sugiere que calificar algún divorcio o nuevo matrimonio como pecaminoso es duro y legalista. Dice: "Las palabras de Jesús nos advierten que, así como los fariseos, los pastores y otros líderes cristianos no tienen derecho a emitir un juicio sobre la disolución de un matrimonio. También nos dicen que los teólogos no tienen derecho a decretar que 'personas en cierta situación se pueden divorciar y volverse a casar, pero personas en otra situación no'".[9]

¿QUÉ HAY DE LOS CASOS DIFÍCILES?

En los siguientes capítulos trataremos de aplicar las Escrituras a situaciones particularmente difíciles, incluyendo las de abuso y negligencia. En algunos casos, lucharemos con la posibilidad de que estas situaciones encajen en las categorías de inmoralidad sexual o abandono establecidas por Jesús y Pablo.

RESUMEN

Debemos ser muy cuidadosos en basarnos solamente en las Escrituras al permitir excepciones para el divorcio y el nuevo matrimonio. Nuestro Señor Jesús habló y enseñó sobre una excepción en Su propia autoridad divina. Pablo, un apóstol que escribía con la inspiración del Espíritu Santo, le dio al

---

8 John M. Frame, *The Doctrine of the Christian Life* [*La doctrina de la vida cristiana*] (Phillipsburg, NJ: P&R Publishing, 2008), 781.

9 Larry Richards, "Divorce and Remarriage under a Variety of Circumstances" ["El divorcio y el nuevo matrimonio en diferentes circunstancias"], en *Divorce and Remarriage: Four Christian Views* [*El divorcio y el nuevo matrimonio: cuatro perspectivas cristianas*], ed. H. Wayne House (Downers Grove, IL: InterVarsity Press, 1990), 226.

creyente abandonado por un no creyente la libertad de divorciarse y volverse a casar. Dado que Dios odia el divorcio y nos advierte que no participemos en la separación de una pareja que Dios ha unido en matrimonio, más vale equivocarnos por el lado de la precaución y no ir más allá de lo que se enseña de forma explícita en la Escritura respecto al divorcio y el nuevo matrimonio.

PREGUNTAS PARA REFLEXIONAR

1. ¿Por qué algunos creen que podrían existir otras excepciones a la regla general en contra del divorcio y el nuevo matrimonio aparte de las que Jesús y Pablo enseñan de forma específica?
2. Al analizar la enseñanza bíblica sobre estos temas, ¿qué papel juega la forma en la que entendemos las prácticas de divorcio de la cultura judía y la grecorromana en el siglo primero?
3. ¿De qué forma puede la interpretación de estos temas estar influenciada por las experiencias de una persona o de sus allegados?
4. ¿Cuáles son los peligros de aumentar las razones válidas para el divorcio y el nuevo matrimonio?
5. ¿Cómo se pueden relacionar las otras causales de divorcio que sugieren algunos con las del pecado sexual y el abandono?

31

¿LAS PERSONAS DIVORCIADAS SIGUEN ESTANDO CASADAS ANTE DIOS?

Muchos de los que se oponen a todo tipo de divorcios y nuevos matrimonios afirman que, aunque una pareja se haya divorciado, sigue estando casada ante los ojos de Dios. Hasta los maestros y eruditos que creen que existen ciertas razones bíblicas para el divorcio y el nuevo matrimonio tienen opiniones similares que son imprecisas y causan confusión.

EL DIVORCIO LE PONE FIN AL PACTO MATRIMONIAL

En la pregunta 28 vimos que el pacto matrimonial no es irrompible. Aunque lo ideal es que el matrimonio dure toda la vida, Jesús no dice que los hombres *no pueden* separar lo que Dios ha unido. En cambio, dice que no debería ocurrir (Mt 19:6). Algunos argumentan que aunque el matrimonio termine, la relación de "una sola carne" perdura (por Gn 2:24). Sin embargo, también vimos en la pregunta 28 que las relaciones de una sola carne no son permanentes necesariamente, como en el caso de un hombre que forma "una sola carne" con una prostituta (1Co 6:16). Un hombre y una mujer que ya no están casados ya no son una sola carne. Cuando una pareja se divorcia, ya no está casada. Su relación se ha roto completamente.

UNA PERSONA DIVORCIADA REALMENTE ESTÁ DIVORCIADA, Y UNA PERSONA QUE SE HA VUELTO A CASAR REALMENTE ES CASADA

En Deuteronomio 24, cuando el primer hombre se divorcia de su esposa, deja de ser su esposo y ya no está casado con ella. Luego, ella se casa con un segundo hombre. Si su segundo esposo se divorcia de ella o muere, no se le permite volverse a casar con su primer esposo. Ahora, si el primer esposo y la mujer todavía estuvieran "casados ante los ojos de Dios" o si fueran en algún sentido "una sola carne", ¿por qué se les prohíbe volver a estar juntos? La realidad es que ya no estaban casados, ya no existía un vínculo entre ellos y ya no tenían obligación el uno con el otro. Sin embargo, debido a que hubo pecado en su divorcio, la esposa quedaba impura y eso hacía ilegítimo que regresara con su primer esposo.[1]

De forma similar, cuando Jesús describe el divorcio y el nuevo matrimonio pecaminosos (Mt 5:32; 19:9; Mr 10:11-12; Lc 16:18), da a entender que los que se habían divorciado y se habían vuelto a casar de manera ilícita efectivamente estaban divorciados y casados con otra persona, y ya no estaban casados con sus antiguos cónyuges ni tenían una relación de una sola carne con ellos. Así como en el caso de Deuteronomio 24, un divorcio le puso fin al vínculo entre el hombre y la mujer y, cuando hubo un nuevo matrimonio, se creó una nueva relación matrimonial de una sola carne. Divorciarse y volverse a casar sin razones bíblicas eran actos adúlteros pecaminosos, así como el divorcio en Deuteronomio 24 fue causado por el pecado. Sin embargo, los divorcios son reales, los nuevos matrimonios son reales y los antiguos matrimonios ya no existen.

ES POSIBLE QUE QUEDE UNA OBLIGACIÓN

La Escritura enseña que las personas que se divorcian indebidamente no se pueden volver a casar, lo que significa que todavía existe alguna obligación con respecto a su matrimonio anterior. Jesús enseña la regla general de que el nuevo matrimonio después del divorcio es adúltero, y Pablo enseña la regla general de que una persona que se divorcia ilícitamente tiene dos opciones: no volverse a casar o reconciliarse con su antiguo cónyuge (1Co 7:10-11).[2]

[1] La causa de todos los divorcios es el pecado. Jesús dice que el divorcio que se menciona en Deuteronomio se debe a la dureza de los corazones humanos (Mt 19:7-8). Algunos dicen que el pecado era la "indecencia" que el esposo encontraba en su esposa (Dt 24:1). Creo que es más probable que el pecado fuera el del esposo que la despedía, ya que esto encaja mejor con la explicación que Jesús da en el siguiente versículo, condenando a los que se divorcian por una razón diferente a la inmoralidad sexual (Mt 19:9).

[2] Pablo en efecto le llama "esposo" al cónyuge anterior de la mujer que se divorció, con lo cual quiere decir *exesposo* (y es el mismo hombre a quien se acaba de referir). Ya que los dos están divorciados, él no vuelve a obtener los derechos de un esposo a menos que se reconcilien formalmente. Un lenguaje similar se usa en Mateo 14:3-4, cuando Juan el bautista acusa a Herodes de tomar a la esposa de su

Muchos sostienen que esta restricción es la prueba de que dichas personas siguen estando casadas o en una relación de una sola carne.

Aunque no es sorprendente que los autores que están de acuerdo con la postura de la permanencia crean que las personas divorciadas siguen estando casadas ante los ojos de Dios, algunos de los que están de acuerdo con el derecho a divorciarse y volverse a casar después del pecado sexual o el abandono también hacen declaraciones (confusas) que parecen indicar que, de cierta forma, la relación matrimonial continúa luego del divorcio. Por ejemplo, en cuanto a la enseñanza de Pablo en 1 Corintios 7:10-11, Heth escribe: "Así que cuando Pablo les dice que permanezcan solteros o que se reconcilien (v 11), debe estar asumiendo que este divorcio es ilícito. Estas personas no deberían verse a sí mismas como divorciadas".[3] Murray afirma algo similarmente confuso cuando habla del matrimonio adúltero sobre el que advierte Jesús en Mateo 19:9: "La única razón por la que este nuevo matrimonio se puede considerar adúltero es que el primer matrimonio sigue intacto ante los ojos de Dios. El divorcio no lo ha disuelto. El divorcio ilegítimo no anula el vínculo matrimonial y, por consiguiente, no libera a las partes de ninguna de las obligaciones inherentes del matrimonio. En realidad, los cónyuges siguen unidos el uno al otro en el vínculo del matrimonio".[4] Adicionalmente, MacArthur comete algo que creo que es un error similar cuando habla de la mujer divorciada que se vuelve a casar en Deuteronomio 24: "Ella seguía siendo la esposa del primer hombre ante los ojos de Dios".[5]

Pienso que las afirmaciones anteriores no son coherentes con la enseñanza de la Escritura sobre el divorcio y que pueden crear confusión. Las partes *están* divorciadas y no deben creer que todavía están casadas. Lo que están enseñando tanto Pablo como Jesús es que después de un divorcio pecaminoso, no es correcto que las partes crean que ya no tienen la obligación de buscar la reconciliación y que son libres para volver a casarse. Sin embargo,

hermano. No quería decir que Herodías todavía era la esposa de Herodes Filipo en ese momento (si entonces estaba casada con Herodes), sino que lo había sido (y todavía lo debería ser).

3 William A. Heth, "Remarriage for Adultery or Desertion" ["El nuevo matrimonio por causa de adulterio o abandono"], en *Remarriage after Divorce in Today's Church: 3 Views* [*El matrimonio después del divorcio en la iglesia actual: Tres perspectivas*], ed. Mark L. Strauss (Grand Rapids: Zondervan, 2006), 77.

4 John Murray, *Divorce* [*El divorcio*] (Philadelphia: Presbyterian and Reformed, 1961), 25.

5 John MacArthur, *The Divorce Dilemma* [*El dilema del divorcio*] (Leominster, Inglaterra: Day One Publications, 2009), 42.

tanto Jesús como Pablo reconocen que en efecto hubo un divorcio y un nuevo matrimonio, aunque fueran pecaminosos y adúlteros. Los exesposos ya no están casados, aunque tal vez deberían estarlo. Es más coherente y claro decir simplemente que debido a que se divorciaron de manera ilícita, es posible que tengan la obligación ante Dios de buscar la reconciliación, pero no es correcto que le llamen a su estado actual "matrimonio" o "una sola carne".

SI UNA PAREJA DIVORCIADA DESEA COMPORTARSE COMO UNA PAREJA CASADA, PRIMERO DEBE VOLVERSE A CASAR

Cuando una pareja está divorciada, ninguna de las partes tiene derecho sobre la otra. Como el pacto se ha roto formalmente y ya no tienen un compromiso que los una, no sería correcto que tuvieran relaciones sexuales, ya que sería la señal de un pacto matrimonial que ya no existe. Si una pareja divorciada tuviera relaciones sexuales sería culpable de pecado sexual. Si deciden reconciliarse (¡alabado sea Dios!), deben hacer un nuevo pacto matrimonial, el cual entonces les volvería a otorgar todos los privilegios y las obligaciones de ser marido y mujer.

IMPLICACIONES PRÁCTICAS PELIGROSAS

La enseñanza de que las personas divorciadas todavía están "casadas ante los ojos de Dios" puede conducir a ciertas conclusiones bastante perjudiciales (y antibíblicas). ¿Significa esto que una esposa que fue abandonada por su esposo, quien además se divorció de ella, debe tener relaciones sexuales con él cada vez que la quiera visitar de vez en cuando, aun cuando él viva con alguien más? ¿Significa esto que dos personas que eran pareja pero que se divorciaron y luego se casaron con otras personas, deberían divorciarse de sus nuevos cónyuges y volver a estar juntos? ¿Significa esto que un hombre que se volvió a casar en realidad es bígamo (o polígamo) porque está casado con dos mujeres ante los ojos de Dios? Entender correctamente este aspecto — que aunque un divorcio sea causado por la dureza del corazón, sigue siendo un divorcio, y que aunque un nuevo matrimonio fuera adúltero en su inicio, sigue siendo un matrimonio y se debe tratar como tal— prevendrá muchos malentendidos.

RESUMEN

El divorcio, aun cuando sea pecaminoso, rompe y termina efectivamente un matrimonio.[6] Los que están divorciados ya no están casados ni tienen una relación de una sola carne en ningún sentido. Sin embargo, puede que tengan la obligación de buscar la reconciliación o de no volverse a casar. Un nuevo matrimonio, aunque se haya dado de forma pecaminosa, crea una nueva relación matrimonial de una sola carne y se debe respetar como tal.

PREGUNTAS PARA REFLEXIONAR

1. ¿Por qué algunos creen que las personas divorciadas siguen estando "casadas ante los ojos de Dios"?
2. ¿De qué forma desmiente la Biblia la idea de que los que se han divorciado siguen siendo "una sola carne" en cierto sentido?
3. ¿Cuáles son algunas de las conclusiones perjudiciales de la enseñanza de que una pareja divorciada sigue estando casada en cierto sentido?
4. ¿Por qué sería incorrecto que una pareja divorciada actúe como si todavía estuviera casada?
5. ¿Qué debe hacer una pareja divorciada si ellos desean actuar como esposo y esposa?

---

[6] Jay Adams, *Marriage, Divorce, and Remarriage in the Bible* [*El matrimonio, el divorcio y el nuevo matrimonio en la Biblia*] (Grand Rapids: Zondervan, 1980), 67.

C

PREGUNTAS PRÁCTICAS

32

¿CUÁLES PECADOS SEXUALES SON CAUSALES DE DIVORCIO?

Jesús enseña que el divorcio es permitido cuando un cónyuge ha sido inmoral sexualmente. Sin embargo, todavía existen preguntas respecto a cuál es el nivel exacto de pecado sexual que es suficiente para justificar el fin de un matrimonio y qué pruebas se deben tener de la infidelidad matrimonial.

¿QUÉ NIVEL DE INMORALIDAD SEXUAL PUEDE TERMINAR UN MATRIMONIO?

La palabra griega *porneia*, que se traduce como "inmoralidad", tiene un rango amplio de significados y puede incluir varios pecados sexuales, incluyendo el adulterio y la homosexualidad.[1] Es claro que las relaciones sexuales con otro hombre o mujer serían *porneia*, así como otros actos que involucran contacto sexual (heterosexual u homosexual), tales como el sexo oral, las caricias sexuales, etc. Los pastores y consejeros enfrentarán diversas situaciones desgarradoras, y necesitan mucha sabiduría de Dios para aconsejar a una persona contra la cual se ha cometido pecado sexual.

Algunos actos son claramente pecaminosos, pero no son completamente sexuales. Por ejemplo, una vez aconsejé a un hombre casado que se había vuelto a poner en contacto con una exnovia de la escuela por medio de las redes sociales. En dos ocasiones se encontró con ella en un parque público y se besaron, pero dijo que no habían tenido relaciones sexuales. Su esposa

[1] "El judaísmo posterior a la destrucción del primer templo muestra que el uso de *porneia* se amplía para incluir no solo la fornicación y el adulterio, sino el incesto, la sodomía, el matrimonio ilegítimo y las relaciones sexuales en general". Geoffrey Bromiley, *Theological Dictionary of the New Testament: Abridged in One Volume* [*Diccionario teológico del Nuevo Testamento: Compendio de un volumen*] (Grand Rapids: Eerdmans, 1985), 919.

lo echó de la casa y solicitó el divorcio. ¿Tenía razones válidas para hacerlo? Aunque lo que él hizo fue adúltero, mi deseo era ayudarlos a trabajar para llegar al arrepentimiento y al perdón en esta situación, y tratar los otros problemas en su matrimonio que habían llevado a la pérdida de confianza.

Por otra parte, las personas se meten en situaciones adúlteras cuando van a clubes de striptease (y también cuando tienen contacto con las personas que toman parte en el espectáculo), cuando reciben masajes de tipo sexual, etc.

Otro problema común son las aventuras emocionales, en las que el cónyuge se conecta profundamente (aunque no físicamente) con alguien del sexo opuesto de una forma que amenaza la intimidad de una sola carne del matrimonio.[2] Es justo que una persona pueda decirle a su cónyuge: "Creo que tu amistad con esta persona viola el pacto matrimonial que hicimos delante de Dios. Te pido que decidas proteger nuestro matrimonio por encima de esta relación peligrosa".

¿QUÉ HAY DE LA LUJURIA Y LA PORNOGRAFÍA?

Hace muchos años, recibí una llamada telefónica de una mujer a la que habíamos estado aconsejando junto con su esposo. Ella me explicaba: "Cuando estábamos en el centro comercial vi que mi esposo se volteó a mirar a una mujer joven que tenía un vestido corto. Él la deseó con lujuria. Jesús dice que esto es adulterio [refiriéndose a Mateo 5:28] y por eso quiero el divorcio". Este ejemplo ilustra el peligro de aumentar las razones válidas para el divorcio y el nuevo matrimonio. Aunque la instrucción de nuestro Señor explica poderosamente que la lujuria es adúltera y peligrosa, no enseña que todos los cónyuges que tienen una pareja que es lujuriosa tienen derecho a divorciarse como si se hubiera cometido el acto del adulterio. De ser así, casi todos los cónyuges tendrían derecho a divorciarse. De igual forma, cuando Jesús enseña que la ira es asesinato (Mt 5:21-22), no está diciendo que todos los que son culpables de enojarse deben recibir el castigo máximo que Dios ha ordenado para los asesinos (la muerte). En el caso de la mujer que me llamó por teléfono, me vi tentado a responderle: "En ese caso, si tu esposo es adúltero,

---

2 Este tema se discute en la pregunta 14: "¿Qué se debe hacer para proteger el matrimonio?".

entonces tú eres una asesina. ¡Mejor vayan y tengan la misma misericordia del evangelio el uno con el otro!".

La tecnología ofrece la oportunidad de *porneia* por medio del sexo por teléfono, el sexo en video, las salas de chat por internet, etc.[3] Alguien que en realidad esté arrepentido tratará los pecados del corazón que lo condujeron a este pecado (Mr 7:21-23), y además tomará medidas radicales para acabar con la tentación (Mt 5:29-30). Usualmente, cuando un cónyuge lucha con la lujuria privada, el otro debe intentar estar junto a él y ser una ayuda para luchar juntos contra del pecado, en vez de condenar o juzgar.

Por otra parte, existe una diferencia entre un cónyuge que lucha en contra de la lujuria y tropieza ocasionalmente y una persona que busca incansablemente el pecado sexual por medio de la pornografía y la masturbación, sin pedir perdón ni esforzarse por cambiar. He conocido a hombres que no estaban interesados sexualmente en sus esposas debido a su adicción obstinada al pecado sexual privado (lo cual también podría implicar el pecado del abandono). Algunos de los hábitos relacionados con la pornografía involucran perversiones grotescas (o ilegales), incluyendo la pornografía infantil y la tortura. Por ejemplo, una mujer supo que su esposo era culpable de *porneia* cuando fue sorprendido en actos voyeristas, incluyendo la instalación de una cámara escondida en su ducha, a través de la cual veía a las visitantes y familiares. Aunque se deben hacer todos los esfuerzos posibles para salvar un matrimonio afectado por la lujuria pecaminosa, creo que existen casos aislados tan severos que pueden ser *porneia* y que serían causales de divorcio.[4]

¿QUÉ HAY DE LOS PECADOS PASADOS?

¿Puede el cónyuge inocente divorciarse si se expone cierta clase de *porneia* (es decir, un patrón de fornicación promiscua) que ocurrió antes del matrimonio y se ocultó de forma deliberada y engañosa? Ciertamente, el cónyuge

---

[3] También se ha vuelto mucho más común que las mujeres vean pornografía y practiquen la masturbación.

[4] John M. Frame cita el reporte del Comité interino de la iglesia presbiteriana en Estados Unidos (PCA por sus siglas en inglés) sobre el divorcio o el nuevo matrimonio, que declara: "El comité argumenta que la masturbación y el pecado destructivo de la pornografía en sí mismos no son causales de divorcio, porque no rompen con claridad la relación de una sola carne. Sin embargo, si una persona se obsesiona tanto con estos pecados que los prefiere en vez de cumplir con sus deberes conyugales, entonces se podría entender que estos rompen la unión de una sola carne". *The Doctrine of the Christian Life* [*La doctrina de la vida cristiana*] (Phillipsburg, NJ: P&R Publishing, 2008), 775.

culpable debe pedir perdón por el pecado sexual y aún más por las mentiras (Ef 4:25). Aunque yo animaría al cónyuge inocente a que perdone (ver la siguiente pregunta), entendería que una persona dijera que esto es una clase de *porneia* que puede ser causal de divorcio.[5]

Otra situación que puede surgir es el pecado sexual pasado que se cometió durante el matrimonio sin que el cónyuge inocente se enterara. Algunos hombres me han confesado que años atrás tuvieron relaciones sexuales de una noche en algún viaje, o que tuvieron algún tipo de contacto sexual inapropiado con una mujer en un club de striptease. No lo confesaron a sus esposas porque eso las hubiera alterado. Mi respuesta fue que los actos que cometieron (que según Jesús se llaman *porneia*) violan gravemente el pacto matrimonial. Estos esposos tenían la obligación de pedirle perdón a sus esposas, y ellas tenían derecho a enterarse y decidir si los querían perdonar. Por supuesto, mi esperanza era que las esposas los perdonaran, pero tenían que confiarle a Dios los resultados.

Además, es muy posible que los cónyuges inocentes ya sepan lo que pasó o que se enteren en el futuro. Es asombroso ver cómo pecados sexuales cometidos muchos años atrás han sido expuestos gracias a la providencia de Dios. Sería mucho mejor que las partes culpables hubieran confesado su infidelidad antes de que los descubrieran, porque eso les habría dado la oportunidad de comenzar a reconstruir la confianza. Al esconder su pecado, solo retrasaron el proceso y aumentaron el dolor y las consecuencias.

SU PECADO LOS ALCANZARÁ

He visto varias situaciones en las que un cónyuge sospechaba de la infidelidad del otro, pero no tenía pruebas contundentes. ¿Qué se debería hacer? Por ejemplo, la esposa de un hombre lo acusó de infidelidad, afirmando que su intuición femenina le decía que él estaba teniendo una aventura amorosa. Ella lo había perdonado por una aventura amorosa algunos años atrás, pero estaba convencida de que él era culpable porque ella estaba sintiendo lo mismo que había sentido cuando él tuvo su última relación pecaminosa.

---

[5] Deuteronomio 22:13-21, que habla de la prueba de la virginidad, puede referirse a este tema. La mujer que afirmaba que era virgen sin serlo era condenada a muerte, lo cual ponía fin a las obligaciones matrimoniales del esposo (Dt 22:20-21).

He aconsejado a otros que tenían razones para sospechar que sus cónyuges estaban siendo infieles porque actuaban de forma extraña y no podían explicar qué estaban haciendo durante largos periodos de tiempo. También, aparecían gastos sospechosos en los extractos bancarios y en las facturas de tarjetas de crédito.

La Escritura nos enseña que no podemos tratar a las personas como culpables a menos que tengamos pruebas (ver Dt 19:15). Ana fue acusada falsamente de pecado sobre la base de su apariencia (1S 1:12-16). La Escritura nos dice que el amor "todo lo cree, todo lo espera, todo lo soporta" (1Co 13:7). En otras palabras, el amor asume lo mejor. Sin embargo, esto no quiere decir que el cónyuge que sospecha no pueda hacer preguntas con gentileza e investigar de forma razonable las actividades de un compañero que pueda estar en pecado. Esto no se debe hacer para encontrar razones para abandonar el matrimonio, sino con la esperanza de restaurar a un cónyuge que se ha alejado de la verdad (Gá 6:1; Stg 5:20).

Por lo general, los cónyuges que están involucrados en inmoralidad sexual hacen hasta lo imposible por esconder su pecado. Es posible que los cónyuges inocentes se sientan tentados a creer que nunca sabrán la verdad, pero deben aprender a confiar en que Dios sacará todo a la luz a su debido tiempo. Como advierte Moisés: "... sepan bien que su pecado los alcanzará" (Nm 32:23, RVC).

BUSQUEN CONSEJERÍA PIADOSA

Si tu cónyuge ha estado en pecado sexual, acude primero al Señor para pedirle sabiduría y gracia. Busca respuestas en oración y en Su palabra. Ya que estas situaciones son extremadamente dolorosas y emocionales, te aconsejo encarecidamente que busques consejería piadosa, aún mejor si es de los líderes de tu iglesia, para evaluar si el pecado sexual de tu cónyuge te ha dado razones válidas para divorciarte y saber qué debes hacer a continuación. Proverbios dice: "Al necio le parece bien lo que emprende, pero el sabio escucha el consejo" (Pro 12:15). Dios ha encargado a los líderes de tu iglesia que pastoreen tu alma, y tú les debes rendir cuentas (Heb 13:17). Ellos te pueden ayudar a evaluar la situación bíblicamente y a no tomar decisiones impulsivas, lo cual podría empeorar las cosas. También pueden ayudarte a trabajar con tu cónyuge para encontrar alguna solución que sea pacífica —preferiblemente la reconciliación. Probablemente tendrás que humillarte para estar dispuesto a escuchar su consejo, el cual puede ir en contra de algunos de tus pensamientos y sentimientos. Su participación también puede proteger tu reputación en el futuro, ya que podrán dar testimonio de que buscaste hacer la voluntad de Dios y escuchaste un consejo sabio para saber cómo responder al pecado de tu cónyuge.

RESUMEN

La palabra que Jesús usa para describir los pecados sexuales que son causales de divorcio abarca un conjunto de pecados sexuales graves. Que un pecado pueda ser una posible causal de divorcio no significa que deba haber un divorcio. Como veremos en el próximo capítulo, muchas veces Dios sana matrimonios que tienen heridas graves.

PREGUNTAS PARA REFLEXIONAR

1. ¿Cuáles pecados sexuales son causales claras de divorcio?
2. ¿Cuáles pecados sexuales no son causales de divorcio?
3. ¿Dudas de que ciertos pecados sexuales sean causales de divorcio? ¿De qué forma tomarías una decisión en ese caso?
4. ¿De qué forma debe la iglesia ayudar al cónyuge que es víctima del pecado sexual?
5. ¿Por qué es mejor que el culpable confiese su pecado sexual a pesar de que su cónyuge no se haya enterado?

33

¿CUÁNDO Y CÓMO DEBERÍA PERDONARSE EL PECADO SEXUAL EN EL MATRIMONIO?

Hemos visto que el pecado sexual es tan grave que puede ser una razón válida para terminar un matrimonio. Jesús, a diferencia de los rabinos judíos, no dijo que un hombre debe o debería divorciarse de su esposa por inmoralidad sexual, solo dijo que lo puede hacer (Mt 19:9). Esto implica que el perdón y la restauración son posibles. Ha sido un privilegio para mí ver a Dios obrando en la reconstrucción de muchos matrimonios que habían sido gravemente perjudicados por el pecado sexual. ¿De qué forma puede el cónyuge inocente decidir si perdonar y continuar con el matrimonio o echar mano de su derecho a divorciarse?

EL PECADO SEXUAL NO LE PONE FIN AL MATRIMONIO

El pecado de *porneia* no le pone fin al matrimonio, pero le da una razón válida a la parte inocente para decidir si se quiere divorciar legalmente.[1] Cuando me piden que aconseje a personas en este tipo de situaciones, mi esperanza es ayudar a la pareja por medio de un proceso de arrepentimiento, perdón y restauración.

¿POR DÓNDE SE EMPIEZA?

Al aconsejar en casos de infidelidad matrimonial, es necesario entender la naturaleza del pecado sexual que se cometió. ¿Fue algo de una noche o es una aventura que continúa actualmente? ¿Se hicieron planes y promesas? ¿Cuál

---

[1] Así como la fornicación entre dos personas que no son casadas no las casa automáticamente, a menos que hagan un pacto, el adulterio no le pone fin al matrimonio a menos que el cónyuge inocente decida hacer valer su derecho a divorciarse.

fue la naturaleza del pecado sexual (relaciones sexuales, sexo oral, actos homosexuales, etc.)? ¿Cómo se descubrió el pecado? ¿La parte culpable confesó (lo que en mi experiencia es muy poco común) o fue sorprendida en su pecado? ¿Cómo fue sorprendida? El hecho de que una persona sea sorprendida en su pecado no significa que el arrepentimiento sea imposible. Esto le ocurrió a David y aun así su arrepentimiento fue verdadero (2S 12).

Inmediatamente después de que se descubre el adulterio, tanto la parte culpable como la víctima experimentan muchas emociones fuertes, incluyendo ira, temor, culpa, celos, vergüenza, conmoción y desesperanza. Lo más importante que deben hacer los consejeros es forjar la esperanza desde las etapas tempranas de la consejería. Hacemos que ambos cónyuges miren a Jesús, quien tiene compasión por los pecadores y les ayuda en sus momentos de necesidad (Heb 4:14-16). Además, Él sabe lo que es ser traicionado (Jer 2:13; Lc 22:48). Estará con ellos en esta prueba y no dejará que la situación los agobie (Sal 34:17-18; 1Co 10:13). Jesús murió para que las personas sean libres de la esclavitud del pecado. Él puede perdonar y transformar a los pecadores (Is 55:6-7). Puede hacer lo que es humanamente imposible (Lc 18:27), como restaurar un matrimonio destrozado.

Por lo general, en las primeras etapas de consejería en casos de adulterio, no busco presionar al cónyuge inocente para que tome la decisión inmediata de perdonar al culpable y para que renuncie a su derecho a divorciarse. Usualmente, en este punto es difícil saber si el cónyuge culpable en verdad está arrepentido. Es posible que el cónyuge inocente necesite tiempo para lidiar con lo que pasó.[2] Lo que trato de hacer es animarlos a ambos a que participen activamente en el proceso para poder ver lo que Dios puede hacer en la vida de la otra persona y en su propio corazón. También los animo a que se concentren en agradar a Dios sin importar lo que haga el otro (2Co 5:9). Una persona no puede controlar las acciones de un cónyuge, pero puede usar esta situación como una oportunidad para honrar al Señor y para crecer como cristiano. Además, he visto que es muy importante que

[2] Por lo general, al comienzo hay una ola de compasión por parte del cónyuge inocente, que tal vez llega a creer que puede "salvar" al cónyuge culpable por medio del amor y el perdón. He visto casos en los que el cónyuge inocente ha ofrecido el perdón antes de que el cónyuge culpable muestre su arrepentimiento. Comúnmente, luego de un breve "periodo de luna de miel", la reconciliación se derrumba porque muchos de los temas más importantes no se han tratado adecuadamente.

el cónyuge inocente se dé cuenta de que el pecado del cónyuge culpable es principalmente contra Dios y refleja el hecho de que se ha alejado del Señor. El cónyuge inocente debe reconocer que su papel principal es buscar la manera en la que puede ayudar a que la relación del cónyuge adúltero con Dios se restaure (Gá 6:1), y entender que esta puede ser una de las oportunidades más grandes que tendrá para extender a otro la clase de gracia salvadora que Dios nos ha mostrado a nosotros.[3]

EL ADÚLTERO DEBE ARREPENTIRSE DELANTE DE DIOS

Primero, el adúltero debe ver que su pecado es principalmente contra Dios. Como escribe David después de su adulterio con Betsabé y el asesinato de su esposo Urías: "Contra Ti he pecado, solo contra Ti, y he hecho lo que es malo ante Tus ojos" (Sal 51:4a). También es importante que la persona entienda y confiese los pecados del corazón (por ejemplo, una idolatría del sexo y el placer, vivir por los sentimientos y no por fe) que lo llevaron a estos pecados externos (Mr 7:21-23). Puede que sea vital volver atrás y revisar el proceso por el cual la persona se alejó del Señor y caminó hacia el mal (ver Stg 1:14-15). No es común que las personas caigan de forma repentina en estos pecados. Adicionalmente, la persona debe aprender a ver sus propios pecados como Dios los ve (Pro 2:16-19). Después de ser sorprendido, el adúltero puede darse cuenta de que, con el tiempo, su corazón se ha enfriado y endurecido con Dios, y de que se requiere tiempo para volver a avivarlo y ablandarlo. El arrepentimiento suele ser un proceso. Los salmos de arrepentimiento de David, escritos después de que se revelara su pecado con Betsabé, pueden ser de gran ayuda para la persona que está buscando restaurar su relación con el Señor, ya que los puede usar como modelos de oración (Sal 32; 51).

El adúltero debe abandonar su pecado y confesar su culpa: "Quien encubre su pecado jamás prospera; quien lo confiesa y lo deja halla perdón" (Pro 28:13). Se debe cortar todo contacto con el tercero y se deben quemar todos los puentes. La Escritura dice: "No te acerques a la puerta de su casa" (Pro 5:8). También: "Por tanto, si tu ojo derecho te hace pecar, sácatelo y

---

[3] Algunas veces hago que el cónyuge inocente lea la parábola del buen samaritano, diciéndole que debe ver a su cónyuge como alguien que se ha caído junto al camino, y fue golpeado y ensangrentado por el pecado (Lc 10:25-37).

tíralo. Más te vale perder una sola parte de tu cuerpo, y no que todo él sea arrojado al infierno" (Mt 5:29). Por ejemplo, si la relación adúltera se dio en el contexto del trabajo, puede que sea sabio buscar otro trabajo para eliminar todo contacto con la otra parte.[4] Se deben eliminar todas las excusas y racionalizaciones ("¿No podemos simplemente ser amigos?") que pudieran abrir la puerta para que se vuelva a establecer algún contacto en el futuro.

EL ADÚLTERO DEBE BUSCAR EL PERDÓN DE SU CÓNYUGE

El cónyuge culpable tiene la clara obligación de pedir perdón lo más pronto posible por haber quebrantado sus votos matrimoniales (Mt 5:23-24). La confesión debe ser minuciosa —no es solo admitir lo que ya se ha descubierto, ya que el cónyuge inocente tiene derecho a conocer la naturaleza del pecado sexual (sin detalles explícitos ni sucios, Ef 4:29). Los adúlteros tienden a ocultar aspectos específicos y a minimizar el pecado, lo cual debilita la confianza y la esperanza de restauración. Las partes inocentes sufren cuando el pecado se expone gradualmente (como cuando se pela una cebolla), ya sea que se vaya descubriendo o que se obtenga presionando al otro.

"Los siete elementos de la confesión" que se mencionan en la pregunta 16 proporcionan una guía excelente para la forma en la que se debe pedir perdón. Algunos de los puntos que merecen una atención particular son:

Evitar el "si", "pero" y "tal vez". No debe existir ni una pizca de excusas o de justificación por los pecados cometidos. A menudo, las partes culpables racionalizan sus aventuras amorosas basándose en la falta de disponibilidad sexual de sus cónyuges, su falta de cuidado físico o sus críticas constantes. Es necesario que se arrepientan por pensar de esta manera.

Reconocer de forma concreta. El adulterio implica mucho más que solo sexo. A menudo escucho que el cónyuge inocente dice: "Podría perdonar el sexo, pero no estoy seguro si podré perdonar las mentiras". El pecado sexual rompe la promesa que se hace por medio del pacto matrimonial y por lo general, requiere muchas otras mentiras (Ef 4:25). El pecado sexual también tiene otras repercusiones, incluyendo el derroche financiero significativo, el

---

[4] Es mejor que el adúltero tome su propia decisión (junto con su cónyuge) en cuanto a las acciones que debe tomar para aplicar el principio de la separación radical (Mt 5:29). Un esposo descarriado decidió mudarse con su familia a otro estado para tener un nuevo comienzo.

riesgo de que el cónyuge inocente se contagie de una enfermedad de transmisión sexual, el hecho de perjudicar a los hijos, etc.

Reconocer el daño. El adulterio es la traición humana más profunda que existe. A menudo, los inocentes se preguntan si alguna vez los cónyuges culpables los habrán amado verdadera y honestamente. También tienen la tentación de sentirse inseguros respecto a sí mismos en el aspecto físico y sexual, dado que las partes culpables sienten la necesidad de acudir a otro lugar para encontrar la satisfacción sexual. El cónyuge culpable debe reconocer y confesar que su pecado no fue culpa de su cónyuge, sino que fue por su propia carnalidad pecaminosa al desviarse del camino del Señor.

DIOS MISMO NOS MUESTRA CÓMO PUEDE HABER PERDÓN

En el antiguo pacto, el Señor hacía el papel del esposo de la nación de Israel, la cual le fue infiel en repetidas ocasiones (Jer 3:6-10; Ez 16:1-59; Os 2:2-13). Sin embargo, como se muestra de una forma hermosa en el libro de Oseas, el Señor atrajo a la adúltera Israel y la perdonó cuando ella se arrepintió: "Por eso, ahora voy a seducirla: me la llevaré al desierto y le hablaré con ternura... Yo corregiré su rebeldía y los amaré de pura gracia, porque Mi ira contra ellos se ha calmado" (Os 2:14; 14:4; ver también Ez 16:60-63; Os 2:16-23). Sobre la base del nuevo pacto, se nos enseña que debemos perdonar a otros como hemos sido perdonados por Dios a través de la obra de Cristo (Ef 4:32).

Por tanto, animamos al cónyuge inocente a que, antes de tomar la decisión de perdonar, espere y observe si el cónyuge culpable demuestra un arrepentimiento genuino. Con frecuencia me preguntan: "¿Cómo sé si mi cónyuge está realmente arrepentido? ¿Me puedes prometer que no lo volverá a hacer?". Aunque es imposible estar seguros de que una persona (incluyendo al cónyuge inocente) no cometerá cierto pecado en el futuro, la Escritura sí menciona las características del arrepentimiento verdadero en contraste con la tristeza del mundo:

> La tristeza que proviene de Dios produce el arrepentimiento que lleva a la salvación, de la cual no hay que arrepentirse, mientras que la tristeza del mundo produce la muerte. Fíjense lo que ha producido en ustedes esta tristeza que proviene de Dios: ¡qué empeño, qué afán

> por disculparse, qué indignación, qué temor, qué anhelo, qué preocupación, qué disposición para ver que se haga justicia! En todo han demostrado su inocencia en este asunto (2Co 7:10-11).

La tristeza del mundo se centra en uno mismo y odia las consecuencias del pecado —por ejemplo, después de asesinar a su hermano, Caín se quejó de que su castigo era más de lo que podía soportar (Gn 4:13). La tristeza que proviene de Dios se centra en el Señor y en los demás y odia el pecado en sí mismo. La tristeza del mundo busca culpar a otros y se resiste a rendir cuentas. La tristeza que viene de Dios acepta completamente la responsabilidad y acepta que debe rendir cuentas. La tristeza del mundo es impaciente ya que demanda confianza y restauración inmediatamente. El arrepentimiento verdadero es paciente y comprensivo en caso de que la parte inocente necesite tiempo para conceder el perdón total. Es sabio que el cónyuge inocente busque el consejo de líderes sabios en la iglesia y que escuche su perspectiva en cuanto a qué tan genuino es el arrepentimiento del cónyuge culpable.

¿ES OBLIGATORIO PERDONAR?

Al tener en cuenta la misericordia que hemos recibido de Dios (Mt 6:12), debemos tener una actitud perdonadora con los que nos han hecho daño, aun cuando no estén arrepentidos (Lc 23:24). Sin embargo, la relación no puede restaurarse completamente a menos que la otra persona se arrepienta. Como Jesús explica a Sus discípulos: "Si tu hermano peca, repréndelo; y, si se arrepiente, perdónalo" (Lc 17:3). Si el cónyuge culpable no está arrepentido (por ejemplo, si sigue encontrándose con el otro hombre o la otra mujer), el cónyuge inocente no está obligado a perdonarlo por completo recibiéndolo de nuevo y renunciando a su derecho a divorciarse.[5] Sin embargo, como discutimos anteriormente, no es obligatorio que haya un divorcio. Una persona puede recibir de nuevo a un cónyuge que no se haya arrepentido, aunque yo no suelo recomendar esto.[6]

Al perdonar totalmente el adulterio, el cónyuge inocente decide continuar con la relación de matrimonio y ya no puede usar la inmoralidad

[5] Puede que sea sabio que, antes de solicitar el divorcio legalmente, el cónyuge inocente espere un periodo de tiempo limitado para ver si el cónyuge culpable llega al arrepentimiento por la gracia de Dios.

[6] Por ejemplo, un cristiano podría recibir de nuevo a un cónyuge no creyente que haya terminado la

sexual que ocurrió como una causal de divorcio en el futuro. Este perdón se debe pedir y conceder de manera específica. Cuando se toma esta decisión, el cónyuge inocente no puede cambiar de opinión y solicitar el divorcio más adelante.[7] El perdón también implica volver a tomar los compromisos y responsabilidades del matrimonio.[8] Una esposa que dice: "Seguiré casada con él, pero tiene que dormir en otro cuarto por el resto de su vida", todavía no ha perdonado como Cristo nos ha perdonado a todos nosotros.

Si parece que el cónyuge culpable se ha arrepentido, ¿debe el inocente perdonarlo totalmente? Algunos creen que el cónyuge inocente tiene que volver a recibir al cónyuge arrepentido, o que uno solo se puede divorciar cuando su cónyuge ha endurecido su corazón. Adams comenta: "Por lo tanto, el divorcio de un cónyuge creyente que ha cometido fornicación solo puede ocurrir en caso de que se rehúse a arrepentirse de su pecado".[9] Aunque estoy totalmente de acuerdo con que la reconciliación es el resultado ideal y que se deben hacer todos los esfuerzos posibles para lograrla, no creo que se deba obligar al cónyuge inocente (por ejemplo, amenazándolo con la disciplina de la iglesia) a que renuncie a su derecho a divorciarse por causa del adulterio, aun cuando el adúltero diga que está arrepentido. Por lo general, los cónyuges perjudicados que se rehúsan a perdonar totalmente lo hacen porque no están convencidos de que el arrepentimiento sea genuino (por ejemplo, si esto ha ocurrido en muchas ocasiones). Además, el pecado puede haber sido tan grave (por ejemplo, violación, acoso sexual a niños) que no desean buscar la reconciliación. O puede que hayan decidido que ya no quieren estar casados con una persona que ha roto despiadadamente el

---

relación ilícita y desee seguir en el matrimonio.

7 Una vez aconsejé a una mujer que, debido a que era muy infeliz en su matrimonio como resultado del espíritu pendenciero de su esposo, trató de usar el pecado de adulterio que él cometió hace veinte años (el cual ella perdonó en ese entonces) como una razón para abandonar su matrimonio. Yo le expliqué que cuando lo perdonó y volvió a su relación matrimonial, renunció a su derecho a divorciarse por el pecado sexual pasado.

8 He visto otros casos en los que el cónyuge inocente sigue casado pero quiere aferrarse a la posibilidad de divorciarse, usándola como una amenaza durante meses o años después de descubrir la infidelidad del cónyuge. Lo que entiendo es que, cuando el cónyuge inocente decide permanecer en el matrimonio por un periodo extendido de tiempo (disfrutando los privilegios y cumpliendo con los deberes), está decidiendo perdonar y permanecer bajo el pacto matrimonial, el cual entonces solo podría ser roto por medio de una infidelidad futura. Lo ideal es que esto se comunique claramente entre los cónyuges.

9 Jay Adams, *Marriage, Divorce, and Remarriage in the Bible* [*El matrimonio, el divorcio y el nuevo matrimonio en la Biblia*] (Grand Rapids: Zondervan, 1980), 57.

pacto o que no quieren vivir las consecuencias del pecado (por ejemplo, una enfermedad de transmisión sexual). Algunas veces, el pecado perdonado sigue teniendo consecuencias (Gá 6:6-7).[10] La consecuencia podría ser que el matrimonio termine. Sin embargo, los cónyuges perjudicados deben guardar sus corazones, ya que la amargura y el odio son pecaminosos en todos los casos (Ef 4:31-32).

LA RECONSTRUCCIÓN DEL MATRIMONIO

Cuando se da la reconciliación después del pecado sexual, la meta no es solamente que el matrimonio continúe como antes, sino que debe ser renovado de acuerdo con lo que Dios manda. Ambas partes necesitan crecer en su propia relación con el Señor. Los patrones dañinos del pasado, incluyendo los del cónyuge "inocente" (que también es un pecador), deben ser transformados. Se debe restaurar y fortalecer la intimidad en todos los niveles. Es un gran gozo ver matrimonios quebrantados que se reconcilian y son transformados por la gracia del evangelio.

RESUMEN

Cuando el adulterio se descubre, muchos matrimonios son como la cáscara de un huevo roto, que ni con todo el esfuerzo del mundo se podría volver a unir. Sin embargo, la gracia de Dios puede llevar a un pecador al arrepentimiento y puede permitir que la persona perjudicada no solo perdone, sino que también confiese sus propios pecados. Los matrimonios que habían sido débiles pueden volverse fuertes cuando cada cónyuge aprende a amar al otro con un amor redentor.

---

[10] El libro de Números proporciona un ejemplo interesante del perdón, pero con consecuencias. Cuando Moisés intercede por Israel después de la rebelión pecaminosa del pueblo, el Señor dice: "Me pides que los perdone, y los perdono" (Nm 14:20), pero también dice que la consecuencia de los que pecaron fue que no vieron la tierra (14:22-24). El rey David fue perdonado por su pecado con Betsabé, pero aun así tuvo que enfrentar las consecuencias (2S 12:13-14).

PREGUNTAS PARA REFLEXIONAR

1. ¿El acto del adulterio pone fin al pacto matrimonial? Explica tu respuesta.
2. ¿Cuál es la diferencia entre la enseñanza de Jesús y la de los rabinos, incluso los más estrictos, en cuanto al derecho que tiene la parte inocente a divorciarse?
3. ¿Qué se debería cubrir en la primera sesión de consejería con una pareja en la que se ha descubierto adulterio recientemente?
4. ¿Cuáles razones bíblicas presentarías para explicar que el perdón y la reconciliación no solamente son posibles, sino que son convenientes después del adulterio?
5. ¿En cuáles casos puede el cónyuge inocente decidir no reconciliarse?

34

¿A QUÉ SE LE PUEDE LLAMAR ABANDONO POR PARTE DE UN CÓNYUGE NO CREYENTE?

Aunque la mayoría de evangélicos están de acuerdo en que el abandono por parte de un cónyuge no creyente es una razón válida para el divorcio y el nuevo matrimonio, existe un desacuerdo en cuanto a qué comportamiento exactamente constituye un abandono. ¿El cónyuge no creyente debe abandonar físicamente el hogar y solicitar el divorcio, o es posible que otro comportamiento califique como abandono del cónyuge creyente?

LA SALIDA DEL HOGAR Y EL DIVORCIO

Cuando un cónyuge no creyente abandona permanentemente el hogar o cuando obliga al cónyuge creyente a salir y después solicita el divorcio, el creyente no debe luchar para evitarlo, sino que es libre de la obligación del matrimonio: "Sin embargo, si el cónyuge no creyente decide separarse, no se lo impidan. En tales circunstancias, el cónyuge creyente queda sin obligación; Dios nos ha llamado a vivir en paz" (1Co 7:15). También existen situaciones en las que el no creyente se separa físicamente del cónyuge creyente y deja claro que ya no quiere seguir casado, aunque decide no tomarse la molestia de solicitar el divorcio (tal vez para evadir las obligaciones financieras). En este caso, el creyente tendría la libertad de solicitar el divorcio para formalizar lo que inició el no creyente. Frame escribe: "Un hombre no creyente puede abandonar a su esposa creyente e ir a vivir con otra mujer sin haber solicitado el divorcio de forma legal. ¿Qué pasa en esta situación con la esposa creyente que es inocente? Puede aceptar que el matrimonio se ha roto, como dice Pablo, y se puede ver a sí misma como libre de su obligación matrimonial original. Sin embargo, para asegurar el reconocimiento de esa libertad, es posible que ella misma tenga que encargarse de los documentos para el divorcio frente al Estado".[1]

¿ALGUIEN PUEDE ABANDONAR UN MATRIMONIO SIN IRSE DE LA CASA O SIN SOLICITAR EL DIVORCIO LEGALMENTE?

Algunas personas han indicado que un cónyuge puede abandonar un matrimonio por un incumplimiento flagrante de las responsabilidades matrimoniales, aun cuando la persona no salga físicamente de la casa ni solicite el divorcio legalmente. Bajo el antiguo pacto, los deberes básicos de un esposo eran proveer alimento, vestido y cumplir con sus deberes conyugales (Éx 21:10). Bajo ciertas condiciones, si un esposo se rehusaba a hacer estas cosas, la esposa podía ser libre del matrimonio (21:11). Algunos piensan que de la misma forma, cuando un cónyuge se rehúsa de manera deliberada y voluntaria a cumplir con sus deberes matrimoniales básicos, el otro cónyuge podría tener la libertad de divorciarse.[2]

LOS CASOS DIFÍCILES

Las siguientes son algunas situaciones que he visto en las que pudiera aplicar este principio del abandono:

1. Después del primer año de casados, la esposa le dice al esposo que nunca volverá a estar disponible para tener relaciones sexuales y que dormirán en habitaciones separadas todo el tiempo que les queda de casados. A pesar de esto, ella quiere que sigan casados legalmente.
2. La esposa es enfermera y gana un buen sueldo. Su esposo se rehúsa a trabajar (ver 1Ti 5:8) y usa el dinero que ella gana para comprar drogas ilegales que usa en fiestas con sus amigos. Él mismo decidió vivir en el

---

[1] John M. Frame, *The Doctrine of the Christian Life* [*La doctrina de la vida cristiana*] (Phillipsburg, NJ: P&R Publishing, 2008), 229.

[2] David Instone-Brewer afirma que tanto las cortes judías como las grecorromanas habrían permitido el divorcio en tales casos, y argumenta que Pablo puede haberlo tenido en mente cuando escribía 1 Corintios 7 (especialmente el llamado a cumplir con los deberes conyugales en los versículos 3-5 y la referencia acerca del deber de satisfacer las necesidades del cónyuge en el versículo 33). *Divorce and Remarriage in the Church* [*El divorcio y el nuevo matrimonio en la iglesia*] (Downers Grove, IL: InterVarsity Press, 2003), 96–102.

garaje de la casa y tiene muy poco contacto con su esposa. No se quiere ir ni se quiere divorciar de ella, pero porque está viviendo en la casa que ella paga y gasta el dinero que ella gana.

3. Después de diez años de matrimonio y la bendición del nacimiento de dos hijos, el esposo declara que él es una mujer atrapada en el cuerpo de un hombre y que quiere hacerse una cirugía de cambio de sexo. Sin embargo, afirma que quiere seguir casado con su esposa y compartir con sus hijos. Su esposa, llorando, dice que no quiere tener una relación lesbiana.
4. Sin que su esposa supiera, el esposo ha estado involucrándose en actividades financieras ilegales, incluyendo estafas de inversión y fraude fiscal. A él lo van a encarcelar por los siguientes veinticinco años. La familia está en bancarrota y a punto de quedarse en la calle.
5. La esposa se va de la casa por varios meses, en los cuales se rehúsa a contactar a su esposo. Tarde o temprano regresa a casa (usualmente, cuando se le acaba el dinero) y quiere vivir con él de nuevo. No habla sobre la razón por la que se fue, a dónde fue o si se va a volver a ir. Esto ha ocurrido varias veces en los últimos cinco años.
6. La esposa se queda en casa todo el día viendo televisión y bebiendo alcohol mientras el esposo está trabajando. Él trató de restringir su acceso a las tarjetas de crédito y al dinero en efectivo, pero entonces ella empeñó los objetos de plata de la casa para conseguir más alcohol.

ACTÚA CON CUIDADO

Al tratar casos difíciles, debemos preguntarnos: "¿Qué se podría hacer para sanar este matrimonio?", antes de preguntar: "¿Hay causales de divorcio?". ¿Por qué se está negando uno de los cónyuges a tener intimidad conyugal? ¿Hizo el otro cónyuge algo que lo haya herido (Pro 18:17)? ¿Necesita la persona ayuda para superar las consecuencias de un abuso sexual en el pasado? Otro aspecto que se debe tener en cuenta es que estas causales aplican solamente con un cónyuge no creyente. Cuando un creyente incumple de forma significativa el pacto matrimonial, debe ser confrontado por medio del proceso definido en Mateo 18:15-20, el cual idealmente resultaría en el arrepentimiento, pero podría resultar en su expulsión de la iglesia y en que sea tratado como un no creyente.

Otra preocupación es que, una vez que la definición del abandono se amplía, casi todo incumplimiento del pacto matrimonial se podría usar como una excusa para el divorcio. Murray advierte: "Sin embargo, es de gran importancia sostener que... la aplicación de esta libertad se debe limitar a las condiciones precisas que especifica o implica el apóstol".[3] ¿Qué ocurre si un hombre está dispuesto a trabajar, pero no es muy buen proveedor? ¿Con cuánta frecuencia debe una esposa estar disponible sexualmente para cumplir con sus deberes conyugales? Estos eran algunos de los temas que discutían los rabinos judíos en la época de Jesús.[4] La palabra griega *chorizō*, que se traduce como "separarse" en 1 Corintios 7:15 ("irse" en otras versiones), es la palabra que se usa para divorcio, lo que implica que el no creyente está abandonando voluntariamente su compromiso con el otro cónyuge —no solo incumpliendo las obligaciones del pacto. También existe una diferencia entre no poder (por ejemplo, por causa de una discapacidad física) cumplir con los deberes conyugales o con el deber de proveer, y no querer hacerlo.

En estos casos en que los no creyentes rechazan deliberadamente el pacto matrimonial, los cónyuges creyentes podrían, después de haber hecho un gran esfuerzo por la reconciliación, considerarse como personas abandonadas. Frame escribe: "La 'separación' en el versículo 15 [1Co 7] puede ser geográfica o no. Lo importante es que es una renuncia a los votos matrimoniales".[5] En casos de duda, he descubierto que es sabio preguntar directamente a los cónyuges no creyentes sobre su compromiso con el matrimonio y su deseo por esforzarse para cumplir sus deberes básicos: "¿Quieres abandonar este matrimonio?". Si dejan claro que no quieren hacer un esfuerzo por cumplir con sus deberes en el matrimonio, los cónyuges creyentes pueden, después de haber hecho todos los esfuerzos posibles por la reconciliación, considerarse como abandonados.

---

3 John Murray, *Divorce* [*El divorcio*] (Philadelphia: Presbyterian and Reformed, 1961), 76. Más adelante, Murray dice que la deserción de la que habla Pablo se limita a la que se da por razones religiosas (ibíd., 78).

4 Instone-Brewer, *Divorce and Remarriage in the Church* [*El divorcio y el nuevo matrimonio en la iglesia*], 74, 101.

5 Frame, *The Doctrine of the Christian Life* [*La doctrina de la vida cristiana*], 781.

RESUMEN

Aunque debemos ser muy cuidadosos al ampliar la definición del abandono para incluir cualquier incumplimiento del pacto matrimonial, existen situaciones en las que un cónyuge creyente puede considerarse a sí mismo como una persona abandonada, aun cuando el no creyente siga viviendo en su casa y no haya solicitado el divorcio legal. Las personas que enfrentan situaciones de posible abandono deben buscar el consejo piadoso de los líderes de su iglesia mientras se esfuerzan por honrar a Dios en circunstancias bastante difíciles.

PREGUNTAS PARA REFLEXIONAR

1. ¿Cuáles son algunos de los peligros que existen al ampliar la definición del abandono para incluir otras circunstancias aparte de la salida física del hogar y la solicitud legal del divorcio?
2. ¿Cuáles fundamentos bíblicos se pueden usar para decir que un cónyuge que se rehúsa a cumplir con sus deberes matrimoniales ha abandonado el matrimonio?
3. ¿Cuáles de los casos difíciles descritos en este capítulo calificarían como abandono?
4. ¿Qué papel pueden tener los líderes de la iglesia al ayudar a un creyente a determinar si su cónyuge le ha dado causales de divorcio por abandono?
5. ¿Qué se debería hacer si alguien que profesa ser creyente abandona su matrimonio?

35

¿ES EL ABUSO UNA CAUSAL DE DIVORCIO?

Los evangélicos han apoyado de forma significativa la idea de que el abuso sea una causal de divorcio. Muchos plantean que, si un incidente de adulterio de diez minutos podría ser una causa justa, entonces es posible que diez años de violencia física también lo sean. Instone-Brewer señala que Orígenes, el padre de la iglesia, "preguntó por qué Jesús no permitía que un esposo se divorciara de una esposa que lo había tratado de envenenar o que había matado a uno de sus hijos, ya que 'soportar pecados de tal atrocidad, que parecen peores que el adulterio o la fornicación, se ve como algo irracional'".[1]

ENTENDIENDO EL ABUSO[2]

El abuso, definido de forma general, es el trato indebido o hiriente que una persona le da a otra. Existen diferentes clases de abuso —físico (lesionar intencionalmente a la víctima), sexual, verbal y emocional. Las acciones y palabras abusivas vienen comúnmente de corazones carnales que son gobernados por la ira (Mt 5:21-22; Gá 5:19-21; Stg 4:1-2).

A veces es difícil probar que hay abuso, ya que las dos partes pueden dar relatos completamente diferentes de lo que ocurrió, y no hay otros testigos. Algunas veces existe bastante pecado y provocación en ambas partes de la discusión. En un caso, la esposa llegó a consejería con un ojo amoratado. Le pregunté al esposo: "¿Qué le pasó a tu esposa?". Y me respondió: "El ojo se le puso morado cuando le lancé mi celular". En ese punto, la esposa agregó:

---

[1] David Instone-Brewer, Divorce and Remarriage in the Church [*El divorcio y el nuevo matrimonio en la iglesia*] (Downers Grove, IL: InterVarsity Press, 2003), 94.

[2] Ver Jim Newheiser, Help! Someone I Love Has Been Abused [*¡Ayuda! Alguien que amo ha sido abusado*] (Wapwallopen, PA: Shepherd Press, 2010).

"Fue justo después de que yo tratara de atropellarlo con el auto y le fracturara la pierna". Cuando se acusa a alguien de abuso es importante escuchar a todos los que estuvieron involucrados. He visto casos en los que un cónyuge afirma que ha sido terriblemente maltratado, pero cuando escucho el otro lado, me doy cuenta de que no había escuchado toda la historia. "El primero en presentar su caso parece inocente, hasta que llega la otra parte y lo refuta" (Pro 18:17).[3] Por otra parte, no se debe asumir que hay una culpa proporcional en las dos partes. Por lo general, los abusadores son maestros de la manipulación y pueden hacer que parezca que son las víctimas. Finalmente, no se debería asumir que los abusadores son los hombres. He estado en muchas situaciones donde la esposa se enoja violentamente mientras el esposo intenta calmarla sin lograrlo.

LA PROTECCIÓN DE LAS VÍCTIMAS DE ABUSO

La Escritura enseña que Dios se interesa por los oprimidos (Sal 10:17-18; 82:3-4) y que los líderes son responsables de proteger a los afligidos: "¡Levanta la voz por los que no tienen voz! ¡Defiende los derechos de los desposeídos! ¡Levanta la voz, y hazles justicia! ¡Defiende a los pobres y necesitados!" (Pro 31:8-9). La iglesia debe reflejar el mismo interés que Dios tiene por los oprimidos" (Sal 9:9; Lc 4:18-19).

Tristemente, han existido muchos casos en los que los líderes de la iglesia no han protegido a las víctimas de abuso o no han tomado en serio las quejas de los cónyuges abusados. Se les ha dicho a las mujeres maltratadas que, si fueran más dulces y sumisas, el abuso terminaría. Algunas veces se implica que es culpa de ellas que el esposo sea tan iracundo. Este consejo se basa en una mala interpretación de 1 Pedro 3:1-2, que dice que las esposas deben tratar de ganar a sus esposos desobedientes sin una palabra por medio de su comportamiento casto y respetuoso. Aunque es verdad que Dios puede usar la sumisión de una esposa maltratada para ganar a su esposo para Cristo,

---

[3] William A. Heth escribe sobre su experiencia aconsejando en medio de conflictos matrimoniales: "Si algo hemos aprendido de esto es que nuestros juicios iniciales sobre quién tenía la culpa en la relación casi siempre eran opuestos a lo que en realidad estaba ocurriendo". "Remarriage for Adultery or Desertion" ["El nuevo matrimonio por causa de adulterio o abandono"], en *Remarriage after Divorce in Today's Church: 3 Views* [*El matrimonio después del divorcio en la iglesia actual: tres perspectivas*], ed. Mark L. Strauss (Grand Rapids: Zondervan, 2006), 79.

Pedro no está diciendo que ella tiene la obligación de soportar el maltrato físico y verbal. Pedro tampoco le está asegurando a la esposa que un comportamiento más dulce hará que su esposo se arrepienta. Pablo nos recuerda: "¿Cómo sabes tú, mujer, si acaso salvarás a tu esposo?" (1Co 7:16a). Algunos hombres tienen el corazón duro y seguirán abusando de sus esposas sin importar lo que ellas hagan. Cuando los líderes de la iglesia envían a una mujer de regreso a una situación en la que es probable que sea golpeada, están incumpliendo su llamado de proteger a las ovejas de Dios (Hch 20:28) y no son dignos de su oficio (Ez 34:1-10).

Incluso los que cuestionan el abuso como causal de divorcio deberían estar de acuerdo con que una esposa tiene derecho a la seguridad física y que si está en riesgo de maltrato, tiene la libertad para buscar otro lugar donde vivir hasta que sea seguro regresar. Holcomb proporciona varios ejemplos bíblicos de personas que aprovecharon oportunidades para evitar el sufrimiento, incluyendo a Pablo cuando escapó de la persecución (Hch 9:25; 22:25-29; 23:12-24).[4] Otros resaltan que Pablo estuvo dispuesto a hacer valer sus derechos conforme a la ley romana para evitar el maltrato. Los líderes de la iglesia deben proteger a los cónyuges maltratados, ofreciéndoles un lugar seguro donde quedarse, consejos con compasión y otras necesidades prácticas. Si los cónyuges abusivos son miembros de la iglesia, están sujetos a la disciplina eclesial (Mt 18:15-20). Si los cónyuges abusivos son culpables de agresión física criminal, es posible que sea necesario animar a las víctimas a que denuncien el problema ante las autoridades civiles pertinentes (Ro 13:4).[5] Si los niños han sido abusados física o sexualmente, la ley demanda que los líderes de la iglesia reporten estos crímenes a las autoridades gubernamentales.

LOS NIVELES DE ABUSO

Las palabras de enojo (el abuso verbal) son muy pecaminosas: "Con la boca el impío destruye a su prójimo" (Pro 11:9a). Sin embargo, existe una diferencia entre un hombre que levanta la voz ocasionalmente y el hombre que

---

[4] Justin Holcomb, *Is It My Fault?* [*¿Es culpa mía?*] (Chicago: Moody, 2014), 129-37.

[5] Es común que las víctimas de abuso no denuncien los crímenes que se cometen en su contra debido a un entendimiento incorrecto de la sumisión (pensando que demandar no sería un acto sumiso), a temor (de estar solos o de la retaliación del abusador) o a culpa falsa ("Si yo fuera una mejor esposa, él no se comportaría de esta manera").

golpea o maltrata físicamente a su esposa. Así como no recomendaríamos el divorcio en todos los casos de personas con pensamientos o miradas lujuriosas (Mt 5:28), no diríamos que todo cónyuge que haya hablado de manera odiosa o airada debe ser castigado como un asesino (5:21-22) ni que eso siempre constituye una causal de divorcio.

Una de las situaciones más difíciles que puede enfrentar un líder es el abuso verbal (y psicológico) incesante de un cónyuge hacia el otro. He visto casos en los que el cónyuge que siempre está enojado sigue al cónyuge por toda la casa, maldiciendo en su contra, incluso mientras la víctima solo intenta alejarse. He conocido a esposos controladores que quieren manejar todo lo que hacen sus esposas y tratan de aislarlas de otros, prohibiéndoles que pasen tiempo con su familia y amigos. He visto a personas abusivas que no permiten que sus cónyuges duerman porque los siguen reprochando durante la noche. Aunque estaría reacio a decirles a tales personas que tienen derecho a divorciarse, es difícil argumentar que no tienen derecho a escapar (al menos temporalmente) de los constantes ataques verbales.

¿PUEDE LA VÍCTIMA DE ABUSO SOLICITAR EL DIVORCIO?

Así como buscamos ofrecer un consejo piadoso —que idealmente lleve al arrepentimiento, el perdón y la restauración en casos de infidelidad matrimonial—, nuestra primera esperanza en casos de abuso conyugal es llevar al abusador a un verdadero arrepentimiento. Así, el hogar se convertiría en un lugar seguro para la víctima, quien podría entonces perdonar, y el matrimonio podría comenzar a reconstruirse. Sin embargo, muchos abusadores son arrogantes, manipuladores y no se arrepienten, haciendo que sea imposible la reconciliación pacífica.

Muchos creen que los casos severos de abuso entran en la categoría de abandono del matrimonio diciendo que, si el cónyuge violento no está dispuesto a vivir en paz con el creyente, en realidad está causando una separación al obligar al cónyuge inocente a salir de la casa. Según Pablo: "Dios nos ha llamado a vivir en paz" (1Co 7:15b).[6] Crippen escribe: "Enfatizamos una vez

[6] Esta causal solamente aplicaría para un cónyuge no creyente. Sin embargo, de nuevo, un cristiano que se rehúsa a arrepentirse podría ser considerado como un no creyente después de que se ha seguido el proceso bíblico de la disciplina eclesial.

más que el abuso es una forma de abandono... El abandono 'constructivo' se da cuando la conducta malvada de un cónyuge termina con el matrimonio porque hace que el otro cónyuge se vaya".[7] Un peligro de abrir esta puerta es que podría ser usada para aumentar las causales de divorcio a todo lo que una supuesta víctima considere que es abusivo. Dado que todos somos pecadores propensos a expresar la ira pecaminosa por medio de palabras y acciones pecaminosas, casi todos los matrimonios se podrían terminar por esta causa. Por otra parte, puede que haya casos extremos en los que el abuso ha roto los lazos matrimoniales más de lo que es posible reparar.[8] Considera lo siguiente:

1. El esposo ha abusado física y sexualmente de los hijos en varias ocasiones, pero de alguna forma logró escaparse de la cárcel. El servicio de protección infantil le ha dicho a la madre que, si deja que su esposo vuelva a entrar a la casa, le quitarán la custodia de los niños.
2. Desde hace tiempo, la esposa ha entrado en un patrón de abuso verbal y físico en contra de su esposo. No lo deja dormir, le grita constantemente y con frecuencia lo golpea. Los hijos están traumatizados por ver la forma en la que se comportan sus padres. Ella ha asistido a sesiones de consejería, pero no ha cambiado. Esto ha estado sucediendo por más de diez años.
3. El esposo está lleno de ira casi todo el tiempo y ha golpeado a su esposa varias veces. Una vez la empujó y ella se fracturó la muñeca, pero dijo a los doctores que se había caído. Finalmente, una noche él llegó ebrio a la casa y la golpeó tan fuerte que le dejó los ojos amoratados y le fracturó la nariz. Ella quiere saber hasta cuándo tiene que seguir soportando esta situación.
4. El esposo —después de haber sido arrestado por golpear a su esposa, quemarla con un cigarrillo y apuñalarla en el brazo con un cuchillo— ha sido sentenciado a siete años de prisión. ¿Debería ella considerarse una persona abandonada?
5. La esposa intentó asesinar a su esposo y a sus hijos con un cuchillo en un ataque de ira.

---

[7] Jeff Crippen y Anna Wood, *A Cry for Justice* [*Un clamor por la justicia*] (Lincroft, NJ: Calvary Press, 2012), 304.

[8] John M. Frame cita un reporte de la PCA que explica que el divorcio puede ser necesario "para proteger a un cónyuge inocente de condiciones intolerables". *The Doctrine of the Christian Life* [*La doctrina de la vida cristiana*] (Phillipsburg, NJ: P&R Publishing, 2008), 781.

Una alternativa en estos casos de abuso sería que el cónyuge maltratado viviera aparte (en un lugar seguro), mientras espera que el Señor le conceda arrepentimiento al cónyuge abusivo (1Co 7:10-11). Sin embargo, yo no apoyaría que una iglesia disciplinara a víctimas que, después de un largo periodo de abuso significativo sin ver algún tipo de arrepentimiento verdadero por parte de los abusadores, deciden verse a sí mismas como abandonadas y solicitan el divorcio legalmente. Mi consejo es que las personas que consideren tomar una decisión como esta trabajen de cerca con los líderes de la iglesia para evaluar sus opciones bíblicamente.

RESUMEN

El maltrato físico, verbal y emocional va en contra del diseño de Dios para el matrimonio, el cual se supone que debe reflejar amor y gracia en vez de ira y odio. Las víctimas de abuso tienen el derecho a proteger su propia vida y la de sus hijos. Los líderes de la iglesia deben investigar cuidadosamente cuando alguien dice que es víctima de abuso, y deben ser fieles en proteger al inocente, lo que algunas veces puede que implique ofrecerles refugio o llamar a las autoridades. Aunque algunos casos de abuso pueden representar un abandono por parte de un no creyente, se deben hacer todos los esfuerzos posibles para salvar el matrimonio y se debe tener mucho cuidado antes de dar la aprobación para el divorcio.

PREGUNTAS PARA REFLEXIONAR

1. ¿Qué comportamiento constituye un abuso?
2. ¿Cómo han fallado algunos líderes de la iglesia en su llamado a proteger a las víctimas de abuso?
3. ¿Cuándo es correcto que la víctima de abuso se aleje físicamente de su cónyuge?
4. ¿Por qué muchos considerarían que algunas formas de abuso son causales de divorcio? ¿Cuáles de los ejemplos anteriores constituyen causales de divorcio?
5. ¿Qué deberían hacer los líderes de la iglesia cuando no están seguros de dónde trazar la línea en cuanto a lo que califica como una razón legítima para un divorcio?

36

¿ES BÍBLICO QUE UNA PAREJA CASADA SE SEPARE SIN DIVORCIARSE?

Como se discutió brevemente en la pregunta 23, muchas personas en nuestra época deciden separarse de sus cónyuges en vez de divorciarse. Algunos se separan guardando la esperanza de que el tiempo de separación lleve a la sanación del matrimonio. Otros se separan porque creen que es una mejor alternativa que el divorcio, porque es menos vergonzoso o pecaminoso.

LA SEPARACIÓN PERMANENTE VA EN CONTRA DEL DISEÑO DE DIOS PARA EL MATRIMONIO

Dado que el diseño de Dios para el matrimonio es la unidad y la compañía (Gn 2:24), se debe evitar la separación física del esposo y la esposa. Algunas veces la separación física de los cónyuges es necesaria por causa de la guerra, como en el caso de Urías, que fue separado de su esposa Betsabé para ir a luchar contra los amonitas en nombre de su Dios y su rey (2S 11). La ley ordenaba que un hombre recién casado no fuera obligado a ir a la guerra, con el fin de que pudiera hacer feliz a su esposa (Dt 24:5). En la actualidad, algunos esposos y esposas se deben separar temporalmente y a veces por largos periodos de tiempo debido a la participación en el ejército, a obligaciones laborales, a responsabilidades familiares (cuidar de un padre enfermo) o incluso al encarcelamiento (algunas veces por causa de persecución, como fue el caso de John Bunyan hace siglos y ha sido el de muchos líderes de iglesias y misioneros en nuestra época).

Pablo dice que es apropiado que una pareja casada se ponga de acuerdo para abstenerse temporalmente de las relaciones sexuales con el propósito de la oración, pero también les advierte que esta separación debe ser breve, para que no sean tentados a pecar por su falta de dominio propio (1Co 7:5).[1] Algunas parejas no hacen el esfuerzo suficiente para evitar las separaciones prolongadas porque ponen como prioridades sus carreras, sus hijos, sus pasatiempos o incluso el ministerio antes que su matrimonio. Muchas veces la pereza podría producir indiferencia cuando las parejas se alejan y cada cónyuge se vuelve independiente del otro.

Algunas parejas viven separadas —en casas (o habitaciones) diferentes, toman vacaciones aparte, tienen finanzas separadas y amigos diferentes— sin pensar en solicitar la separación legal o el divorcio. Aun así, están incumpliendo el diseño de Dios para el matrimonio y están violando las promesas del pacto que se hicieron el uno al otro cuando se casaron. Su relación es casi un divorcio en la práctica.

¿PODRÍA UNA SEPARACIÓN TEMPORAL SER ÚTIL?

Algunas de las personas que son miserables en su matrimonio creen que pasar tiempo separados podría beneficiar su relación, ya que esto les permitiría escapar del conflicto constante y que cada parte se pueda tranquilizar y sanar. Sin embargo, comúnmente la separación tiene el efecto opuesto, ya que uno o ambos cónyuges descubren que son "más felices" estando lejos. Además, el tiempo de separación puede hacer que cada uno se vuelva más independiente del otro.

Jay Adams escribe: "En la Biblia, la idea moderna de la separación como algo menos grave que el divorcio (sea legal o informal) era totalmente desconocida como una alternativa viable al divorcio".[2] También advierte: "La separación moderna no arregla nada; equivale a rehusarse a enfrentar los problemas y resolverlos".[3] Las personas que viven separadas no pueden resolver sus problemas. En la mayoría de situaciones, una pareja cristiana sería sabia al buscar un consejo piadoso mientras se esfuerza por resolver sus problemas.

---

[1] John MacArthur escribe: "Debe ser por acuerdo mutuo, temporal y con un propósito espiritual", en *The Divorce Dilemma* [*El dilema del divorcio*] (Leominster, Inglaterra: Day One Publications, 2009), 94.

[2] Jay Adams, *Marriage, Divorce, and Remarriage in the Bible* [*El matrimonio, el divorcio y el nuevo matrimonio en la Biblia*] (Grand Rapids: Zondervan, 1980), 33.

[3] Ibíd.

Puede que existan algunos casos aislados en los que una separación corta sea necesaria o apropiada. Por ejemplo, si uno o ambos cónyuges están extremadamente enojados y existe el riesgo de abuso físico o verbal, puede ser sabio que uno de ellos vaya a otro cuarto o, si es necesario, que se quede una noche en casa de un amigo. Sin embargo, en tales casos, el tiempo breve de separación se debe usar provechosamente —no solamente como un escape de los problemas (por ejemplo, para ver televisión, navegar en internet o ir al cine). Si el matrimonio ha llegado a un punto en el que el esposo y la esposa no pueden vivir en paz en la misma casa, cada uno debe confesar su pecado, suplicar a Dios de todo corazón por Su ayuda, estudiar la Escritura y buscar un consejo piadoso (primeramente para que cada cónyuge entienda cómo lidiar con su propio pecado— 1Co 7:5). Cuando ambas partes vuelvan a caminar en el Espíritu podrán volver a unirse para trabajar en la reconciliación (ver la pregunta 16 para más información acerca de la resolución de conflictos).

Además, puede que haya casos en los que un cónyuge que tiene razones válidas para divorciarse decida separarse físicamente o solicitar la separación legal mientras espera para ver si el cónyuge culpable se arrepiente y se puede salvar el matrimonio.[4]

¿QUÉ HAY DE LA SEPARACIÓN QUE SE MENCIONA EN 1 CORINTIOS 7:11?

En la Escritura, el caso que más se asemeja a una separación legal moderna es la situación que se menciona en 1 Corintios 7:10-11, donde la esposa deja a su esposo (se divorcia de él) pero, según Pablo, no es libre para volverse a casar. Este pasaje da pie a algunas preguntas complicadas. Si ambos son cristianos, ¿por qué Pablo no los obliga, con la amenaza de la disciplina eclesial (que se discutió dos capítulos antes, en 1 Corintios 5), a reconciliarse?[5] ¿Por qué parece que permite el divorcio, pero entonces prohíbe el nuevo

---

[4] Es posible que se necesite la separación legal para proteger los intereses financieros y de propiedad del cónyuge inocente, y para clarificar los derechos y las responsabilidades que tiene cada cónyuge con los hijos. Si ambas partes dicen ser creyentes, los términos de la separación se podrían resolver (tal vez con la ayuda de la iglesia) sin tener que ir a un juzgado para llevar a cabo un proceso en contra del otro (1Co 6).

[5] El hecho de que Pablo le diga al cónyuge que se divorcia ilegítimamente que no se vuelva a casar parece implicar que todavía le habla a esa persona como si fuera cristiana y no como a alguien que ha sido expulsado de la iglesia como un impío.

matrimonio? ¿No sería extraño tener a las dos personas divorciadas en la misma iglesia?

Pienso que este pasaje puede aplicar en circunstancias donde, a pesar de que el cónyuge que se divorcia no tiene una razón legítima para divorciarse, las cosas están lo suficientemente mal como para que los líderes de la iglesia decidan no disciplinar a la persona por irse de la casa. La respuesta de la iglesia en tales casos puede ser: "Aunque no aprobamos tu divorcio (o separación), no te someteremos a la disciplina eclesial por esto, pero según 1 Corintios 7:10-11, no te puedes volver a casar".

RESUMEN

La separación de un esposo y una esposa va en contra del diseño de Dios, que es su unión en matrimonio como una imagen de la relación de amor del Señor con Su pueblo. Algunas veces las separaciones temporales son inevitables por diversas circunstancias de la vida. Sin embargo, es ilícito que los cónyuges se separen deliberadamente a largo plazo sin razones bíblicas, independientemente de que la separación sea legal o no. Por lo general, las separaciones temporales no son útiles para restaurar un matrimonio que está en crisis. Una pareja necesita trabajar unida para resolver sus problemas y reconstruir su relación.

PREGUNTAS PARA REFLEXIONAR

1. ¿Qué dice la Biblia respecto a la práctica contemporánea de la separación legal?
2. ¿Por qué la separación del esposo y la esposa va en contra del diseño de Dios?
3. ¿Cómo podría una separación física temporal empeorar un matrimonio que ya está en problemas?
4. ¿Cuándo es posible que se necesite una separación física temporal en un matrimonio que está en crisis?
5. ¿Qué le aconsejarías a una pareja de cónyuges que están legalmente casados pero que viven vidas aparte?

37

¿QUIÉN DECIDE SI UN DIVORCIO O UN NUEVO MATRIMONIO ES VÁLIDO?

¿Quién tiene la autoridad para decidir quiénes pueden divorciarse y volverse a casar? En nuestra época, el gobierno humano regula el matrimonio, el divorcio y el nuevo matrimonio por medio de sus leyes y registros. Algunas autoridades religiosas afirman que el matrimonio está primordialmente bajo su jurisdicción. ¿A cuáles de estas autoridades debemos someternos, especialmente si se contradicen entre sí? ¿Hay situaciones en las que un cristiano puede ir en contra de la autoridad del gobierno o la iglesia en temas relacionados con el divorcio y el nuevo matrimonio?

LA AUTORIDAD DEL GOBIERNO

Dios ha establecido la autoridad del gobierno terrenal para mantener el orden en la sociedad (Ro 13:1-7; 1P 2:13-14). Como se discutió en la pregunta 3, los gobiernos humanos actuales han creado leyes que regulan quién se puede casar bajo su jurisdicción, qué hace que un matrimonio sea válido, cuáles matrimonios de otras jurisdicciones son válidos para ellos, cuáles son las causales de divorcio, cuáles procedimientos se deben seguir para divorciarse, etc.

Las leyes varían según la jurisdicción. Como mencionamos antes, las Filipinas, un país bastante influenciado por la iglesia católica romana, no permite el divorcio pero sí la separación legal y la nulidad matrimonial. En algunos países islámicos, basta con que un esposo diga "me divorcio de ti" tres veces para obtener un divorcio inmediato. En algunos países, los hombres y las mujeres tienen diferentes derechos cuando se trata del divorcio.[1] Las leyes también varían en cuanto a los periodos de espera para que un divorcio finalice, a la división de propiedades, a la custodia de los hijos y a la manutención de los hijos y del cónyuge.[2]

Las leyes que regulan la familia están cambiando constantemente. Por ejemplo, no hace mucho en los Estados Unidos, cuando una persona quería el divorcio debía demostrar que tenía motivos válidos, y su cónyuge podía refutar su solicitud y entorpecer el proceso.[3] En años recientes, gracias al divorcio sin culpa, ya no es obligatorio presentar las causales de divorcio ni evaluar la culpa de cada cónyuge.

Las leyes del gobierno pueden ser contrarias a la Escritura y contrarias a la justicia. Pueden permitir matrimonios que la Biblia prohibiría (incluyendo los matrimonios entre personas del mismo sexo o la poligamia), o pueden prohibir divorcios o nuevos matrimonios que la Escritura permitiría.[4] Existen jurisdicciones (por ejemplo, las Filipinas) en donde las personas pueden tener razones bíblicas para divorciarse, pero las leyes del gobierno no se lo permiten.

A menudo, la forma en que los gobiernos y las cortes manejan el divorcio es injusta, especialmente en los casos donde una parte rompió el pacto (por medio del adulterio o del abandono) y la otra parte trató de guardarlo. A pesar de eso, la corte (aplicando las leyes del divorcio sin culpa) los trata de la misma forma en cuanto a la responsabilidad financiera, la custodia de los hijos y la división de propiedades. Incluso existen casos en los que la corte

---

1 En el momento en que se escribió este libro, las mujeres judías en Israel no se podían divorciar sin que sus esposos estuvieran de acuerdo (http://www.latimes.com/world/middleeast/la-fg-israel-divorce-problems- 20130726-story.html).

2 Algunas jurisdicciones han impuesto periodos de espera después de la solicitud del divorcio legal con el fin de retrasar el proceso, supuestamente para proteger la institución del matrimonio. Sin embargo, no veo ninguna razón bíblica para obligar a las personas a que esperen. Además, esperar puede ser perjudicial para los intereses de la parte inocente, que tiene derecho a ser libre cuanto antes.

3 Una de las tramas comunes en las películas antiguas en blanco y negro era sobre un hombre al que su esposa lo había abandonado pero no le quería dar el divorcio, lo que significaba que él no se podía casar con su nuevo amor.

4 No encuentro evidencia en la Escritura en cuanto a que el gobierno cree leyes para impedir el divorcio. En las referencias al divorcio, tanto en Deuteronomio 24 como en los Evangelios, está implícito que la ley permite que las personas se divorcien aun cuando el divorcio sea pecaminoso. No creo que el gobierno actual deba crear leyes que prohíban el divorcio, aunque el divorcio sea ilícito. La ley no puede evitar que las personas abandonen sus matrimonios, solo puede regular lo que es inevitable por causa de la dureza de los corazones humanos. Las mejores leyes de divorcio serían las que protegen al inocente y castiguen al culpable.

recompensa al que rompió el pacto y castiga al que lo guardó. En tales casos de injusticia, las partes inocentes deben confiarle su situación a Dios, quien traerá justicia a Su tiempo (1P 2:23).

Como se mencionó en la pregunta 3, puede que haya circunstancias en las que las personas decidan crear sus propios pactos matrimoniales sin registrarse con el Estado.[5] De la misma forma, podría darse una situación inusual en la que ambas personas se consideran a sí mismas como divorciadas y libres para comenzar nuevos matrimonios, independientemente de la autoridad del Estado. Ante el gobierno, los que se casan sin tener una licencia del Estado se podrían considerar como una pareja que cohabita, y esos que se veían a sí mismos como divorciados siguen estando casados para el Estado. Esta realidad tiene consecuencias en otras interacciones necesarias con el gobierno (declaraciones fiscales, leyes de propiedad y herencia, derechos conyugales, etc.).

En este contexto podría plantearse una pregunta: ¿Casarse o divorciarse sin la autorización del gobierno sería desobedecer a las autoridades civiles, a las que las Escrituras dicen que nos debemos someter (Ro 13:1-7)? Primero, en casi todos los casos, el gobierno no consideraría estas acciones como ilegales, ya que no existen leyes en contra de la cohabitación (que sería la forma de ver esta relación desde un punto de vista legal). Además, los cristianos pueden decidir que, bajo ciertas circunstancias, echarán mano de un derecho que Dios les ha dado y estarán dispuestos a vivir con las consecuencias que el gobierno pueda imponerles.[6]

LA AUTORIDAD DE LA IGLESIA

En el antiguo pacto no existía una separación entre la iglesia y el Estado, lo cual tenía un impacto sobre todas las leyes, incluyendo la regulación del matrimonio y el divorcio. Bajo el nuevo pacto, no existe una teocracia válida, y

---

5 Por ejemplo, los cristianos que viven en ciertos estados islámicos, los que viven como refugiados sin acceso al sistema legal o los que viven bajo cualquier otro gobierno que no les permite ejercer su derecho a casarse o divorciarse.

6 Por ejemplo, en algunos países musulmanes sería ilegal que una persona que fue musulmana se case con un cristiano, pero aun así ellos pueden tomar la decisión de hacer un pacto matrimonial. Otra situación sería la de una esposa cuyo esposo está viviendo con otra mujer. Ella podría decidir verse a sí misma como divorciada (libre de él) aunque el gobierno no le permita divorciarse legalmente.

la autoridad legítima de la iglesia y la del Estado están separadas. La iglesia católica romana, que ha intentado unir la autoridad eclesial con el gobierno, afirma que tiene la jurisdicción sobre los matrimonios de sus miembros basándose en que el matrimonio es un sacramento de la iglesia. También ha buscado influenciar las leyes relacionadas con la familia, especialmente en las naciones donde la mayoría de la población es católica. Aunque el matrimonio es sagrado por ser un mandato de la Creación y un pacto establecido por Dios, la Escritura no justifica la idea de que el matrimonio es un sacramento o que la iglesia tiene una jurisdicción formal sobre el matrimonio.[7]

Por lo general, los pastores de diversas denominaciones, siendo líderes en la comunidad, facilitan el establecimiento del pacto en la ceremonia matrimonial. Al ser la comunidad de testigos, las personas de la iglesia son responsables de pedirse cuentas unas a otras para cumplir sus votos matrimoniales.[8] Los líderes de la iglesia están llamados a pastorear el rebaño, cuidando las almas por las que Cristo murió, ya que son los que le rendirán cuentas a Dios (1P 5:2; ver también Hch 20:28; Heb 13:17). Este cuidado pastoral incluye su responsabilidad de ayudar a restaurar los matrimonios difíciles y mantener los estándares bíblicos del matrimonio, el divorcio y el nuevo matrimonio en la iglesia.

Aunque la iglesia no puede impedir un divorcio o un nuevo matrimonio pecaminoso, puede haber casos en los que se deba someter a la disciplina eclesial a un cónyuge que esté rompiendo el pacto matrimonial, lo cual resultaría o en su restauración o en su expulsión de la iglesia. Es importante que los líderes de la iglesia se pongan de acuerdo respecto a cuáles son las razones válidas (si existen) para el divorcio y el nuevo matrimonio, y a cómo van a manejar las situaciones que puedan surgir.

Así como pueden existir algunos casos inusuales en los que un creyente decide oponerse a la autoridad gubernamental no bíblica en sus decisiones

---

[7] Por lo general, los protestantes consideran que la Cena del Señor y el bautismo son los únicos mandatos (o sacramentos) de la iglesia del Nuevo Testamento. El papel que tenga la iglesia en la regulación del matrimonio depende de la eclesiología de cada una. ¿Es a nivel de iglesia local o a nivel denominacional (para aquellos que creen que la autoridad denominacional está por encima de la autoridad de la iglesia local)? De todas formas, los evangélicos que creen en la Biblia no reconocen la validez de la iglesia católica romana, la cual rechaza la autoridad exclusiva de la Escritura y el evangelio de la salvación solamente por gracia, solo por medio de la fe, solamente en Cristo.

[8] Ver el capítulo 3.

respecto al matrimonio, el divorcio y el nuevo matrimonio, puede haber casos en los que un creyente decide rechazar la autoridad eclesial que no sea bíblica. Por ejemplo, un joven que ha sido abandonado por su esposa —quien ahora vive con otro hombre— puede ser miembro de una iglesia en la que los líderes están de acuerdo con la postura de la permanencia en el matrimonio. Por medio de su estudio de la Escritura, está convencido de que, después de haber hecho grandes esfuerzos durante un largo tiempo para restaurar el matrimonio, tiene la libertad de solicitar el divorcio y considerar la posibilidad de volverse a casar en el futuro. Si decide seguir adelante con esta decisión, los líderes lo someterán (en mi opinión, incorrectamente) a la disciplina de la iglesia y lo expulsarán de ella. Él tendría que rendirle cuentas a Dios por su decisión y podría encontrar otra iglesia en donde la perspectiva de los líderes sobre el divorcio y el nuevo matrimonio esté de acuerdo con la suya. A fin de cuentas, él y los líderes de todas las iglesias le rendirán cuentas a Dios por sus acciones.

RESUMEN

En última instancia, el matrimonio está bajo la autoridad de Dios. Todos son responsables de sus actos delante de Dios, ya sean individuos que se casen, se divorcien y se vuelvan a casar o instituciones que estén tratando de regular el matrimonio y el divorcio. Comúnmente, los creyentes deberían someterse tanto a las autoridades civiles como a las eclesiales. Sin embargo, en algunas circunstancias inusuales, un cristiano puede decidir echar mano de una libertad dada por Dios, basada en la Escritura, que sea contraria a las reglas de la iglesia o del Estado.

PREGUNTAS PARA REFLEXIONAR

1. ¿En qué se diferencian la regulación del matrimonio y el divorcio según el antiguo pacto y la que es según el nuevo pacto?
2. ¿De qué formas las leyes sobre la familia de algunos gobiernos son contrarias a la Palabra de Dios?
3. ¿Cuándo, si existe algún caso, se permite que un cristiano actúe de una forma que vaya en contra de la regulación del gobierno en cuanto al matrimonio y el divorcio?
4. ¿Cuál es el papel de la iglesia en la regulación del matrimonio y el divorcio?
5. ¿Cuándo, si es posible, pueden los cristianos escoger casarse o divorciarse en contra de las enseñanzas de los líderes de su iglesia?

38

¿EN QUÉ CASOS SE RECOMIENDA QUE UNA PERSONA SE VUELVA A CASAR?

¿En qué casos puede una persona volverse a casar? ¿Existen personas que se han divorciado legítimamente que no deberían volver a casarse? ¿Hay casos en los que el nuevo matrimonio está permitido, pero no es recomendable? ¿En cuáles casos es una buena idea volver a casarse?

LAS VIUDAS SE PUEDEN VOLVER A CASAR (Y ALGUNAS DEBERÍAN HACERLO)

El caso más claro en el que se permite un nuevo matrimonio es el de los viudos y las viudas. Pablo dice: "La mujer está ligada a su esposo mientras él vive; pero, si el esposo muere, ella queda libre para casarse con quien quiera, con tal de que sea en el Señor" (1Co 7:39; ver también Ro 7:2-3). La única restricción para las viudas (y los viudos) es que se deben casar solo en el Señor. También es importante observar que la viuda (no su padre ni sus hermanos) podía escoger (entre los hombres cristianos que estuvieran interesados) con quién casarse.

Pablo alienta a las viudas jóvenes a que se vuelvan a casar: "Por eso exhorto a las viudas jóvenes a que se casen y tengan hijos, y a que lleven bien su hogar y no den lugar a las críticas del enemigo" (1Ti 5:14). Su preocupación es que las viudas más jóvenes pueden ser tentadas a caer en distintos pecados si se quedan solteras (5:11-13, 15). Por otra parte, Pablo supone que lo más probable es que las viudas mayores se queden solteras y reciban la ayuda de sus hijos (5:3-8) o de la iglesia (5:9-10, 16).

LOS QUE SE DIVORCIARON POR RAZONES BÍBLICAS PUEDEN VOLVER A CASARSE

Ya hemos hablado de que el cónyuge inocente —que se divorció por la inmoralidad sexual o el abandono de su cónyuge no creyente— es libre para volverse a casar. Sin embargo, puede que sea recomendable esperar un tiempo para ver si Dios puede trabajar en el corazón de su excónyuge, de tal forma que la reconciliación sea posible. También es recomendable esperar hasta que la persona tenga la certeza de que en verdad está lista para volverse a casar. El tiempo después del divorcio se puede usar para examinar los pecados y errores propios (incluso en el caso del cónyuge inocente) que pudieron haber contribuido al fracaso del matrimonio, y para tratar las áreas de debilidad espiritual. También existe el peligro de que una persona divorciada, después de experimentar el rechazo de un cónyuge, se sienta atraída a otra persona demasiado pronto, para llenar el vacío. Algunas veces, las personas que se están recuperando de un divorcio toman decisiones insensatas y terminan en matrimonios donde desarrollan rápidamente algunos de los problemas del matrimonio anterior. Los corazones solitarios se pueden engañar fácilmente. Los que están considerando volver a casarse deben buscar el consejo de amigos piadosos y de los líderes de la iglesia, para confirmar que otros estén de acuerdo en que están listos y para ayudarles a evaluar las posibilidades de matrimonio objetivamente.[1]

Algunas personas divorciadas pueden decidir no volverse a casar en el futuro inmediato. No volverse a casar les puede dar una mayor libertad para servir al Señor. Como dice Pablo: "¿Estás soltero? No busques esposa... Yo preferiría que estuvieran libres de preocupaciones. El soltero se preocupa de las cosas del Señor y de cómo agradarlo. Pero el casado se preocupa de las cosas de este mundo y de cómo agradar a su esposa" (1Co 7:27b, 32-33). Algunos también deciden permanecer solteros por el bien de sus hijos, ya que no quieren enfrentarse a lo complejo que es tener una familia mezclada. Sin embargo, las personas que se divorciaron legítimamente tienen la libertad de volver a casarse, ahora o en el futuro. Pablo agrega: "Pero, si te casas, no pecas" (1Co 7:28a).

---

1 Ver los capítulos 7 – 9 para aprender más sobre cómo decidir si casarse y cómo encontrar a la persona correcta.

Así como Pablo anima a las viudas jóvenes a que se vuelvan a casar, puede que sea mejor que la mayoría de jóvenes que se han divorciado por razones bíblicas echen mano de su libertad de volverse a casar, para que puedan disfrutar los beneficios de la compañía y así no sean tentados por el pecado. He visto muchos casos en los que personas que fueron abandonadas por sus cónyuges adúlteros no creyentes encontraron gran gozo y bendición en el nuevo matrimonio (ver Ro 8:28).

LOS QUE SE DIVORCIAN SIN RAZONES BÍBLICAS NO DEBEN VOLVER A CASARSE

Pablo deja claro que los creyentes que se divorcian ilícitamente no se deben volver a casar (1Co 7:10-11). Jesús afirma que los nuevos matrimonios pecaminosos constituyen adulterio (Mr 10:11-12). Estos matrimonios son prohibidos para los creyentes, aunque las leyes del gobierno les permitan volverse a casar.

Uno podría objetar que, si la viuda debe volverse a casar para no ser tentada, ¿cómo podrían las personas divorciadas resistir la tentación si no se vuelven a casar? La respuesta de la Escritura es que la persona que se divorcia sin razones bíblicas tiene otra opción: buscar la reconciliación con el que fue su cónyuge (1Co 7:11).[2] Si este cónyuge se niega a reconciliarse, puede que con el tiempo haya razones válidas para un divorcio y un nuevo matrimonio. Mientras tanto, los hombres o mujeres que están solos deben confiar en Dios, que no dejará que sean tentados más allá de lo que pueden soportar (10:13) cuando caminan en el Espíritu y no satisfacen los deseos de la carne (Gá 5:16-23). Su situación sería similar a la de aquellos que, a pesar de que el cónyuge está discapacitado física o mentalmente, siguen estando unidos en matrimonio a él o ella. Deben permanecer fieles a Dios y evitar el pecado, confiando en que Él les ayudará en su dificultad y soledad.

¿PUEDE LA "PARTE CULPABLE" DE UN DIVORCIO VOLVERSE A CASAR?

Aunque es claro en la enseñanza de Pablo que el cónyuge que ha sido víctima de adulterio o abandono por parte de un no creyente es libre para divorciarse y volverse a casar, ¿cuáles son los derechos de la parte culpable? Primero, la

---

[2] Como explica la pregunta 31, en la reconciliación se incluye que se vuelvan a casar. Ellos no tienen la libertad de vivir juntos como esposo y esposa hasta que hayan hecho un nuevo pacto matrimonial.

parte culpable debe arrepentirse ante Dios por el pecado y después expresar su arrepentimiento buscando, si es posible, reconciliarse con el que fue su cónyuge.[3] Dado que es el culpable de que ocurriera el divorcio y el cónyuge inocente podría cuestionar la sinceridad de su arrepentimiento, la parte culpable debe estar dispuesta a esperar para ver si su excónyuge puede cambiar de opinión y puede aceptarlo de nuevo. Si el cónyuge inocente se vuelve a casar, se pierde la esperanza de que haya una reconciliación y se debería permitir que la parte culpable se vuelva a casar.

Existen casos en los que los dos cónyuges cometieron adulterio, lo que los hace a ambos tanto culpables como víctimas.[4] En tales situaciones, se deben hacer todos los esfuerzos para que haya arrepentimiento, perdón y reconciliación bíblicos. Si la restauración del matrimonio es imposible, la Escritura no les prohibiría divorciarse y volverse a casar. Sin embargo, los líderes de la iglesia que aconsejan a personas en tales situaciones deberían asegurarse de que se han tratado los problemas del corazón que dieron paso a los errores pecaminosos en el matrimonio anterior, antes de animarlos a que se vuelvan a casar.

¿QUÉ OCURRE SI EL EXCÓNYUGE NO CREYENTE SE QUIERE VOLVER A CASAR?

¿Qué debe hacer un creyente si su excónyuge, que no es cristiano, quiere que vuelvan a estar juntos (en caso de que ninguno se haya vuelto a casar)? MacArthur y Adams argumentan que, debido a que la Escritura prohíbe el matrimonio con un no creyente (1Co 7:39; 9:5), un creyente no puede volverse a casar con su excónyuge a menos que este sea cristiano.[5] El creyente tampoco puede asumir que el no creyente se convertirá después de que se vuelvan a casar (7:16). Sin embargo, el cristiano puede tomar la decisión de quedarse solo por un tiempo para ver si Dios permite que su excónyuge se arrepienta y se convierta. Además, yo animaría al creyente a que consulte con

---

[3] También puede que sea apropiado que el cónyuge culpable dé otros pasos de arrepentimiento, como la restitución o el pago de lo que debe por cuestiones de manutención de los hijos o el cónyuge.

[4] En algunos casos, un cónyuge opta por vengarse del cónyuge adúltero teniendo su propia aventura amorosa.

[5] John MacArthur, *The Divorce Dilemma* [*El dilema de divorcio*] (Leominster, Inglaterra: Day One Publications, 2009), 87.

los líderes de su iglesia si la conversión parece genuina y que no sea solamente para recuperar el matrimonio.

Otros sugieren que el creyente es libre para volverse a casar con su excónyuge no creyente porque el pacto matrimonial nunca debió romperse (Mt 19:9), y ahora existe una oportunidad de que se restaure.[6] La familia puede volver a unirse, y tanto la madre como el padre pueden participar en la crianza de los hijos que Dios les haya dado.

Cada iglesia debe buscar su respuesta para tales situaciones. Muchas pueden optar por permitir que el cónyuge creyente decida según su propia conciencia.

¿HAY ALGÚN CASO EN EL QUE SE PROHÍBA A UN DIVORCIADO EL VOLVER A CASARSE CON SU EXCÓNYUGE?

Si ninguno de los dos cónyuges se ha casado con otra persona, puede que sea maravilloso que vuelvan a estar juntos. Si uno ya se volvió a casar, se debe respetar su nuevo matrimonio y por eso, se descarta totalmente que se puedan volver a casar.

El caso más complicado surge cuando los cónyuges que se han vuelto a casar quedan libres de su segundo matrimonio por medio del divorcio o la muerte. ¿En ese caso pueden volverse a casar con su primer cónyuge? Uno de mis primeros casos de consejería fue con una mujer que tenía conflictos con su segundo esposo. Con el tiempo, él se divorció de ella y ella quería volverse a casar con su primer esposo. ¿La Escritura lo permite? Deuteronomio 24:1-4 enseña que un hombre que se divorcia de su esposa —quien luego se casa con otro hombre— no se puede volver a casar con su primera esposa, aun cuando el segundo esposo se divorcie de ella o muera, ya que queda "impura". Algunos creen que el principio que contiene este texto todavía aplica en la actualidad y que el nuevo matrimonio en tales casos no está permitido. Sin embargo, la mayoría cree que Deuteronomio 24 se refiere a

---

[6] Wingerd et al. están de acuerdo con esta posición, la cual sería coherente con la postura de la permanencia en el matrimonio. "Cuando se tienen en cuenta todos los factores, nos parece que no es pecado que un creyente se vuelva a casar con su excónyuge no creyente, siempre y cuando ninguno esté casado con otra persona". Daryl Wingerd et al., *Divorce & Remarriage: A Permanence View* [*El divorcio y el nuevo matrimonio: una postura de permanencia*] (Kansas City: Christian Communicators Worldwide, 2009), 114.

una situación especial que habría ocurrido bajo el antiguo pacto y, por tanto, ahora no aplica en el nuevo.[7] Ellos citan el ejemplo de David (alguien que estuvo bajo el antiguo pacto), quien volvió a tomar a Mical (la hija de Saúl) como su esposa a pesar de que Saúl se la había entregado a otro hombre (no por culpa de David) cuando David ya estaba casado con ella (2S 3:13-16).[8] Murray escribe: "Pareciera que inferir que Deuteronomio 24:4 aplica para el divorcio en el Nuevo Testamento extiende las regulaciones temporales del Antiguo Testamento más allá de lo que se debe, ya que el divorcio en el Nuevo Testamento tiene una naturaleza bastante diferente al que se permitía en el Antiguo".[9] Aunque me sentiría intranquilo alentando un nuevo matrimonio en tales circunstancias, lo vería como un tema en el que una pareja debe trabajar según su propia conciencia con la guía de los líderes de su iglesia.

RESUMEN

Los que son viudos o se divorciaron por razones bíblicas quedan libres para volverse a casar, pero no tienen la obligación de hacerlo. Sería sabio que algunos no se volvieran a casar, al menos por un periodo de tiempo significativo. Otros saldrían beneficiados si se volvieran a casar cuando se presente la oportunidad correcta. El que se divorció o se separó en contra de la voluntad de Dios no es libre para volverse a casar, sino que debe buscar la reconciliación o quedarse soltero mientras su excónyuge esté vivo y no se haya vuelto a casar. En casos de duda, la persona no debería volver a casarse si es algo que no puede hacer en fe y con limpia conciencia. Pablo nos recuerda: "... todo lo que no se hace por convicción es pecado" (Ro 14:23b).

---

7 Heth está de acuerdo con esta postura y cita investigaciones que indican que, en este caso, el primer esposo tendría una motivación financiera corrupta para volverse a casar con su exesposa. William A. Heth "Remarriage for Adultery or Desertion" ["El nuevo matrimonio por causa de adulterio o abandono"], en *Remarriage after Divorce in Today's Church: 3 Views* [*El matrimonio después del divorcio en la iglesia actual: Tres perspectivas*], ed. Mark L. Strauss (Grand Rapids: Zondervan, 2006), 65. MacArthur afirma que, ya que la obra de Cristo quitó los pecados que causaron el primer divorcio, se permitiría el nuevo matrimonio (*The Divorce Dilemma* [*El dilema del divorcio*], 92).

8 Se podría argumentar que 2 Samuel no analiza si la acción de David era permitida por la ley de Dios. El relato simplemente reporta lo que ocurrió y los que entendían la ley reconocerían que la acción de David fue incorrecta, así como habrían visto que el hecho de que tomara muchas esposas infringía la ley que prohibía que los reyes se casaran con muchas mujeres (Dt 17:17; 1S 25:43-44; 2S 3:2-5).

9 John Murray, *Divorce* [*El divorcio*] (Philadelphia: Presbyterian and Reformed, 1961), 113.

PREGUNTAS PARA REFLEXIONAR

1. ¿A quiénes anima la Escritura a que se vuelvan a casar y por qué?
2. ¿De qué forma la situación de un joven divorciado puede ser la de una viuda joven cuando se considera un nuevo matrimonio?
3. Según la Escritura, ¿en qué casos está prohibido volverse a casar?
4. ¿Por qué alguien que es libre para volverse a casar podría decidir quedarse soltero?
5. ¿Cuándo es recomendable que una persona se vuelva a casar con su antiguo cónyuge?

39

¿QUÉ SE DEBERÍA HACER SI ALGUIEN SE DIVORCIÓ Y/O SE VOLVIÓ A CASAR ILÍCITAMENTE?

Después de estudiar lo que enseña la Escritura sobre el divorcio y el nuevo matrimonio, muchos cristianos llegan a la conclusión de que actuaron pecaminosamente en el pasado. Entonces se preguntan: "¿Ahora qué hago?".

¿ES LA RECONCILIACIÓN POSIBLE?

Si hubo un divorcio y si ambas partes siguen solteras, se debe explorar la posibilidad de la reconciliación. La pareja debe lidiar con lo que ocurrió en el pasado de una forma bíblica, abordando los problemas que llevaron a la ruptura de su matrimonio y pidiendo perdón por los pecados pasados. El proceso de analizar la posibilidad de volver a estar juntos debe ser parecido a un cortejo, durante el cual sería sabio buscar el consejo de amigos piadosos y de los líderes de la iglesia. Cada uno de ellos debe estar preparado para los retos reales que podrían enfrentar en el matrimonio renovado. El proceso de reconciliación podría culminar con una ceremonia sencilla, en la que el hombre y la mujer se vuelven a casar haciendo sus votos matrimoniales ante la familia y los amigos cercanos. Las parejas que se han separado también pueden renovar sus votos matrimoniales cuando se vuelven a unir.[1]

---

[1] Ha sido un gozo y un privilegio para mí aconsejar casos en los que parejas que llevaban bastante tiempo separadas o divorciadas se volvieron a unir en matrimonio formalmente, lo que alegró a su familia y amigos.

Por otra parte, las opciones de una persona pueden ser limitadas si su excónyuge no está dispuesto a buscar la reconciliación. Como dice Pablo en Romanos 12:18: "Si es posible, y en cuanto dependa de ustedes, vivan en paz con todos". El cónyuge que desea la reconciliación puede pedir perdón por los pecados que cometió durante el matrimonio, aun cuando la otra persona decida no volver a estar con él. También puede esperar para ver si el excónyuge cambia de opinión. Algunas veces, la evidencia actual de la obra de Dios en la transformación del excónyuge convence al cónyuge reacio en cuestión de meses o incluso años.

ALGUNOS PECADOS NO SE PUEDEN BORRAR

Uno de mis primeros casos de consejería fue con una mujer llamada Mónica, que había comenzado a asistir a la iglesia con su segundo esposo, Lee. Su primer esposo, George, era un cristiano comprometido, pero —según Mónica— era un poco aburrido. Ella conoció a Lee en el trabajo y, poco tiempo después, comenzaron una aventura amorosa apasionada. Mónica se divorció de George para casarse con Lee. En el momento en que ella me pidió consejería, la pasión se había acabado en su relación con Lee. Ellos siempre estaban peleando y ella se dio cuenta de que Lee era un hombre iracundo e impío. Mónica admitió: "Cometí un gran error. ¿Puedo abandonar a Lee para volver a estar con George?".

¿Qué se debería hacer si uno o ambos excónyuges se volvieron a casar después del divorcio? Muy pocos dirían que se deben divorciar de sus nuevos cónyuges y volverse a unir en matrimonio. Según la gran mayoría de eruditos, incluyendo la mayoría de los que están de acuerdo con la postura de la permanencia del matrimonio,[2] se debe respetar cuando hay un nuevo matrimonio, porque Dios ha unido a esta pareja en un pacto. Es demasiado tarde para tratar de deshacer los pecados del pasado.[3] Al tratar de hacerlo, habría más divorcios y nuevos matrimonios pecaminosos. El principio general

---

[2] Daryl Wingerd et al., *Divorce & Remarriage: A Permanence View* [*El divorcio y el nuevo matrimonio: una postura de permanencia*] (Kansas City: Christian Communicators Worldwide, 2009), 108-9.

[3] En el antiguo pacto, Deuteronomio 24:1-4 le prohíbe específicamente al primer esposo volverse a casar con su esposa —de la que se había divorciado— después de que ella se hubiera casado con otro hombre.

de Pablo aplica: "Que cada uno permanezca en la condición en que estaba cuando Dios lo llamó" (1Co 7:20).

En tal caso, los excónyuges que se han vuelto a casar con otras personas deben tener una prudencia especial en su trato el uno con el otro, para que no sean una amenaza que pueda dividir a los nuevos matrimonios. Ya que en un tiempo estuvieron casados y enamorados, pueden ser más vulnerables a la tentación de involucrarse emocional o físicamente de una forma inapropiada y pecaminosa.

Algunos se preguntarán: "¿Pero no dice Jesús que la persona que se divorcia y se vuelve a casar está cometiendo adulterio?" (Mr 10:11-12). ¿Significa esto que la pareja que está en un nuevo matrimonio sigue cometiendo adulterio cada vez que se unen sexualmente? Escuché de un caso en el que un cónyuge, con la convicción de que su nuevo matrimonio había sido pecaminoso, se negaba a dormir en la misma cama con su pareja porque no quería seguir cometiendo adulterio. El verbo traducido como "comete adulterio" en Marcos 10:11-12 está en el tiempo presente. Lo más probable es que se refiera al pecado de adulterio que ocurrió en el momento en que se volvió a casar, así como el divorcio — que se menciona en el mismo pasaje — ocurrió en un momento en el tiempo.[4] Cuando alguien se vuelve a casar, debe hacer su mejor esfuerzo por cumplir con sus deberes conyugales, incluyendo los del lecho matrimonial (1Co 7:3-5), y hacer todo lo posible por asegurar que su nuevo matrimonio perdure hasta que Dios, por medio de la muerte, los separe.[5] Hacer lo contrario sería un pecado.

¿ES DIFERENTE SI UNO DE LOS DOS SE CONVIRTIÓ LUEGO DEL DIVORCIO?

Así como es probable que las iglesias de la época del Nuevo Testamento tuvieran muchos miembros que, antes de su conversión, se conformaron a

---

[4] "Técnicamente, se puede entender que el tiempo presente del verbo griego traducido como 'comete adulterio' describe la acción que está ocurriendo en el presente o un solo evento que ocurre en un momento determinado. Parece que el contexto en el caso requiere el segundo significado". Wingerd et al., *Divorce & Remarriage* [*El divorcio y el nuevo matrimonio*], 108-9. J. Carl Laney también está de acuerdo con la opinión de que el adulterio se da exactamente en el momento en que ocurre el nuevo matrimonio y no es algo continuo. "No Divorce and No Remarriage" ["No al divorcio y al nuevo matrimonio"], en *Divorce and Remarriage: Four Christian Views* [*El divorcio y el nuevo matrimonio: cuatro perspectivas cristianas*], ed. H. Wayne House (Downers Grove, IL: InterVarsity Press, 1990), 39.

[5] Jay Adams señala que Dios bendijo incluso el matrimonio pecaminoso de David y Betsabé, a pesar de su sucio inicio. *Marriage, Divorce, and Remarriage in the Bible* [*El matrimonio, el divorcio y el nuevo matrimonio*] (Grand Rapids: Zondervan, 1980), 95.

culturas en las que el divorcio y el nuevo matrimonio eran comunes, muchos en las iglesias actuales han pasado por varios matrimonios y divorcios antes de llegar a Cristo. En cierto sentido, los creyentes pueden ver su pasado antes de ser cristianos con gratitud, porque los pecados que cometieron en ignorancia han sido totalmente perdonados por medio de la obra de Jesús (1Ti 1:12-17), regocijándose porque son nuevas criaturas en Cristo (2Co 5:17). Por otra parte, los pecados —incluso los que se cometieron antes de que una persona fuera salva— a menudo tienen consecuencias (Gá 6:7-8). Por ejemplo, si alguien contrajo una enfermedad de transmisión sexual antes de ser creyente, tendría que seguir viviendo con la enfermedad después de su conversión.

Llegar a Cristo no libera a los cristianos de un matrimonio difícil con un no creyente (1Co 7:13-14) y tampoco los libera para que se vuelvan a casar si todavía tienen el deber de buscar la reconciliación con su excónyuge (Mt 19:9; 1Co 7:10-11). De la misma forma, puede que existan obligaciones financieras con un excónyuge o deberes adicionales con hijos de un matrimonio anterior, los cuales, por amor a Cristo, un cristiano estaría deseoso de cumplir (incluso si eso limita su libertad).

Por otra parte, lo más preocupante es ver que personas que dicen ser cristianas se divorcian sin razones válidas y se vuelven a casar en contra de la Palabra de Dios, de forma voluntaria y deliberada (Heb 10:26). Esto podría ser una señal de que tal vez no son creyentes verdaderos. Por lo general, los que pecan deliberadamente son culpables de abusar de la gracia de Dios, porque ponen su voluntad por encima de la de Dios mismo. Juan dice: "El que afirma: 'Lo conozco', pero no obedece Sus mandamientos, es un mentiroso y no tiene la verdad" (1Jn 2:4). Además, he visto casos de creyentes que se divorcian ilícitamente y se vuelven a casar, pero que luego se arrepienten de sus pecados. Aunque solo Dios puede conocer verdaderamente el corazón, los líderes de la iglesia tienen la responsabilidad de asegurar que los pecados pasados de sus miembros (o miembros potenciales) se hayan manejado de una manera bíblica.

RESUMEN

Algunas veces, personas que se han divorciado de forma ilícita luego tienen la oportunidad de reconciliarse con sus excónyuges. Los que se han vuelto a casar pecaminosamente deben arrepentirse delante de Dios por su pecado pasado y pedirle perdón a los que hirieron. Sin embargo, no deben agravar sus pecados terminando su nuevo matrimonio y tratando de restaurar la relación anterior. En cambio, deben esforzarse por honrar a Dios siendo fieles en su nuevo matrimonio.

PREGUNTAS PARA REFLEXIONAR

1. ¿Cuándo es posible la reconciliación después de un divorcio pecaminoso?
2. ¿Qué se debe hacer si un excónyuge no está dispuesto a considerar la reconciliación?
3. ¿Por qué la reconciliación del primer matrimonio es imposible después de que uno de los cónyuges se ha vuelto a casar?
4. ¿El hecho de que alguien se haya divorciado antes de ser creyente hace alguna diferencia en términos de sus obligaciones y libertades?
5. ¿Por qué está mal que una persona que se haya casado de nuevo ilícitamente se divorcie de su nuevo cónyuge y trate de volver con su excónyuge? En lugar de eso, ¿qué debería hacer?

40

¿CÓMO DEBERÍA TRATAR LA IGLESIA A LOS QUE SE HAN DIVORCIADO Y SE HAN VUELTO A CASAR?

Hace cuarenta años, como joven cristiano me deleitaba en los ideales de Dios para el matrimonio y asumía que todos los cristianos tendrían matrimonios felices. Creo que no conocía a ningún divorciado en mi iglesia local, pero estoy seguro de que había personas divorciadas y nuevos matrimonios entre nosotros. También pienso que quizá buscaban mantener un perfil bajo debido al estigma que a veces experimentan los divorciados y los que se vuelven a casar en las iglesias evangélicas.

EL DIVORCIO NO ES EL PECADO IMPERDONABLE

A pesar de que intentaron ser fieles a sus pactos matrimoniales, algunos están divorciados debido a las acciones pecaminosas de sus excónyuges. Tales personas deberían ser vistas con compasión, no juicio. Una mujer con hijos que ha sido abandonada debería ser vista casi como una viuda a la cual la familia extendida y la iglesia deberían cuidar. Al tratar de empatizar con los que han sido devastados por la traición de la persona en la que más debían confiar, la instrucción que se nos da es: "Alégrense con los que están alegres; lloren con los que lloran" (Ro 12:15).

El evangelio de Jesucristo trae esperanza para los que han fracasado en sus matrimonios. Antes de llegar a Cristo, algunas personas en la iglesia pueden haber sido responsables de la ruptura de un matrimonio previo o pueden haberse casado en contra de lo que dice la Escritura. La Biblia nos dice que todos tenemos un pasado que merecía la ira de Dios (1Co 6:9-10), pero que el evangelio nos limpia y nos transforma: "Y eso eran algunos de ustedes. Pero ya han sido lavados, ya han sido santificados, ya han sido justificados en el nombre del Señor Jesucristo y por el Espíritu de nuestro Dios" (6:11). Nuestra nueva identidad no es "adúltero", "divorciado" o "borracho", sino "cristiano", porque ahora estamos unidos a nuestro Salvador, quien nos ha hecho Suyos. Como pecadores salvos solamente por la gracia de Dios, deberíamos recibir alegremente a otros pecadores, así como Bernabé recibió a Pablo, el que fue perseguidor de los cristianos, entre los discípulos (Hch 9:26-27).

Debido a que la iglesia se opone al divorcio pecaminoso, como debe ser, muchos de los que se han divorciado son muy sensibles en cuanto a cualquier crítica o juicio que pudieran percibir. Algunas veces, los que no se han vuelto a casar pueden sentirse excluidos de los eventos de parejas o familias. Se debe tener un cuidado especial para evitar hacer cualquier comentario que los pueda hacer sentir excluidos o estigmatizados. Deben saber que son completamente aceptados entre el pueblo de Dios. Como dice Pablo: "Por tanto, acéptense mutuamente, así como Cristo los aceptó a ustedes para gloria de Dios" (Ro 15:7). Si Cristo ha aceptado a una persona por Su gracia, también nosotros deberíamos aceptarla sin reservas.

ALGUNAS VECES SERÁ NECESARIO ACONSEJAR O REPRENDER

En todo caso, existe una diferencia entre aceptar a una persona que está arrepentida por sus pecados pasados y consentir a alguien que está pecando deliberadamente. Algunos maestros quieren ir de un extremo (de juzgar pecaminosamente a todas las personas divorciadas) al otro (de aceptar sin reservas la decisión de cualquier persona de divorciarse y volverse a casar). Una declaración como esta de un líder de una iglesia se podría malinterpretar o usar erróneamente: "A mí no me corresponde decidir cuándo se debe terminar o sanar el matrimonio de otra persona. Solo el cónyuge contra el que se pecó puede tomar esa decisión".[1] Los líderes de la iglesia son responsables de cuidar el rebaño, lo cual algunas veces implica reprender a los que están

[1] William A. Heth, "Remarriage for Adultery or Desertion" ["El nuevo matrimonio por causa de adulterio o abandono"], en *Remarriage after Divorce in Today's Church: 3 Views* [*El matrimonio después del divorcio en la iglesia actual: Tres perspectivas*], ed. Mark L. Strauss (Grand Rapids: Zondervan, 2006), 80.

pecando (1Ts 5:14; 2Ts 3:15), y deben practicar la disciplina eclesial para los que desafían deliberadamente los estándares de Dios al negarse a arrepentirse (Mt 18:15-20; 1Co 5). Un cristiano que abandona a su esposa para poderse casar con una mujer que conoció en el trabajo es un adúltero, y los líderes de la iglesia deben confrontarlo. Si hay una mujer cristiana que no tiene razones bíblicas para divorciarse y aun así quiere salir de su matrimonio porque es infeliz y está cansada, se le debe dar un consejo que sea tanto amable como firme para que pueda permanecer en su matrimonio. Si los líderes de la iglesia no actúan, se podrían dar más divorcios y nuevos matrimonios pecaminosos entre los miembros de la iglesia. Pablo advierte que "un poco de levadura hace fermentar toda la masa" (1Co 5:6b).

Además, los líderes de la iglesia deben asegurarse de investigar cuidadosamente una situación antes de hacer cualquier juicio (Pro 18:13, 15, 17). Deben tratar de trabajar con paciencia con los que se han desviado, antes de disciplinarlos públicamente. También deben ser humildes y reconocer que pueden surgir situaciones en las que no estén seguros de que la disciplina sea apropiada, y en esos casos deben evitarla. Brian Borgman habla de situaciones poco comunes en las que no puede ver razones bíblicas claras para el divorcio y el nuevo matrimonio, pero tampoco encuentra razones bíblicas para prohibirlos. En tales casos, debemos respetar la conciencia de las personas involucradas.[2]

¿PUEDEN LAS PERSONAS DIVORCIADAS VOLVER A CASARSE EN LA IGLESIA?

He escuchado casos en los que los líderes de la iglesia dicen que a un miembro se le permite volverse a casar después de un divorcio, pero que la pareja no puede realizar su ceremonia en las instalaciones de la iglesia. Esta política implica que, de alguna manera, el nuevo matrimonio es impuro y que contaminará la pureza del lugar donde se reúne la iglesia. Si una persona se ha divorciado por razones bíblicas y es libre —según la Palabra de Dios— para volverse a casar, su matrimonio no se debe tratar como algo que es inapropiado de alguna forma. Esto quiere decir que la iglesia debe tratar este

---

[2] Del estudio personal de Brian Borgman sobre el matrimonio, el divorcio y el nuevo matrimonio.

matrimonio como cualquier otro matrimonio legítimo de sus miembros, lo cual incluye permitir que usen las instalaciones de la iglesia para su boda.[3]

De la misma forma, si un pastor cree que una pareja tiene derecho a volverse a casar según la Escritura, debe sentirse libre para oficiar la boda. Pero, si un pastor tiene la convicción personal de que volverse a casar está prohibido (por ejemplo, porque está de acuerdo con la postura de la permanencia del matrimonio), no se debería esperar que vaya en contra de su conciencia. La pareja puede buscar a otra persona para que oficie su ceremonia.

¿PUEDE UN HOMBRE DIVORCIADO TENER UN ALTO CARGO EN LA IGLESIA?

Pablo enseña que el que quiera ser anciano o diácono debe ser "esposo de una sola mujer" o, literalmente, un "hombre de una mujer" (1Ti 3:2, 12; Tit 1:6). Existe un debate acerca de los límites que este aspecto podría establecer en cuanto a quiénes pueden tener altos cargos en la iglesia.[4] Algunos piensan que Pablo está diciendo que una persona en un alto cargo de la iglesia solo podía haberse casado una vez en la vida, incluso si su primera esposa moría.[5] Merkle también señala que una frase similar, "esposa de un solo marido", se usa para las viudas a las que la iglesia debía sustentar. No tendría sentido que esto significara "casado solo una vez en toda la vida", porque en otro lugar Pablo recomienda que una persona se vuelva a casar después de la muerte de su cónyuge (1Co 7:39; 1Ti 5:14). Otros dirían que Pablo simplemente está diciendo que un hombre no debería tener más de una esposa en un momento determinado, lo que descalificaría a un polígamo (un problema ocasional en el primer siglo). La mayoría está de acuerdo en que un hombre que se ha involucrado en pecado de adulterio no es un "hombre de una sola mujer" y no está calificado para tener un alto cargo en la iglesia.

Además, muchos creen que "esposo de una esposa" implica que un anciano no puede ser divorciado ni estar en un nuevo matrimonio después del

---

[3] Muchas parejas que se vuelven a casar después de divorciarse deciden hacer su ceremonia más discreta porque es un segundo matrimonio, y reconocen que todo divorcio es una violación del diseño de Dios, incluso si el matrimonio anterior fracasó principalmente debido al pecado de la otra parte.

[4] Ver Benjamin L. Merkle, *40 Questions about Elders and Deacons* [*40 preguntas sobre los ancianos y diáconos*] (Grand Rapids: Kregel, 2008), 124–29.

[5] Conozco un caso en el que un anciano que se volvió a casar después de la muerte de su primera esposa renunció a su cargo porque una vez había enseñado que un anciano solo podía haber tenido una esposa en toda su vida.

divorcio.[6] Aunque la historia matrimonial de un hombre debe examinarse antes de que sea reconocido en un alto cargo de la iglesia, los requisitos tratan principalmente con el carácter y estado actuales del hombre, no con su pasado. Al considerar los demás requisitos, pocos dirían que un hombre nunca debió ser borracho o pendenciero o avaro. Todos los creyentes tienen un pasado. Una persona como John Newton puede haber sido un pendenciero, borracho y codicioso antes de su conversión, pero después de ser salvo, su culpa fue limpiada y Dios hizo de él un nuevo hombre. De la misma forma, un hombre que haya tenido un pasado pecaminoso (que haya incluido un divorcio y un nuevo matrimonio) antes de convertirse en cristiano, puede ser transformado en un hombre piadoso que demuestre fidelidad, dominio propio y gracia en todas las áreas de su vida.

Uno se podría preguntar si es diferente en caso de que un hombre se haya divorciado pecaminosamente y se haya vuelto a casar, o si fue culpable de otros pecados graves después de convertirse en cristiano. De nuevo, ya que los requisitos se refieren al carácter actual, un hombre que haya sido muy débil e inmaduro al principio de su vida cristiana (por ejemplo, en su juventud), pero que ha estado caminando fielmente con el Señor por décadas y tiene un carácter aprobado, estaría calificado para aplicar a un alto cargo en la iglesia.

Debido a que los requisitos de los ancianos incluyen adicionalmente "intachable" y "que hablen bien de él los que no pertenecen a la iglesia" (1Ti 3:2, 7), puede que haya situaciones en las que un hombre de buen carácter no pueda servir debido a su pasado. Por ejemplo, si un porcentaje significativo de los miembros de la iglesia se oponen a tener un anciano divorciado, no sería sabio imponérselos como diácono o anciano, a pesar de que los demás líderes crean que está calificado. También podría haber un caso en el que los pecados pasados de una persona fueron de una naturaleza pública tan escandalosa, que la iglesia puede optar por no darle un alto cargo.

---

[6] Por ejemplo, Piper escribe: "Las personas que se hayan vuelto a casar después de divorciarse se deben abstener de buscar posiciones en el liderazgo oficial en Bethlehem, lo que corresponde a los roles de ancianos o diáconos" ("A Statement on Divorce & Remarriage in the Life of Bethlehem Baptist Church" ["Una declaración sobre el divorcio y el nuevo matrimonio en la vida de Bethlehem Baptist Church"], http://www.desiringgod.org/articles/a-statement-on-divorce-remarriage-in-the-life-of-bethlehem-baptist-church).

Los que no tienen altos cargos todavía pueden servir a Cristo y a Su iglesia usando los dones que les han sido dados para la gloria de Dios (1P 4:10-11).

RESUMEN

La iglesia está compuesta por pecadores que han sido salvados por la gracia de Dios, y eso incluye a personas que se han divorciado y se han vuelto a casar. Nunca debemos estigmatizar ni rechazar a los que han dejado su pecado y se han vuelto a Cristo. Así como se nos ha dado misericordia por medio de Jesús, quien nos ha aceptado completamente, debemos aceptarnos los unos a los otros.

PREGUNTAS PARA REFLEXIONAR

1. ¿Por qué no es correcto que los cristianos estigmaticen a los que se han divorciado o se han vuelto a casar?
2. ¿Se debe permitir que las personas que desean volver a casarse realicen su ceremonia de bodas en una iglesia y que la oficie un pastor?
3. ¿Qué debería hacer la iglesia si un miembro está planeando divorciarse o volverse a casar aunque no tenga motivos bíblicos para hacerlo?
4. ¿Qué deberías decirle a alguien que se sienta abrumado por la culpa de los fracasos y pecados pasados relacionados con su matrimonio?
5. ¿Se debería permitir que una persona divorciada tenga un alto cargo en la iglesia? Explica tu respuesta.

BIBLIOGRAFÍA DESTACADA

Adams, Jay E. *Marriage, Divorce, and Remarriage in the Bible* [*El matrimonio, el divorcio y el nuevo matrimonio en la Biblia*]. Grand Rapids: Zondervan, 1980.

Frame, John M. *The Doctrine of the Christian Life* [*La doctrina de la vida cristiana*]. Phillipsburg, NJ: P&R Publishing, 2008.

Harvey, Dave. *Cuando pecadores dicen "Acepto"*. Poiema Publicaciones, 2012.

House, H. Wayne, ed. *Divorce and Remarriage: Four Christian Views* [*El divorcio y el nuevo matrimonio: cuatro perspectivas cristianas*]. Downers Grove, IL: InterVarsity Press, 1990.

Instone-Brewer, David. *Divorce and Remarriage in the Bible: The Social and Literary Context* [*El divorcio y el nuevo matrimonio en la Biblia: el contexto social y literario*]. Grand Rapids: Eerdmans, 2002.

Instone-Brewer, David. *Divorce and Remarriage in the Church: Biblical Solutions for Pastoral Realities* [*El divorcio y el nuevo matrimonio en la iglesia: soluciones bíblicas para los problemas pastorales reales*]. Downers Grove, IL: InterVarsity Press, 2003.

Keller, Timothy y Kathy Keller. *The Meaning of Marriage* [*El significado del matrimonio*]. Nueva York: Penguin Group, 2011.

Köstenberger, Andreas J., con David W. Jones. *God, Marriage, and Family: Rebuilding the Biblical Foundation* [*Dios, el matrimonio y la familia: reconstruyendo la base bíblica*]. 2ª ed. Wheaton, IL: Crossway, 2010.

MacArthur, John. *The Divorce Dilemma: God's Last Word on Lasting Commitment* [*El dilema del divorcio: la última palabra de Dios sobre el compromiso duradero*]. Leominster, Inglaterra: Day One Publications, 2009.

Mack, Wayne. *Preparing for Marriage God's Way* [*Preparándose para el matrimonio a la manera de Dios*]. Phillipsburg, NJ: P&R Publishing, 2014.

Murray, John. *Divorce* [*El divorcio*]. Philadelphia: Presbyterian and Reformed, 1961.

Ortlund, Ray. *Marriage and the Mystery of the Gospel* [*El matrimonio y el misterio del evangelio*]. Wheaton, IL: Crossway, 2016.

Peace, Martha. *The Excellent Wife* [*La esposa excelente*]. Bemidji, MN: Focus, 1999.

Sande, Ken, y Kevin Johnson. *Resolving Everyday Conflict* [*Resuelva los conflictos cotidianos*]. Grand Rapids: Baker, 2011.

Strauss, Mark L., ed. *Remarriage after Divorce in Today's Church: 3 Views* [*El matrimonio después del divorcio en la iglesia actual: tres perspectivas*]. Grand Rapids: Zondervan, 2006.

Wingerd, Daryl, et al. *Divorce & Remarriage: A Permanence View* [*El divorcio y el nuevo matrimonio: una postura de permanencia*]. Kansas City: Christian Communicators Worldwide, 2009.

ÍNDICE DE LAS ESCRITURAS

ECLESIASTÉS

CANTARES

ISAÍAS

JEREMÍAS

EZEQUIEL

OSEAS

MALAQUÍAS

MATEO

2 CORINTIOS

GÁLATAS

EFESIOS

FILIPENSES

COLOSENSES

1 TESALONICENSES

2 TESALONICENSES

1 TIMOTEO

Otros libros de

POIEMA

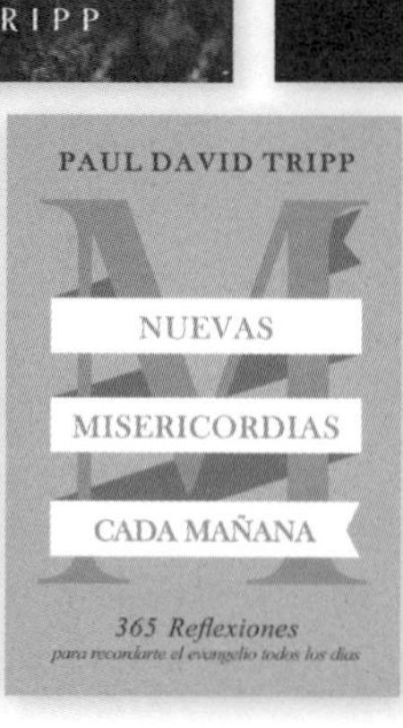

el evangelio para cada rincón de la vida

www.poiema.co